종교는 돈을 어떻게 가르치는가

'돈'과 종교 Ⅰ
종교는 돈을 어떻게 가르치는가

2016년 10월 7일 인쇄
2016년 10월 12일 발행

지은이 | 권진관 김동규 김명희 김태완 김혜경
       류제동 신익상 이숙진 최현종 함께 씀
펴낸이 | 김영호
펴낸곳 | 도서출판 동연
등 록 | 제1-1383호(1992년 6월 12일)
주 소 | 서울시 마포구 월드컵로 163-3
전 화 | (02) 335-2630
팩 스 | (02) 335-2640
이메일 | yh4321@gmail.com

Copyright ⓒ 권진관, 2016

ISBN 978-89-6447-326-9 93200

이 도서의 국립중앙도서관 출판예정도서목록(CIP)은 서지정보유통지원시스템 홈페이지
(http://seoji.nl.go.kr)와 국가자료공동목록시스템(http://www.nl.go.kr/kolisnet)에서 이
용하실 수 있습니다.(CIP제어번호: CIP2016024146)

이 저서는 2015년 대한민국 교육부와 한국연구재단의 지원을 받아 수행된 연구임
(NRF-2015S1A5A2A03050036)

종교는 돈을
어떻게 가르치는가

권진관 김동규 김명희 김태완 김혜경 류제동 신익상 이숙진 최현종 함께 씀
성공회대학교 신학연구원 엮음

동연

책을 펴내며

지난 5년 전부터 성공회대학교 신학연구원에서는 느슨하면서도 돈독한 연구모임이 있었다. 여느 종교 공간이든 자본의 활동과 지배력이 강화되는 현상을 목도한 후, 연구자들은 우리 시대의 종교지형과 특성을 '돈'의 렌즈로 조망해보자는데 깊이 공감하였다. 우리가 자본이나 경제가 아닌 '돈'에 주목한 것은, 가시성과 역동성을 지닌 '돈'이야말로 일상의 미시적 차원까지 스며든 자본/경제의 힘을 포착하기에 유용한 표상이라고 판단했기 때문이다.

최근의 일련의 사태를 통해 드러난 사회적 안전망의 총체적인 부실이 보여주듯, 자본과 결탁한 국가는 더 이상 구성원들에 대한 제도적 보호와 안전을 책임지지 않는다. 이때 무소불위의 힘을 과시해온 '돈'은 예측 불가능한 앞날의 불안감을 막아줄 강력한 방편으로 여겨지고 있다. 예컨대 학교와 가정에서의 교육은 효과적으로 '돈'을 얻는 방법을 가르치는 데 집중되었고, '돈'으로부터 거리 두기를 해온 종교마저 돈의 논리에 침윤된 지 오래다.

이에 연구자들은 '돈'의 지배력에 주목하면서 불교, 천주교, 개신교, 원불교 등 한국의 4대 종교는 소비자본주의를 어떻게 인식하고 어떻게 개입하고 있는가, 역으로 소비자본주의가 종교 공간에 미친 효과는 무엇인가에 집중하였다. 요컨대 종교는 '돈'이 지배하는 사회를 정당화하고 지탱하는 주요한 장치임을 구명하고 또 역으로 '돈'의 논리에 침윤되는 종교의 현상들을 분석하였다. 이를 위하여 각 종교가 '돈'을 자신의 고유한 신성성의 언어와 의례로 번역/번안하는 현상을 탐색하였다. 또한 '돈'이 매개된 종교적 담론과 현실의 괴리에 관심을 가졌다. 주지하다시피 오랜 종교적 가르침과 종교적 담론들은 대개 금욕과 청빈을 부단히 강조해왔다. 그러나 소비자본주의 사회에서 '돈'에 포획된 종교의 현실은, '종교의 상품화' 혹은 '종교적 산업화'를 통해 성장(팽창)의 모멘텀을 찾고 있는 실정이다. 지도가 지형을 그대로 반영하지 못하듯이, 삶의 길을 잃었을 때 가야 할 방향을 비춰주는 종교의 가르침(지도)과 현실(지형)은 늘 미끄러진다. 그리하여 연구자들은 각 종교 담론과 실제의 괴리 혹은 이상과 현실의 간극을 만드는 메커니즘에 관심하였다.

구체적으로 이숙진은 최근 한국교회 공간에서 활발하게 생산/유통되는 청부담론과 성부담론의 특성과 출현 맥락, 그리고 담론의 효과에 주목한다. 구체적으로는 '돈'이 어떠한 신성성의 언어와 의례로 번역/변안되는지, 청부/성부 담론이 유통·소비되는 교회적 사회적 맥락은 무엇인지를 추적하고 있다.

신익상은 현재 개신교의 교리와 문헌, '돈' 관련 연구자료 등을 면밀히 검토함으로써 '돈'과 개신교의 상호 관계에 관한 이론적 범위를 확인하고 현장연구를 가능케 할 가설을 세운다. 가설은 다음과 같다: 한국의 주류 개신교는 구조적 가난을 은폐하는 문화시스템 역할을 하고 있다. 그는 이 가설을 검증하기 위해 먼저 한국의 가난이 어떻게 나타나고 유지되는가에 대해 논한다. 그리고 개신교가 구조적인 가난의 생산에 기여하는지를 고찰하기 위해 탈속과 세속을 넘나드는 근본주의에 내포된 숨어있는 '돈'의 욕망과 그 움직임을 탐색한다. 이를 통해 그는 자본주의적 근대의 탄생과 맞물려 등장한 개신교가 시장경제의 보상체계를 신의 선물로 해석하는 '보상의 정당화' 논리를 제공하는 데 기여했음을 역설한다. 나아가 한국의 주류 개신교는 이 논리를 절대화하여 부를 지나치게 미화하고 구조적 가난을 은폐한다고 꼬집는다.

김혜경은 한국천주교회의 중산층화/엘리트화의 경향성이 어떻게 '돈' 중심주의의 사회 흐름과 맞물리는지 관심한다. 상징자본이 풍부한 엘리트 신자 집단과 그 인맥을 중요하게 생각하는 성직자 집단이 결국 교회 공동체 안에서 존재의 양극화를 야기하는 원인으로 작용하고, 교회 고유의 영성이 파고들 자리를 박탈함으로써 가난한 사람들을 교회로부터 멀어지게 한다고 진단한다. 그리하여 이러한 문제의식으로 국내외 각종 교리서, 사목교서 등에 나타난 '자본/돈의 우상화' 비판의 내용과 맥락을 분석하고 있다.

권진관은 돈과 재물의 본질에 관한 불교의 가르침을 볼 수 있는 금강경에 주목하였다. 자크 라깡(Jacques Lacan)의 은유와 환유의 개념을 지렛대로, '무아(無我)', '공(空)', '비, 시명(非, 是名, 그것이 아니라, 그 이름이 그렇다)'을 분석함으로써 돈과 종교의 관계를 구명한다. 통념과 달리 금강경의 본디 가르침은 현실 세계에의 참여와 관찰을 매우 적극적으로 옹호하며, 돈과 재물에 대해서도 유사한 입장을 견지함을 보여준다. 요컨대 돈에 사로잡히지 않은 채 돈의 세계로부터 도피하지는 말 것을 가르치는 금강경이야말로 돈의 세계의 흐름과 그것이 인간 자아와 객관 세계에 미치는 영향을 투명하고 객관적으로 주시하도록 인도하고 있는 대표적인 불경임을 밝힌다.

류제동은 지구촌 비교연구를 통하여 한국불교의 돈 담론의 특성 내지 한계의 좌표를 보여준다. 한국불교는 시장자본주의에 침식된 한국사회의 한계를 그대로 재현하고 있으며, 문제 해결의 대안도 대개 개인적 노력에서 찾고 있음을 법륜과 지광의 가르침을 통해 밝힌다. 특히 공동체적이고 실질적인 구조의 개선을 강조하는 미국불교계와 태국의 타비밧과의 비교를 통해, 돈을 공동체의 재화로 인식하지 않을 뿐만 아니라 돈을 매개로 파생된 다양한 모순에 대한 구조적 차원의 대응이 미약한 현대 한국

불교의 한계를 밝히고 있다.

김명희는 원불교의 물질개벽의 돈의 논리를 게오르그 짐멜의 '돈의 논리'의 시각에서 탐구한다. 짐멜이 제시한 '돈'이 가져다주는 인간의 자유와 평등, 존엄성, 그리고 개인성과 자율성은 소태산 대종사가 제시한 물질개벽의 목표와도 일치함을 논증하고 있다. 또한 원불교의 '돈'에 대한 경전, 교리, 가르침을 비롯한 담론 분석을 통해 원불교의 순기능으로서의 '돈의 논리'를 고찰한다. 원불교에서의 담론과 실제 사이의 괴리의 극복은 사요와 사은 교리를 통한 돈의 '이타적 가치 창출' 및 물질개벽과 정신개벽의 조화 속에서만 가능한 것임을 주장한다.

김태완은 『管子』, 『廣雅』, 『論語』, 『大學』, 『孟子』, 『史記』, 『尙書傳』등 고대 동아시아 텍스트를 중심으로 '돈'에 대한 유교관념과 이익을 추구하는 상업에 대한 유교의 경제사상을 탐색하고 있다. 유교 텍스트에서는 돈에 대해 언급한 예가 많지 않지만, 돈 그 자체를 부정하거나 돈의 기능을 경시하지는 않는다. 분석 대상이 된 텍스트들은 모두 이상적인 사회공동체를 구성하는 방식에 관한 이념을 제시하고 있다. 요컨대 경제적 이익은 국가 전체의 이익을 근간으로 해야 하며, 사적 개인은 이익과 부를 추구하는 게 당연한 일이라 하더라도 공적 존재로서 군주나 귀족관료들은 이익을 앞세우지 않음을 보여준다.

김동규는 의례에서 사용되는 '돈'의 의미 분석에 집중하고 있다. 공적인 영역에서 무속 의례는 대체로 비생산적이고 무가치한 일에 많은 비용을 지출한다는 이유로 비난받아왔다. 청교도 윤리나 자본주의적 윤리의 관점에서는 '비생산적인' 소비로 보이는 무속 의례의 소비는 실상 '생산' 중심적 경제학적 인식으로는 포착되지 않는 의미가 있음을 주장한다. 무속 의례를 위한 재화의 지출 혹은 소비의 의미를 탐색하는 과정에 마르셀 모스의 '증여론'과 조르주 바타이유의 '일반 경제' 개념을 지렛대로 활용하고 있다. 무속 의례의 소비는 인간의 삶을 최초로 증여한 신령에 대한 '정성'을 구체화하는 종교적 승화 과정임을 입증한다.

최현종은 현대 사회에서의 돈과 종교의 관계와 그 함의를 짐멜의『돈의 철학』을 중심으로 탐구한다. 돈이 지닌 다양한 잠재적 가능성, 전능성을 강조한다는 점에서 마르크스와의 유사점을 발견하는 한편, 둘의 뚜렷한 차이점도 비교분석한다. 요컨대 상품과 돈을 대립적 위치에 놓은 짐멜과 달리, 마르크스는 돈을 상품의 또 다른 형태로 보면서 '상품 형태'의 신비성은 노동의 사회적 성격을 노동생산물 자체의 물적 성격으로 보이게 한다. 특히 '돈'과 '종교'의 형식적 측면의 유사성을 조망하고, 그 위험성에 대해 탐구하며, 이에 동반된 인간의 가치문제 등의 순서로 돈과 종교의 상관성을 탐구하고 있다.

여기 수록된 글들은 2015년도 한국연구재단 일반공동연구지원사업 과제 〈'돈'과 종교: 소비자본주의 시대의 종교지형도 그리기〉(2015-2018)의 1차 년도 연구결과물이다. 그간 한국 종교들의 '돈' 담론에 대한 본격적인 연구가 없었던 점을 고려할 때, 이 글들이 소비자본주의 사회에서의 종교의 기능을 종합적으로 밝히는 성과가 되기를 기대한다.

지난 일 년 동안 〈'돈'과 종교〉 연구자들은 10회의 콜로키움, 전문가 초청특강, 심포지엄 등을 통해 공동연구의 기쁨을 누리며 깊은 우의를 다졌다. 행사 때마다 빈틈없는 준비와 매끄러운 진행으로 팀웍을 도운 임재원 간사께 특히 감사드린다. 또한 장소 및 다양한 자원을 제공한 성공회대학교 신학연구원과 한국연구재단에 감사한다.

2016년 9월 17일
책임연구자 권진관

차 례

후기자본주의 시대 한국교회는 '돈'을 어떻게 가르치는가*

이 숙 진

이화여자대학교

I. 들어가는 말

민주화 시대를 열었던 1987년, 그로부터 10년 후인 1997년의 IMF, 또 그로부터 10여 년이 흐른 2008년의 세계금융위기. 이 세 변곡점을 거치는 동안 우리 사회는 돈의 전능성과 무소불위의 힘을 그 어느 때보다 절실하게 느꼈다. 종교 영역 역시 예외는 아니었다. 거룩함과 성스러움을 표방하는 종교 공간에서도 돈에 대한 열망이 빠른 속도로 확산되었기 때문이다. 이 글은 믿음의 순도마저도 '돈'으로 측정되고 있는

---

* 이 글은 한국종교학회, 2016.『종교연구』제76집 2호, 81-115에 실린 글임.

한국의 종교 공간, 특히 개신교 공간에 관심한다. 여기에서 '돈'은 종교 공간에서 자본의 활동과 지배력이 강화되는 현상을 표상하는 기호이자 상징이다. 자본이나 경제가 아닌 '돈'에 주목하는 것은, 가시성과 역동성을 지닌 '돈'이야말로 일상의 미시적 차원까지 스며든 자본/경제의 힘을 포착하는 데 유용하기 때문이다.

'돈'에 대한 성서와 교회의 가르침은 일관된 모습을 보여주지 않는다. 신약성서에서는 물질적 풍요가 하나님과의 관계를 가로막는 요인으로 등장하는 경우가 많은 반면, 구약성서에서는 물질적 축복이 하나님과의 관계를 풍성하게 하는 표지의 하나다. 초대교회 시절에도 '자발적 나눔'에 강조점을 두는 공동체가 있었던 반면 '자발적 가난'을 강조하는 공동체가 있었다. 가난하다는 이유만으로 윤리적 삶의 실천가로 간주된 경우가 있는가 하면, 가난을 불신앙의 징후로 여긴 경우도 있었다. 예수를 닮으려면 부자여서는 안 된다는 주장과 예수를 '믿으면' 부자가 될 수밖에 없다는 주장이 대립하기도 하였다. 이처럼 돈에 대한 기독교의 태도는 역사적으로 매우 다양한 모습을 보여 왔지만 하나님과 돈(맘몬)을 동시에 섬길 수 없다는 예수의 가르침이 주류를 형성해 온 것은 부인할 수 없다.

그러면 한국교회의 경우는 어떠한가? 근현대사의 변곡점마다 한국교회는 '돈'에 대한 새로운 감각을 자극해 왔다. 초기부터 개신교인들은 물질적 풍요를 백안시하지 않았다. 서구 선교사들의 노동관과 물질관의 영향을 받은 개신교인들은 노동에 대해 긍정적 태도를 보였을 뿐만 아니라 근면성실로 얻은 재물에 대해서도 긍정적으로 생각하였다. 이는 탐관오리의 탐욕을 연상시켰던 돈과는 다른, 새로운 종류의 돈 감각을 우리 사회에 도입하는 통로의 하나가 되었다. 그러나 1960년대 이후 개발독재의 성장주의와 공명하면서 등장한 교회 성장주의는 '삼박자구원'으로 대표되는 '번영신학'의 주요한 확산통로였고, 그 과정에서 '잘살아 보세'의 교회 버전인 '예수 믿고 잘살자'는 신앙의 논리가 빠르게 확산되었다.

민주화와 동시적으로 진행된 신자유주의 시대의 한국교회는 새로운 버전의 '부의 복음'을 출현시켰다. 주지하다시피 신자유주의는 시장화, 자유화, 구조조정, 노동유연화, 세계화를 추진하면서 경제 영역뿐 아니라 학교나 가족과 같은 친밀성의 영역에까지 심대한 변화를 초래하였다. '세월호 사태'로 드러난 사회적 안전망의 총체적 부실이 보여주듯, 자본과 결탁한 국가는 더 이상 사회구성원에 대한 제도적 보호와 안전을 책임지지 못하고 있다. 국가를 대신하여 그동안 사회안전망 역할을 해오던 평생직장과 가족공동체마저 무한경쟁의 원리에 의해 와해되면서 승자독식, 대박, 쪽박, 우울증, 자살 등이 최근 우리 사회를 진단하는 키워드로 등장하였다.

이처럼 신자유주의 시대의 도래와 함께 시장지상주의가 우리의 일상을 근본적으로 재편하면서 '돈'은 예측 불가능한 앞날의 불안감을 막아줄 유일한 무기로 부상하였다. 불확실한 미래에 대한 공포감이 커질수록 '돈'에 기대려는 성향은 강해지고 '돈'을 얻기 위해서라면 무엇이든 할 수 있다는 심리가 확산되었다. 이러한 시대 추이를 반영하면서 학교나 가정은 물론이고 '돈'과 거리 두기를 해온 종교 공간마저도 돈의 논리에 빠르게 침윤되었다.

후기자본주의 시대의 한국교회는 '돈'을 어떻게 가르치는가에 관심하는 이 글은 청부/성부 담론에 주목한다. 깨끗한/거룩한 부자로 사는 삶을 강조하는 이 담론들은 '돈'에 대한 한국교회의 의식과 감정의 동학을 보여주는 주요 통로이기 때문이다. 분석을 위한 중심 자료는 '깨끗한 부'와 '거룩한 부'를 각각 주창한 김동호와 김미진의 텍스트다.[1] 이 논문에서는 이러한 텍스트들이 성서와 기독교의 본질에 얼마나 부합하는가 하는 신학적 물음 대신,[2] 이러한 텍스트들을 통해 생산되는 청부/성부 담론의 특성과 출현 맥락, 그리고 효과에 주목한다. 구체적으로는 '돈'이 어떠한 신성성의 언어와 의례로 번역/번안되는지, 청부/성부 담론이 유통·소비되는 교회적 사회적 맥락은 무엇인지, 그리고 부의 생성 메커니즘에 대한 담론적 주체의 인식은 어떠한지를 추적한다. 요컨대 이 글은 '돈'의 지배력을 공고화하는 교회의 내적 논리와 외적 장치를 추적함으로써 '돈'의 논리에 침윤된 종교가 '돈'이 지배하는 사회를 정당화하는 주요 장치임을 드러낼 것이다.

II. 소비자본주의 시대의 '깨끗한 부'

돈에 대한 성서의 감각은 "낙타가 바늘귀로 들어가는 것이 부자가

---

1 김동호는 높은뜻연합선교회 대표다. 높은뜻숭의교회 담임목사직을 시무(2001-2008)하던 당시 깨끗한 부에 관한 설교와 대형교회 목회자이면서도 담임목사 세습반대, 사학법 재개정 반대 등을 주장하여 기독청년들에게 뜨거운 반향을 불러일으켰다. 김미진은 교회를 통해 사회의 각 영역에 변화를 주도하는데 목표를 둔 NCMN(Nations-Changer Movement & Network)의 간사이자 NCMN의 사역 중 하나인 〈왕의 재정학교〉의 책임자이며 주 강사다.
2 김동호의 설교가 기독교 전문잡지에 소개되면서 '부'와 '성공'을 둘러싼 신학적 논쟁이 격하게 촉발되었고 지금도 진행 중이다. 김영봉, 한종호 등은 청빈론의 입장에서 청부론의 신학적 한계를 비판하였다. 김미진의 〈왕의 재정〉 강연과 관련 활동에 대해 최근 일부 교계 매체는 성서해석과 신앙적 경향성의 문제점을 지적하면서 폭발적인 인기를 누리는 현상에 대해서도 우려를 표명하고 있다.

하나님의 나라에 들어가는 것보다 쉽습니다"(마태 19:23~26)나 "여러분은 하나님과 재물을 겸하여 섬기지 못합니다"(마태 6:24)라는 본문에 잘 나타나 있다. 그러나 소비자본주의 시대의 한국교회 공간에서는 돈에 대한 경계심보다는 '깨끗한 부'야말로 신앙인이 누려야 할 은사라는 청부담론이 활발히 유통·소비되고 있다.

주지하다시피 청부담론의 기원은 자본주의의 탄생과 맞물려 있다.[3] 막스 베버에 따르면, 자본주의 정신에는 탐욕만 있는 것이 아니다. 근면·신용·시간 엄수·절제와 같은 내적 훈육이 있었기에 자본주의가 잘 돌아갈 수 있었다(Weber [1920] 2011, 71-100) 그런데 이러한 내적 훈육은 칼뱅주의의 금욕주의적 윤리와 친화성이 있다. 칼뱅주의의 이중예정설[4]은 구원의 방편으로 간주되었던 중세의 외적 장치들을 사실상 무력화시켰다. 예정설이란 태초부터 신이 우리의 구원 여부를 미리 정했다는 교리인데 이에 따르면 신의 선택에는 고행이나 면죄부는 물론이고 믿음과 선행조차 참고 되지 않는다. 중세적 방편이 무의미해지자 구원에 이르는 길을 잃은 대중은 심각한 심리적 불안감에 휩싸였다. 대중의 불안을 잠재운 것은 각자의 소명에 충실함으로써 신의 영광을

---

3 베버와 동시대인 리차드 토니는 『기독교와 자본주의의 발흥』에서 16, 17세기의 네덜란드와 영국에서 자본주의가 발전한 것은 프로테스탄트 때문이 아니라 광범위한 경제혁명의 효과로 보았다. 훗날 칼뱅주의가 자본주의를 수용한 것은 사회적 변화에 타협한 결과이며, 점차 선한 크리스천은 경제적 인간과 동일시되었다는 것이다. 요컨대 개신교가 자본주의적 변화를 가져왔다는 베버의 주장과 달리, 토니는 경제적 성장에 따라 기독교의 경제관이 착종된 것으로 보았다. 이 글은 베버의 가설을 따른다.
4 칼뱅주의 신학의 5개 조항에는 "… 하나님은 믿음이나 선행을 참고하지 않고 당신이 뜻하는 인간을 구원하거나 선택한다… 하나님은 누가 구원될 것인가를 미리 안다. 그러나 인간은 이 선지식을 공유할 수 없으며 모든 인간은 하나님의 뜻을 따라야 한다"는 예정설의 단초가 있다.

드러낸다는 직업소명설과 함께 이미 구원받았다는 확고부동한 믿음에 근거한 윤리적 생활이었다. 베버에 의하면 이러한 프로테스탄티즘의 직업소명설과 엄격한 윤리적 생활은 자본주의의 정신과 연동되었다. 요컨대 초기 자본주의는 자본축적을 위하여 성실·근면·절제·시간 엄수 같은 노동윤리가 필요했고, 칼뱅주의의 소명의식과 금욕적 훈육은 이를 정당화하고 고무하는 역할을 했다.

그러나 자본주의는 시대와 함께 그 성격이 변화하였다. 20세기의 자본주의는 과학기술의 발달과 효과적 경영 기법으로 생산성을 비약적으로 향상시켰다. 이러한 상황에서는 수요가 공급을 따라갈 수 없게 되면서 소비가 미덕이 되는 반면, 근면·성실·인내·근검절약 등과 같은 초기 자본주의의 미덕은 약화되었다. 20세기 개신교에서도 금욕주의가 약화되고 물질적 번영과 돈에 대한 욕망이 신앙의 장애물로 간주되지 않는 경향이 나타났는데 이는 사회변동에 대한 개신교의 놀라운 적응력을 보여주는 사례라고 할 수 있다.

한국의 교회 공간에서 청부담론이 본격적으로 등장한 것은 IMF 전후다. 몇몇 중산층교회에서 설교형식으로 선포되던 청부담론이『깨끗한 부자』(김동호, 2001)의 출판을 계기로 한국교회에서 폭발적 관심을 끌었고 그 후 교인들의 돈에 대한 고민을 다룬 책이 우후죽순처럼 등장하였다. 이장에서는 신앙인과 돈의 관계를 둘러싼 논쟁을 촉발한 대표적 텍스트인『깨끗한 부자』와 관련 설교 동영상을 중심으로 한국교회 청부담론의 특성과 출현 맥락을 살핀다.

1. '깨끗한 돈'에 관한 테제

2000년대 초반, 한국교회에서 정의되는 청부란 "하나님의 방식과 법대로 살았을 때 그에 대한 은혜와 상급으로 주신 부"다(김동호 2002, 8-9; 2003, 73). '깨끗한 부'에 관한 이러한 주장과 논리를 테제 형식으로 정리하면 다음의 4가지로 요약할 수 있다.

제1테제: 돈은 축복이 아니라 '은사(恩賜)'다. 이 테제에 의하면 돈을 많이 벌면 축복을 받았다고 말하거나 돈을 많이 벌게 해달라고 기도하는 행위는 잘못된 신앙이다. "돈은 축복이 아니라 진정한 축복은 돈을 잘 쓸 수 있는 지혜를 가지는 것"이기 때문이다(김동호 2001, 21). 기독교전통에서 은사는 신의 선물로 여겨져 왔으며, 방언, 말씀, 치유 등이 전통적인 은사의 양식이다. 그런데 청부담론은 '돈'도 은사의 영역에 포함시킴으로써 돈에 신성성의 옷을 입힌다. 나아가 은사의 중요성은 '쓰임'에 있다면서 물질을 바로 쓸 줄 아는 사람에게 물질의 은사를 주신다고 말한다(김동호 2001, 29-35). 그런데 여기에서 말하는 물질을 바로 쓸 줄 아는 사람이란 십일조에 충실한 사람이다. 따라서 십일조 생활을 제대로 준수하지 않으면 물질의 은사를 받을 수는 없다는 것이다.

제2테제: '하나님의 방식과 법대로' 돈을 벌어야 한다. 이는 돈을 버는 과정에서 깨끗함이 중요하다는 뜻이다. 현재 한국 개신교는 총인구의 20% 정도를 차지하고, 세계 수위를 다투는 메가 처치(mega church)도 상당수 보유하고 있으며, 수만 개의 붉은 십자가가 어둠 속에서도 위풍당당한 모습을 보이고 있다. 그런데도 한국 사회의 부패지수는 그 어떤 국가보다도 높게 나오고 있다. 이는 한국 사회의 도덕지수 향상이나 돈에 대한 윤리적 감수성 함양에 개신교가 거의 기여하지 못하고 있음을 의미한다. 사실 그동안 개신교는 한국 사회의 도덕성 증대에 기여하기보다는 '부자 되기' 열풍에 편승하였는데 이는 부동산 투기 붐을 타고 교회 부속 건물이나 대지 매매에 주력하였던 한국교회의 모습에서 잘 나타난다.

'하나님의 방식과 법대로' 돈을 벌기를 제안한 청부담론은 한국교회의 이러한 문제적 맥락에서 등장했다. 도둑질한 돈, 정당하지 못한 직업으로 번 돈, 불로소득으로 번 돈(도박, 투기, 복권)과 같은 부정축재에 대한 비판 담론도 이러한 맥락이 반영되었다(김동호 2001, 213-231). S 인터내셔널 대표이자 기독실업인 김성주의 "정직이 경쟁력"이라는 간증이나 한때 청부의 모델로 알려졌던 E그룹 회장 박성수의 기업경영 방식이 청부담론과 관련하여 자주 언급된다(박성수 외 2004, 81-101). 특히 국내 기업인들이 쉽게 빠지는 관행, 곧 탈세하는 짓, 이중장부로 축재하는 짓, 부도낸 후 도피의 방식으로 책임 회피하는 행위 등이 "하나님의 방식과 법대로" 돈을 버는 행위의 반대 지표로 간주된다. 코너에 몰릴수록 하나님의 명예를 생각하라며 "앞문이 막히고 옆문이 막히고 뒷문이 막힐 때 하나님은 하늘 문을 여신다"(박성수 외 2004, 32)는 신앙고백은 축재과정의 정직함과 깨끗함을 청부의 주요 요소로 강조하는 신앙의 논리로 보인다.

제3테제: 번 돈은 '정직하게' 몫을 나누어야 한다. 정직한 몫 나누기는 소비자본주의의 올바른 '소비'와 연동되어 있다. 사실 정직한 몫 나누기는 성서에 이미 그 단초가 보인다. 창세기에 의하면 인간은 만물의 주인이 아니라 하나님의 대리자다. 주인은 어디까지나 하나님이다. 따라서 정직한 청지기라면 번 돈을 원주인에게 돌려주어야 한다. 이러한 성서적 기준에 따라 청부담론이 제시하는 몫의 주인은 하나님, 이웃,

자신이다. 이처럼 세 몫으로 제대로 나눔이 "하늘에 쌓는 보화"다. 그 분배의 원칙은 매우 구체적인 수치로 표현된다. 이때 하나님의 몫은 수입의 10분의 1, 여기에 3년마다 바치는 십일조의 1년분 3.33%를 더하고, 나아가 네 귀퉁이 헌물로 21.45%를 합한 34.8%가 된다(김동호 2001, 159-163). 이웃에 대한 몫은 다섯 가지 기준을 통해 제시되는데 세금을 정직하게 납부하는 것, 임금을 제때 제대로 지급하는 것, 노동을 성실하게 제공하는 것, 빚을 갚는 것, 제2의 십일조인 구제다(김동호 2001, 135-148). 나눔이 정확하다면, 나머지 몫에 대해서는 어떤 용도로 사용하건 개인의 권리를 보장해 주어야 한다는 것이 소비자본주의 시대의 청부의 윤리학이다.

제4테제: 저축으로 미래를 대비하고 자녀에게 유산을 남기지 않는다. 가정을 꾸리고 있다면 언제 닥칠지 모르는 경제적 위기로부터 가족을 보호해줄 나름의 대책을 세우는 것이 시민들의 일반적 정서이자 태도다. 그런데 '깨끗한 부자'가 되려면 일정액을 목표로 꾸준한 저축을 하고, 재산은 가족 수에 맞춰 배분하며, 자기 몫으로 남은 부분은 죽을 때 유산으로 남기지 않고 교회에 바치는 삶을 살아야 한다는 것이다 (김동호 2001, 169-174).

한국교회 안에서는 '깨끗한 부'에 관한 이러한 테제들이 과연 성서적이며 기독교적인지에 대한 논란은 끊이지 않고 있다. 안정감을 누리기 위해 저축에 집착하는 것은 하나님의 의지에 대항하는 것(Ellul [1954] 1994, 179)이라는 자크 엘룰의 시선으로 볼 때, 청부담론의 '영악한' 문자적 계산과 미래 대비책은 반성서적이라는 지적이 있다. 자본주의 경제 체제를 전제한 상태에서 '정직한 부자'가 되는 길은 애초 불가능하기에 '깨끗한 부자'는 언어도단이라는 주장도 있다. 또한 청부담론은 자칫 자신의 부를 하나님이 주신 복의 징표라고 간주하고 빈부의 차이를 하나님의 섭리로 인정하는 체제 유지적 효과를 가져올 수 있다는 날 선 공격도 있다(김영봉 2003, 254). 이러한 모든 우려와 경고는 기독교의 '진리'와 '본질'을 둘러싼 내부 논쟁으로서 돈에 대한 한국교회의 입장을 잘 보여주고 있다.

2. 청부담론의 출현 맥락

청부담론이 출현한 교회 외적인 맥락은 '부자 되기' 신드롬이고 교회 내적 맥락은 '번영신앙'이다. 먼저 교회 외적인 맥락을 보면, 청부담론은 IMF 체제의 구조조정을 거치는 가운데 등장한 '부자 되기' 신드롬과 맞닿아 있다. 1997년 이후 한국 사회는 산업사회의 특징이었던 안정된 가족공동체와 평생직장의 개념이 급속히 해체되면서 스스로 생존의 방도를 찾아야 했다. 당시 유행했던 이십대 태반이 백수라는 '이태백'과 사오십이면 정년이라는 '사오정' 등의 신조어들은 불안정한 삶을 함의하는 기표들이다. 이러한 위기상황에서 가족이나 조직을 대신하여 '돈'이 전면에 부상하였다. 이 시기에 『10억 만들기』와 같은 재테크 서적이 베스트셀러가 되고, '부자 되기' 대학동아리나 '부자학개론'과 같은 교양과목이 폭발적 인기를 끌었는데 이는 이 시대의 '부자 되기' 신드롬을 반영한 것이다.[5]

---

5 서울여대 '부자학개론' 강의는 수강신청 2분 만에 정원 350명이 채워졌고, 대학 동아리에 '부자동아리'가 생겨나고 모 학생의 경우 '20대 부자 만들기' 사이트를 개설한지 1년 만에 회원수가 6만 명(이중 20대가 70%)을 넘어서기도 했다(조선일보, 2005년 11월 24일자).

이 무렵 교회에서도 '돈'을 주제로 한 설교가 급부상하였다. 기독교인이 궁극적으로 욕심내고 도전해야 할 것은 '부자가 되고 강한 자'가 되어서 예수 믿는 사람답게 사는 일(김동호 2001, 205)이라는 이른바 '청부론'이 등장한 것이다. IMF 체제 이후 등장한 청부담론은 이처럼 '부자 되기' 열풍과 부에 관한 에토스를 공유했지만 부자의 책임감 부분에 대해서는 일정한 차이를 보였다. 청부담론이 세속적 부자 되기 신드롬과 자신을 구별한 키워드는 '믿음'이다. 하나님의 법대로 사는 사람에게 결국 모든 일이 뜻과 같이 잘되어 간다는 믿음이 그것이다(김동호 2003, 113). 이는 그동안 양립 불가능한 것으로 여겨온 두 단어, '부자'와 '깨끗하다'를 연결시킴으로써 세속적 부자 되기 신드롬과 스스로를 구별 짓는 전략인 셈이다.

청부담론이 출현하는 데 중요한 맥락을 제공한 두 번째 것은 산업화 시대의 한국교회에 팽배한 번영신앙에 대한 비판이다. 주지하다시피 산업화 시대의 경제 성장주의와 짝을 이룬 한국교회는 엄청난 규모로 성장하였는데 이러한 교회 성장의 내적 동력을 제공한 것이 번영신앙이다. 양적 확장을 꾀하는 교회의 욕망과 물질의 부를 꾀하는 교인의 욕망이 교차하면서 폭발적인 교회 성장이 가능하게 된 것이다. 번영신앙은 '부(富)의 복음'에 근거하고 있으므로 이 시기의 한국교회에서는 '돈'에 대한 긍정적 인식이 널리 확산되었다. 따라서 '부'의 축적은 하나님의 축복으로 간주될 뿐 돈 버는 과정에 대해서는 물음이 제기되지 않았다. 더 나아가 돈이 신앙의 척도로 등장하면서 헌금을 일종의 투자 자본으로 여기는 신앙도 등장하였다. 즉 헌금을 많은 돈을 벌기 위한 종자돈(seed money)으로 간주하는 '씨앗신앙(seed faith)'과 같은 새로운 신앙이 등장한 것이다.

이 시기의 한국교회가 축적한 막대한 부는 부동산 시장의 왜곡된 구조와 긴밀히 얽혀있다. 무리한 대출로 기도원이나 지성전을 많이 건립하면 할수록 부유해졌다. 부유해질수록 급속도로 부패해졌다. 반기독교 정서 확산의 도화선이 되었던 대형교회 목사들의 재정적 도덕적 타락, 변칙적인 담임목사 세습, 대형교회 건축 붐 등이 그 증거다. 그러나 부동산 버블이 꺼지면서 성전 건축을 명목으로 한국교회가 은행권에 진 빚은 천문학적 금액으로 늘어났고, '빚'에 고통 받는 교회와 교인은 늘었다.

이러한 한국교회의 풍토를 비판하면서 교회개혁운동의 일환으로 등장한 것이 청부담론이다. 청부담론은 산업화시대 교회 성장의 동력이었던 번영신앙과 구별 짓기를 하면서 자신의 입지를 세웠다. 돈 버는 과정에 대해선 침묵해왔던 한국교회의 관행과 달리 돈을 벌고 쓰는 과정에서도 바른 생활과 바른 신앙을 요구하고 있기 때문이다. 이러한 청부담론이 던진 문제 제기는 주술적 기복신앙과 결합한 번영신앙이나 교회(목사)에 대한 충성을 '신앙 좋음'과 동일시하는 한국교회의 풍토를 개혁하는 효과적 무기가 될 수 있다.

청부담론은 한국교회의 도덕적 위기에서 벗어나고자 했던 중산층 교인의 적극적 응답과 열렬한 지지를 끌어내었다. 동시에, 신앙과 '돈' 사이에 갈등 없이 풍요와 자유를 '당당하게' 누리고 싶은 중산층의 욕망에 정당한 신앙적 근거를 제공하였다. 이러한 배경에는 여전히 막스 베버가 분석한 프로테스탄티즘의 윤리가 잘 작동하고 있다. 그 결과 청부담론을 생산하고 소비하는 교회들은 풍요함과 당당함까지 누림으로써 '상징자본'을 가진 중산층의 욕망을 적절하게 수렴함과 동시에 나름의 구별 짓기에 성공함으로써 여타 교회 공동체나 이웃 종교집단보다 높은 경쟁력을 구가할 수 있게 되었다.

III. 금융위기 이후의 '거룩한 부'

2008년 세계금융위기를 전후하여 한국교회에는 '돈'에 대한 새로운 담론이 등장했다. '거룩한 부', 이른바 성부(聖富)론이다. 거룩한 부에 대한 담론은 주로 예수전도단 소속 '왕의 재정학교'(NCMN, Nations-Changer Movement & Network)에서 생산된다. NCMN은 교회를 통해 사회 각 영역의 변화를 주도한다는 목표로 세워진 선교단체다. 이 단체의 간사 김미진의 고백에 따르면, 그는 상위 0.1%에 속한 속부(俗富)였으나 50억대의 빚이 생기고 한순간 100억대로 빚이 불어났다. 그런데 절망 중에 하나님의 재정원리를 철저하게 따르자 5년도 안 되어 '차고 넘치는 부'를 얻었다. 그의 간증에 의하면 부를 다시 얻게 된 후에도, 성빈(聖貧)에게로 돈이 흘러 들어가도록 십일조가 아닌 '십구조'를 드리는 '성부'의 삶을 살고 있다. 이러한 그의 간증은 오늘날 '거룩한 부'를 향한 열망의 진원지다. 하나님 나라 사업을 위한다면 재정원칙을 철저히 수행해야 한다는 이른바 '왕의 재정' 강연과 간증은 현재 부흥회나 수련회를 비롯한 다양한 형식을 통해 폭발적 인기를 끌고 있다. 출판사의 저자 소개에 따르면 2014년 6월 기준으로 유튜브(youtube)에 1,000여 개의 왕의 재정 강의 동영상이 올라 있고, 조회수는 거의 1,000만에 달한다. 지금 이 순간에도 온라인상에는 실시간으로 거룩한 부에 대한 간증과 강연이 업로드 중이며, 그 열기는 국내를 넘어 해외로까지 확산되고 있다.

이 장에서는 하나님의 축복의 가시적 징표로 '돈'을 신성화한 성부 담론에 주목한다. 특히 강연내용을 출판한『왕의 재정』과 업로드된 동영상을 통해 '거룩한 부'의 테제와 성부담론의 특성을 규명하고 이러한 담론이 출현한 한국 사회와 교회의 맥락을 살핀다.

1. '거룩한 부'에 관한 테제

성부담론은 사람을 4가지 유형으로 나눈다. 거룩한 가난한 자 '성빈(聖貧)', 세상에 속한 가난한 자 '속빈(俗貧)', 세상에 속한 부자 '속부(俗富)', 하나님이 만들어주신 거룩한 부자 '성부(聖富)'가 그것이다. 성부 담론에 의하면 하나님은 부자이며 그 부를 우리에게 주길 원한다. 그리고 누구든 성경적 재정 원리에 충실하면 성부가 될 수 있다.

"하나님이 만들어 가는 거룩한 부자" 혹은 "하나님이 재정을 부어주는 성부"라는 말로 요약할 수 있는 성부담론의 함의 역시 청부담론의 경우처럼 몇 개의 테제로 정리할 수 있다.

제1테제: 성경적 재정 원칙의 삶은 부흥의 열쇠이며 성부는 하나님 나라의 확장을 위해서 반드시 필요하다(김미진 2014, 6). 여기에서 '부흥'은 개인적 차원의 물질적 풍요와 교회의 성장을 동시에 의미한다. "십일조는 교회와 우리를 다 축복하시기 위한 하나님의 아이디어"라고 선언하고 있기 때문이다(김미진 2014, 307). 김미진에 의하면 하나님 나라의 재정 원칙을 세운 첫째 이유는 우리를 축복하기 위함이고, 둘째 이유는 교회를 축복하여 온 땅에 하나님 나라를 섬기고 세우는 데 부족함이 없게 하기 위함이다.

그는 '하나님 나라'의 확장에서 '돈'이 지닌 중요성을 강조하기 위하여 성서에 등장하는 재물에 관한 기사의 횟수까지 구체적으로 언급하고 있다.

> 하나님 말씀 안에 믿음과 구원에 대해 몇 번 정도 얘기하고 계시나? 214번, 218번 이야기하신다. 그러면 돈 재정에 대해서 몇 번 이야기하시나? 성경에서 2,083번 이야기하신다. 10배를 더 얘기하신다. 왜 그런가? … 우리가 그만큼 돈에 대해 알아야 할 영역이 많은 것이다. 예수님 비유가 2/3는 돈 이야기다(김미진 2014, 19).

그동안 한국교회는 돈이 아니라 믿음이나 구원에 신앙의 초석을 두어 왔다. 아무리 기복주의 성격이 강한 성령집회에서도 치유와 회복이 선포되었지 노골적으로 '돈'을 언급한 곳은 거의 없다. 그런데 성부담론에서는 노골적으로 신앙적 실천에 '돈'이 얼마나 필요한지를 강조한다. 요컨대 성부담론은 경제가 정치, 교육, 예술, 과학기술, 가정 등과 같은 여타의 영역을 위한 튼튼한 기반과 공급원이 되는 중요한 역할을 한다고 하면서 교회 성장의 동력으로 '돈'을 내세운다.

제2테제: 재물에 충성하라(김미진 2014, 8). 이 테제는 하나님과 재물을 동시에 섬길 수 없다는 누가복음의 구절에서 도출한 것이다. "지극히 작은 것에 불의한 자는 큰 것에도 불의하니라. 너희가 만일 불의한 재물에도 충성하지 아니하면 누가 참된 것으로 너희를 맡기겠느냐… 너희는 하나님과 재물을 겸하여 섬길 수 없느니라"(누가 16:10-13)는 예화를 통해 신앙인이 충성해야 할 세 가지 대상이 도출된다. 요컨대 우리가 충성해야 할 것은 '작은 것', '남의 것', '불의한 재물'이다.

우리 주 예수님은 '재물에 충성하라'고 말씀하신다. 그러면 '참된 것'을 우리에게 맡기겠다고 하셨다. 재물은 눈에 보이는 이 땅에 있다. 참된 것은 눈에 보이지 않는 하늘에 있다. 하나님의 나라와 그의 의다. 주님은 우리에게 하나님의 나라를 맡기기를 원하신다. 그러나 먼저 우리는 자격시험을 치러야 한다. 우리에게 주어진 재물에 충성할 때 자격시험을 통과할 수 있다(김미진 2014, 8).

이때 재물에 충성하는 삶은 세 영역의 삶을 살 때 가능하다. 재물을 노예로 다루는 삶, 재물을 관리하는 삶, 재물을 다루면서도 장막 생활을 하는 삶이 그것이다. '믿음으로 사는 삶'을 훈련할 때 재물을 노예로 다룰 줄 알게 되고, '청지기의 삶'을 훈련할 때 재물을 소유하지 않고 관리하는 삶이 가능해지며, 재물을 다루면서도 장막 생활을 하는 삶은 '단순한 삶'을 훈련할 때 가능하다. 물론 이런 삶은 자동으로 이루어지지 않으며 특별한 사람에게만 해당되는 것도 아니다. '오직 훈련'을 통해서만 이런 삶을 살 수 있다(김미진 2014, 8-9). 그리고 '누구든' 재물에 대해 옳은 태도를 지니면, 보이지 않는 세계 가운데 무한하게 있는 재물을 하나님이 풍성하게 보낸다.

하나님은 모든 것을 소유하셨고, 그것을 그분이 보시기에 옳은 사람에게 주신다. 하나님이 보시기에 옳은 사람이란 어떤 사람인가? 하나님은 재물에 대한 올바른 태도가 있으면 재물을 주시고, 권세에 대한 올바른 태도를 가질 때 권세를 주신다. 하나님이 보시기에 재물에 대한 태도가 옳은 사람이 되기 시작하면 그분의 재물을 움직이는 사람이 될 것이다(김미진 2014, 75).

김미진에 의하면 자신은 재물에 대한 올바른 태도를 스스로 공부하고 훈련했으며 어떤 사람에게 하나님이 재물을 주는지도 배우게 되면서 어느 날부터 빚을 갚기 시작했다. 이러한 그의 간증은, 거룩한 부자가 되기를 열망하는 이들에게 확실한 믿음을 제공함으로써 세계 금융위기 이후에 드리워진 불확실성의 그림자를 걷어버린 효과가 있다.

제3테제: 주인을 맘몬에서 하나님으로 바꾸어야만 재물을 노예로 다룰 수 있다. 요컨대 돈을 다스리는 방법은 재정영역뿐 아니라 하나님을 내 주인으로 삼는 하나님 나라의 다스림이다. 이때 재정영역은 믿음의 영역이고 하나님과 나의 관계를 말하는 것이고 온 땅을 다스리는 영역이다(김미진 2014, 19). 따라서 모든 물질의 공급자는 하나님이며 삶의 안정 역시 안정된 직장이 아니라 하나님으로부터 온다는 믿음으로 사는 삶이 요청된다. 그러면서 "베드로나 엘리야의 필요를 채우시듯 오늘 믿음으로 사는 그의 백성들의 필요를 채우실 것"이라며 재물의 노예가 될 것인가 아니면 재물을 노예로 다룰 것인가의 결정을 촉구한다. 여기에서 재물을 노예로 다루는 삶은 재물을 하늘은행에 맡겨 잘 관리하는 삶을 의미한다(김미진 2014, 11-14). 요컨대 헌금을 제대로 내라는 뜻이다.

우리의 보물을 쌓는 장소는 두 군데이다. 즉 '땅'과 '하늘'이다. 땅을 말할 때 가장 대표적인 예가 시중은행, 각종 펀드나 주식 등이다. 그렇다면 하늘에도 이 같은 것들이 있다… 즉 '하늘은행'이다… 당연히 은행장은 하나님 자신이시다. 청지기의 삶은 하늘은행 구좌를 여는 삶이다… 어떻게 하늘은행에 입금할 수 있는가? 하나님이 말씀하시는 곳에 두면 된다… 좋은 땅에는 30배, 60배, 100배의 결실을 맺는다. 하늘은행은 분명히 좋은 땅이다(김미진 2014, 12-13).

이처럼 그는 공관복음서의 씨 뿌리는 비유를 원용하여 재물을 하늘은행에 입금하면 반드시 배가된다고 주장한다. '반드시' 배가될 수밖에 없는 것은 하나님이 빚쟁이가 아닌 부자이며, 수확량은 심는 양에 의해 결정되기 때문이다(김미진 2014, 14). 요컨대 하늘은행에 심을 씨인 십일조를 많이 하면 몇백 배의 이익이 되돌아오기 때문에 되돌려 받고 싶은 만큼 심기를 권유한다. 이러한 십일조는 "믿음이 있거나 없거나 상관없이 우리를 축복하시기 위해 씨로 주시는 하나님께서 세우신 원칙"(김미진 2014, 303)으로 해석된다. 이는 '믿음과 상관없이' 십일조를 강조함으로써 믿음보다도 십일조를 더 중시하는 논리다. 이처럼 그동안 교회 전통에서는 하나님 나라의 비밀로 해석해온 '씨'를 성부담론은 '돈'으로 환원시킴으로써 최상의 신앙적 실천이 '돈'으로 귀결된다. 더 나아가 신용불량자나 빚으로 고통 받는 사람은 하늘에 '심을 씨'를 먹은 사람으로 해석된다.

십일조를 심을 씨처럼 심는 사람들에게 약속하시길 메뚜기를 금하시고 보호하신다고 하신다. … 하나님이 씨로 준 십일조를 심게 되면 메뚜기 떼를 금해서 우리의 재물이 엉뚱하게 나가는 것을 방비해주시고 지켜주시겠다고 한다… 지금 삶이 궁핍하다면 되돌아보는 시간을 가져라. 혹시 씨를 먹어버리지는 않았는지… 씨를 먹어버리면 다음 해 농사는 지을 수 없다. 수확이 없는 게 당연하다(김미진 2014, 303-304).

이는 가장 먼저 온전한 씨로 십일조를 드리면 궁핍한 삶에서 벗어날 수 있게 된다는 것으로서 오차 없는 '주고받기(give and take)'의 논리다. 그는 자신이 4년 반 만에 50억 빚을 갚고 다시 성부가 된 것은 믿음으로 살았기 때문이라고 말한다. 다은이 우유사건, 해물 스파게티와 그라탱 간증, 설화수 화장품과 하나님, 티코에서 벤츠까지, 안경 40박스 등 김미진의 간증은 모두 믿음의 결과로 하나님의 은혜인 재물을 얻었다는 것으로 귀결된다(김미진 2014, 81-99). 그녀의 기도 응답은 모두 물질적 응답으로 귀결되며 구원의 문제에도 재물의 영향력이 발휘된다. 이러한 기도의 응답과 구원론에는 기복신앙의 특성이 농후하게 나타난다.

제4테제: 성부는 성빈의 삶을 살아야 한다. 하느님으로부터 받은 많은 재물로 부유하게 된 성부는 반드시 검소한 삶을 살아야 한다는 것이다. 이는 수입에서 하나님과 이웃의 몫을 떼고 난 나머지에 대해서는 개인의 자유로운 처분을 인정했던 청부담론과 구별되는 논리다.

> 성부들의 재정 형태는 부가 많을 수 있으나 삶의 형태는 성빈으로 살아야 한다… 그렇지 않으면 돈이 많기 때문에 맘몬의 영향을 쉽게 받는다. 맘몬은 호시탐탐 성부를 노린다. 성부 한 사람이 세워지면 온 땅에 하나님 나라가 힘 있게 확장되기 때문이다. 누가 이 부르심, 성부의 삶으로 헌신하겠는가!(김미진 2014, 205).

이러한 논리에 의하면 거룩한 부자이지만 성빈으로 사는 삶은 생활 유지를 위한 최소한의 재물만 남기고 나머지는 모두 하늘은행에 씨로 심고 재물을 흘려보내야 한다. '플로잉(flowing)'으로 불리는 이 방법은 내가 관리하는 것을 다른 곳으로 흘려보내는 경제활동이다. 그러면서 지금 당장 나와 우리 가족을 위해 속부의 삶을 청산할 것을 권한다. 재물을 계속 붙잡고 있으면 성부의 축복은 흘러가지 못하게 되고, 결국 우리가 안 먹고 안 쓰고 모은 재물은 몽땅 사라지게 될 것이라고 경고하기도 한다(김미진 2014, 200). 물이 높은 곳에서 낮은 곳으로 흐르듯, 하나님의 원칙은 강한 자가 약한 자를 돕고 섬기는 것이기 때문이다.

성부담론에 의하면, 하늘은행의 씨 심기와 '플로잉'이 제대로 되기 위해서는 거룩한 부자가 많이 일어나야 한다. 그리고 성빈에게 재물을 주어 하나님 나라를 확장하는데 함께한다는 면에서 성부는 선교사다(김미진 2014, 205). 이는 하나님 나라의 확장을 위해 신자가 교회에 경제적 도움을 제공해야 하는 이유를 정당화한다.

제5테제: 하나님은 속부의 재물을 반드시 의인에게 옮긴다. 하나님의 계획에 의하면 성부의 산업은 자자손손에게 이어지고 속부의 사업은 의인에게 옮겨 간다. 요컨대 하나님은 속부의 재물을 흔들어서 의인에게 옮기는 방식으로 재물을 이동시킨다. 김미진은 하나님의 이러한 예언이 반드시 이루어질 것이라고 힘주어 말한다(김미진 2014, 177).

지금까지 살펴보았듯이 성부담론은 하나님 나라의 확장을 위해 성부가 반드시 필요하다고 보면서 성부는 재물에 충성하면서도 성빈의 삶을 살아야 하며 나아가 맘몬이 아니라 하나님을 주인으로 삼을 것을 강조한다.

2. 성부담론의 출현 맥락

청부담론 탄생의 주요 배경이 된 1997년의 위기상황은 IMF 구제금융의 요구에 따라 허리띠를 졸라매고 근검절약한다면 경제회복의 기회를 얻을 수 있다는 희망이 대중의 마음속에 있었다. 그러나 2008년 세계금융위기가 야기한 경제 파탄 이후에는 근면성실의 태도로 위기를 극복할 수 있다는 믿음이 크게 퇴조했다. 부동산 시장의 급격한 변동, 펀드와 신용카드 대란 등으로 대표되는 금융위기는 신불자, 노숙자 등 수많은 사회적 배제자를 양산하고, 심화된 무한경쟁의 시스템은 한 세대를 통째로 무력화시켰기 때문이다(홍석만·송명관 2013, 155-186).

2008년 세계금융위기 이후 경제적 차원의 절망감이 얼마나 빠른 속도로 번지고 있는가를 보여주는 지표들이 있다. 2004년부터 매년 '부자 인식 조사'를 실시해 온 한 언론사의 자료에 의하면, 부자가 아닌 사람이 부자가 될 수 있는 '시기'를 묻는 질문에 '불가능하다'는 답의 비율이 해마다 높게 나타나고 있다. 2011년에는 "로또 아니면 10억 모으기 불가능하다"고 응답한 비율이 54%였는데, 불과 2년 만에 60%에 육박하였다.6 이러한 지표의 변화는 개인의 노력과 절약으로는 더 이상 '부'를 획득할 수 없다는 대중의 변화된 심리를 잘 보여준다.

한국교회 공간에서 등장한 성부담론은 이러한 금융위기를 반영한 것으로서 여기에서도 '돈'에 대한 신자들의 변화된 감정역학을 엿볼 수 있다. 앞장에서 살펴본 것처럼 성서는 믿음과 구원보다 '돈'을 열 배 이상이나 언급하고 있다는 논리나, 예수의 비유도 2/3가 '돈' 이야기라는 주장(김미진 2014, 19)은 돈에 대한 신자들의 감수성 변화를 잘 보여준다. 세계적인 금융위기를 겪기 이전에는 예수의 비유와 성서에서 '돈'이 얼마나 자주 언급되는지에 대한 물음 자체가 등장하지 않았다. 따라서

---

6 이러한 변화를 읽을 수 있는 2011, 2013, 2015년의 머니투데이 특집 헤드라인은 다음과 같다. "국민 54%, 로또 아니면 10억 모으기 불가능", "멀어지는 '부자의 꿈'… 10명 중 6명은 평생 불가능", "59.9%, 부자? 평생 불가능하다"

'돈'과 신앙을 직접 연결하는 이러한 현상은 자본주의의 산물이라고 할 수 있다.

최근 한국교회의 공간에서 불꽃처럼 번져 가는 NCMN의 '왕의 재정 학교'는 금융위기가 일으킨 불안의 정서와 깊이 공명하고 있다. 성부담론을 열광적으로 소비하는 주체가 이를 증명한다. 청부담론이 주로 구별 짓기를 꾀하는 중산층 신자의 호응을 받았다면, 성부담론은 이와는 사뭇 다른 계층이 주로 소비하는 듯하다. 성서해석의 수준이나 세련되지 않은 신앙적 언어, 직접적이고 도발적인 표현방식 등도 중산층의 정서와는 거리가 있다. 그러나 삶의 불안정성이 심화되면서 누구든지 벼랑 끝에 내몰릴 가능성이 높아진 점을 고려한다면 성부담론은 하층계층에서만 소비된다고 할 수 없다. 김미진의 경우처럼 원래 부유한 계층이었으나 파산으로 부채를 갚아야 하거나, 원래부터 자원이 부족한 계층이지만 하나님으로부터 놀라운 부를 선물 받고 싶은 개인은 성부담론에 끌릴 수 있다. 실제로 성부담론은 계층을 막론하고 경제적으로 파산한 자, 신용불량자의 열렬한 관심을 받고 있다.

이 지점에서 우리는 위험관리의 주체가 사회적 차원에서 개인적 차원으로 이동하고 있음을 짐작할 수 있다. 금융의 위험성이 특정계층에 국한되지 않는다는 점은 경제적 파탄에서 자유로운 계층이 없음을 의미한다. 그러하기에 성부담론을 돌리는 주체는 채무관리와 신용관리, 나아가 금융위기의 관리를 신앙적 버전으로 수행하는 자다. 요컨대 간증에 빈번하게 등장하는 빚, 채무, 투자, 이율, (하늘)은행 등의 금융/재무 언어를 잘 독해하고 구사하며 이를 신앙적 언어로 번안하는 주체다.

김미진의 강연 현장을 취재한 한 신문기사에 따르면, 교회의 주인을 다시 하나님으로 바꿀 것인가를 설명하는 부분은 시간도 부족했지만 청중의 관심도 그것에 있지 않았다고 한다. 0.1%의 부자였던 그가 파산하고 100억을 빚진 상태에서, 하나님의 은혜로 4년 반 만에 다시 월 1억 이상 버는 부자가 되었다는 스토리에 청중은 집중하였던 것이다 (이택환 2014). 아무리 하나님의 은혜였다고 하지만 100억대의 빚으로부터 벗어나서 부자가 될 수 있는 가능성은 매우 희박하다. 그렇지만 언제 몰락할지 몰라 불안감에 쌓여있는 사람들이나 빚으로부터 탈출할 수 있는 합리적인 방도를 찾지 못한 이들은 실낱같은 가능성이라도 잡기 위하여 관련 종교상품을 구매하고 거룩한 부의 담론을 소비한다.

근검절약이나 자기계발 같은 개인적 차원의 노력으로는 부자가 될 가능성이 없다고 판단한 이들은 부의 축적통로를 저축이 아니라 투자에서 찾는다. 그런데 투자는 언제든 파산의 위험성을 안고 있다는 점에서 부의 축적통로의 변화는 새로운 주체의 탄생을 예고한다. 이들이 바로 리스크를 관리해야 할 부담을 안고 있는 '금융적 주체'다. 문제는 리스크의 원인과 그 돌파구는 전문가의 고도로 특화된 영역이라 합리적 계산을 통해 찾아질 수 있는 것이 아니다. 예측 불가능하고, 느닷없이 다가오며, 파괴(파산)와 성공(창조)의 경계선에서 늘 불안정한 금융은 그 레토릭상 '성령'과 닮았다. 따라서 간증의 공간에서는 "하늘은행에 입금하면 이자율이 3000%"(이택환 2014)라는 말이 유통되고, 신이 내려주는 부의 선물을 받으려는 수많은 주체들이 몰려들고 있다. 금융적 주체는 부를 얻기 위하여, 혹은 우연히 부를 이루었을 때 이를 '관리'하는 자기계발의 능력을 필요로 한다. 이들은 금융의 위기적 측면인 변동성, 파괴성, 불안정성을 인지하면서도 신용관리를 비롯한 '합리적' 방도와 전문지식을 습득하며 위기를 관리하는 주체다. 이 글에서 관심하는 '거룩한 부자'는 금융의 위기에 그림자처럼 드리워진 두려움을 '비합리적' 장치 곧 기도와 믿음을 통해 극복하려는 금융적 주체의 신앙적 버전으로 볼 수 있다.

성부담론은 '하나님은 부자이니 떼먹힐 위험이 없다'는 논리로 하늘은행에 투자하기를 강변한다. 그 투자는 십일조와 헌금으로 적금을 붓는 행위다. 이에 따르면 하늘잔고가 넘칠 때, 세상에서의 하나님의 축복(이자)도 넘칠 수 있다. 가난하다면 그 이유는 단 하나, 십일조를 하지 않았기 때문이다. 따라서 이러한 논법에서는 신앙생활이 거룩한 부의 축적과 동일시된다. 그렇다고 성부담론의 진원지인 〈왕의 재정학교〉가 기도 등의 비합리적 방도에만 매달리는 것은 아니다. 거룩한 부에 대한 새로운 관점을 교육하고, 예산 세우기와 집행하기, 빚을 없애는 실질적 방법으로서 규모 있는 생활 등의 교육 프로그램을 제공한다.

성부담론을 생산하는 이와 같은 프로그램은 믿음과 기도라는 비합리적 내적 장치와 재무관리와 신용관리라는 합리적 외적 장치를 구사하면서 체제 밖으로 밀려날 위기에 처한 이들의 욕망을 흡수하고 있다. 성부 열풍을 취재한 한 신문에서도 주목했듯이, 단 하루라도 빚 없는 세상에 살고 싶은 '신용불량자의 멍에'를 쓰고 사는 수많은 이들과 그 가족들에게는 최소 6개월 정도만 몰입해 실천하면 빚지지 않고, 오히려 어려운 이웃을 돕는 사람으로 거듭나게 된다는 강연은 그야말로 기쁜 소식 곧 '복음'이다. 그들은 십일조와 헌금은 내 몫이 되어 반드시 돌아온다는 하늘통장 이론과 그것도 몇 곱절로 돌아온다는 신앙 간증에서 가능성의 동아줄을 발견한다. "십일조를 제일 많이 내는 사람이 되게 해달라"는 절절한 기도 속에는 제일 돈 잘 버는 부자가 되게 해달라는 욕망이 도사리고 있지만 여기에 종교 언어가 입혀지는 순간 이는 성령의 은사로 전환된다. 이러한 신자유주의 체제의 문법에 안착한 성부담론은 세계금융위기의 여파로 몰락한 파산자들을 체제의 논리 안으로 회수하는 역할을 하고 있다.

IV. '돈' 담론의 효과

이상에서 살펴본 것처럼, 청부담론과 성부담론은 대중들의 부에 대한 열망을 신앙적 회로를 통해 신성화하고 돈에 대한 새로운 감수성을 불러일으켰다. 청부담론은 아무런 자원을 갖지 못하던 사람이 하나님의 은사로 부자가 되었다는 '삼박자 구원론'과는 구별되는 담론으로서 중산층의 '부의 윤리학' 역할을 하였다. 청부담론이 등장할 때만 하더라도 근면·성실·노력·검약·저축으로 부를 축적할 수 있다는 사고가 널리 퍼져 있었다. 그러나 2000년대 중반을 넘어서면서 부의 형성 메커니즘의 변동을 감지한 대중들의 심상은 변하였다. 앞서 살펴본 것처럼 자기 생애동안 절대로 부자가 될 수 없다는 절망감을 표현한 이들의 비율이 점점 높아지는 현상에서만이 아니라 김미진의 간증에서도 이러한 변화는 감지된다. 거룩한 부자 되기의 열망을 불러일으켰던 김미진은 천문학적 단위인 '100억' 대의 빚을 지게 되었지만 5년도 지나지 않아 다시 부자가 되었다고 간증하고 있다. 불현듯 임재하는 성령처럼, 예측 불가능한 금융(상품)을 통하여 성공적으로 부를 얻은 사례들은 노력과 저축이라는 장치를 통한 예측 가능한 부가 아니다. 이처럼 불안정성과 위험성을 특징으로 하는 금융위기 이후의 성부담론에는 한국 교인들의 돈에 대한 변화된 감수성이 엿보인다.

청부담론과 성부담론은 각자가 놓여 있는 사회적, 교회적 맥락이 다르고 담론의 주체도 다르지만, 양자 모두 신자유주의 원리와 깊이 조응하고 있다는 유사성이 있다. 출발부터 실패한 자들에게 '기쁜 소식'이었던 역사적 기독교와 '무한경쟁'과 '승자독식'의 신자유주의가 조응한다는 것은 이율배반적인 현상으로 보인다. '성스럽다/깨끗하다'와 '부자'의 결합도 '찬란한 어둠'이나 '속삭이는 침묵'처럼 역설적이다. 성서에 따르면 부자는 추구해야 할 가치가 아니다. 그럼에도 깨끗함이라는 수식어로 인해 부자인 신앙인은 깨끗함과 공존할 수 있는 듯한 착시효과를 일으킨다. "속부의 재물을 반드시 의인에게 옮기신다"는 성부론의 확신 속에도 선택과 집중이라는 신자유주의의 원리가 스며있다. 청부/성부 담론은 성서의 예화를 신자유주의 사회의 맥락에 문자적으로 적용함으로써 승자독식의 체제를 돌리는 동력이 된다. 가령, 청부담론과 성부담론이 즐겨 인용하는 복음서의 달란트 비유(마태 25, 14-30)가 그러하다. 받은 그대로 땅에 묻어 보관했던 하인의 달란트를 빼앗아 열심히 돈을 불린 다른 하인에게 몰아주는 예화는 성부담론의 문자주의적 해석을 통해 "가진 자는 더욱 가지게 되리라. 더욱 많이 가져 넘쳐흐르게 되리라. 그렇지만 못 가진 자는 그나마 가진 것조차도 빼앗기게 되리라. 돈을 불리는 능력이 있는 자에게 돈을 주어라"(Dezalay [2002] 2007)는 신자유주의의 속성에 대한 드잘레이의 통찰과 조응한다. 이렇듯 성부담론의 문자주의적 해석은 '몰아주기'와 '배제하기'에 신앙적 정당성을 부여함으로써 무한경쟁 시스템의 속성인 승자독식의 에토스를 드러낸다.

청부/성부 담론은 자기계발적인 주체를 생산하는 장치로 기능하기도 한다. 지난 30년간 글로벌 정치경제 질서의 중심이 된 신자유주의는 어떤 조건에도 구애받지 않고 스스로가 설정한 목표를 추구할 개인의 자유를 강조해 왔다. 그 결과 성공과 실패의 책임은 자유롭게 경쟁하는 개인의 몫이 되었다. 국내외적 경제위기 속에서 출현한 청부/성부 담론은 신자유주의의 이상적 인간상인 자기계발적 주체의 형성 장치로 기능한다. 청부담론의 이상적 인간은 경쟁력 있는 자다. "하나님은 우리가 상한 갈대가 되기를 원치 않으시고 레바논의 백향목이 되기를 원하신다"(김동호 2009, 121)는 말에 스며있는 인간 이해에는 십자가의 낮아짐과 약함이 없다. "예수 믿는 우리가 궁극적으로 욕심내고 도전해야 할 것은 우리가 부자 되고 강한 자가 되어서 예수 믿는 사람답게 사는 일이다"(김동호 2001, 422-423)라고 한 것처럼 강함과 성공의 부추김이 있을 뿐이다. 이때 설교는 당근과 채찍으로 선수의 잠재력을 끌어내는 운동코치나 경기를 승리로 이끄는 치어리더의 힘찬 구호를 신앙적으로 번안한 것이다. 성부담론을 소비하는 금융적 주체 역시 자기계발적 주체다. 주지하다시피 세계금융위기 이후부터 부의 출처는 분명히 인지되지만 그 작동 원리를 이해할 수 없는 것이 복잡한 금융의 영역이다. 이때 부를 관리하는 태도 곧 리스크 관리 기법으로서의 삶이 중요해진다(Marazzi [2011]2013, 171-187). 성부담론에 따르면 하나님 재정학교는 리스크를 관리하는 자기계발 주체를 양성하는 장치다.

또 청부/성부 담론에는 구조악에 대한 이해가 결여되어 있다. "소유에 대한 능력이 없어서 가난해진 사람들"이라는 청부담론에는 자본주의 사회가 항시적으로 산업예비군을 산출하여 가난한 자가 필연적으로 생길 수밖에 없는 구조라는 사실에 대한 이해가 부재하다. 신용 불량자란 "자기 분수에 맞지 않게 돈을 쓰다가 큰 빚을 진 사람들을 가리키는 말"(김동호 2003, 23)이라는 개념 정의도 신용불량의 근본 원인이 세계금융시장의 격변이라는 현실을 간과한다. 게으름을 가난의 원인으로 인식하는 것도 문제다.

> 게으른 자는 가난하게 되고, 부지런한 자는 부하게 된다고 하신다…
> 하나님은 오직 부지런한 자에게 그분의 재물을 맡기신다. 자기에게 맡
> 겨진 일을 게을리하면 하나님은 그런 사람에게 재물을 맡기지 않으신
> 다. 농부는 추수할 때까지 부지런히 밭에 나가서 일한다. 하나님께서
> 재물을 공급하실 때 파이프라인을 통해 하시는데 훈련된 '부지런함'이
> 라는 파이프라인을 사용하신다(김미진 2014, 216).

청부론과 성부론이 기대고 있는 성서전통에서는 부지런함과 알뜰
함을 선으로, 게으름을 악으로 규정하지 않는다. 계약공동체의 약자보
호법이 작동하던 시대에는 과도한 근면과 축적이 오히려 악덕이었다.
가난한 이들을 위해 볏단과 이삭을 남겨두는 게으름과 넉넉함이야말로
공동체를 유지시키는 미덕이자 윤리였기 때문이다. 청부/성부 담론은
가난한 이들이 겪는 고통을 개인의 의지박약이나 신앙심 부재에서 찾
음으로써 격차사회의 불평등을 정당화할 뿐 아니라 개인들에게 깊은
죄의식과 수치를 심어주는 효과를 낳는다.

그뿐만 아니라 "성부의 산업은 자자손손에게 흘러가게 하시고, 속
부의 사업은 의인에게 옮기시는"(김미진 2014, 177) 것이 하나님의 계
획이라는 성부담론은 세상의 모든 부자를 정당화한다. 상속과 증여에
의한 자산 증식의 비중이 크게 높아진 통계수치는 오늘날 우리 사회가
새로운 신분사회로 진입했음을 보여주며, 성공과 실패가 오직 너 자신
에 달렸다는 자기계발의 신화는 신(新)신분사회의 구조적 불평등을 은
폐하고 있다. 한때 소수일지언정 용을 배출했던 개천에는 연애, 결혼,

출산뿐 아니라 희망까지도 포기한 이른바 'N포 세대'가 떠밀려오고 있다. 이러한 한국 사회의 구조적 문제에는 눈감은 채 청부담론은 '깨끗한' 부자와 '정직한' 부자를 호명하고, 성부담론은 가난이라는 고통에 불신앙이라는 죄까지 더하고 있다.

청부/성부 담론은 신앙인을 욕망의 주체로 만드는 일종의 변주된 기복신앙이며 번영신앙으로 볼 수 있다. 청부담론은 '깨끗함'을 내세워 산업화시대의 번영신앙과의 구별 짓기를 꾀했으나 '부'와 '성공'을 탐함으로써 여전히 번영신앙의 한계에 갇혔다. 또한 십일조를 '제일' 많이 내는 소망기도를 권하는 성부담론은 신앙이 자본주의적 욕망을 직접 부추기며 개인을 욕망의 주체로 만든다. 자신이 그러했듯이 누구나 '훈련'을 통하여 성부(聖富)가 될 수 있다는 간증(김미진 2014, 100-131)은 평등주의의 흉내를 내지만 과연 몇 명이 50억 빚을 갚고, 신용불량자가 정상적 경제활동을 할 수 있게 되었는지 의심스럽다. 성부담론의 성공적 확산은 '돈'에 대한 이 시대 신앙인의 욕망을 잘 읽어낸 결과다. 더 많은 돈을 벌기 위한 종자돈(seed money)으로 헌금을 변질시킨 '타락한' 씨앗신앙(seed faith)이나 구원의 징표를 현세적 성공에서 찾는 친자본주의적 신앙의 자리는 예수의 십자가 사건과 아무런 연관이 없다. 일용할 양식을 걱정해야 하는 파산자나 신용불량자들에게 선십일조를 씨앗으로 심고 '하늘은행'(교회/선교단체)에 저축하라는 권면은 사실상의 폭력이고 협박이다.

청부/성부 담론은 한국교회의 성장주의·성공주의·승리주의의 후기자본주의적 버전이다. 청부담론은 깨끗한 부자 되기에서 그치지 않는다. 김동호는 재래식 지상전이 그러하듯, 모든 전투의 승리 여부는 누가 '고지'를 점령하는가에 달려있다는 점을 강조한다. "이 땅에 하나님 나라를 건설하고 그리스도의 문화를 심으려고 하면 하나님의 사람들이 세상의 고지를 점령해야만 한다"(김동호 1995, 130)며 승리주의의 세계관을 드러낸다.

… 할 수 있는 대로 강한 자가 되라. 높은 자가 되라. 부한 자가 되라. 뛰어난 사람이 되라. 그렇게 되기를 힘쓰라(김동호 2001, 423).

청부담론의 이상적 인간상은 세속적 성공을 쟁취한 강한 자, 높은 자, 뛰어난 자다. 이는 패배자들의 종교인 기독교와 상반된 세계관이자 인간관이다. 청부담론은 천박한 물질주의와는 구별 짓기를 시도하면서도 "다른 사람들을 축복하며 하나님의 영광을 드러내는 그런 부자와 권력자"를 이상적 신앙인으로 제시함으로써 성공주의와 승리주의의 회로에 갇힌다. 이러한 점으로 인해 청부담론은 소비자본주의의 토양에 잘 적응할 수 있었고, 소비자본주의적 주체들의 호응으로 생명력을 연장할 수 있었다. 성부담론도 '돈'과 성공에 대한 개인의 욕망을 부추겨 교회의 부흥을 강조한다. 하나님은 성부를 축복하기를 원하신다며, "성부는 하나님이 주신 재물들을 성빈들에게 주어서 하나님 나라 확장하는 데 함께하는 것이다. 하나님은 하나님 나라의 프로젝트에 성부와 성빈을 함께 쓰시길 원하신다"(김미진 2014, 201)는 말 속에는 선교 제국주의와 기독교 팽창주의의 논리가 숨어 있다. 여러 강연에서 언급된 '하나님 나라의 프로젝트'의 사례는 주로 하나님 성전(교회건물)의 건축이거나 정복주의적 성격을 지닌 해외선교이기 때문이다. 그리고 하나님 나라의 프로젝트를 위해 수행되는 '플로잉'은 이상적이고 바람직한 방향으로만 흘러가지는 않는다. 오히려 이러한 플로잉이 목회자의 비리나 횡령, 성전건축이란 미명 아래 행해지는 온갖 불법행위, 탈세 문제, 나아가 선교 제국주의의 통로가 되기도 한 사례는 어렵지 않게 목격할 수 있다.

세계금융위기 이후 한국교회에서는 이 땅의 하나님 나라 건설이란 상징이 철저하게 '돈'으로 치환된다. 성부담론이 제시한 성부가 되는 방법에는 구체적인 재정 양식뿐만 아니라 경영 기법이 도입된다. 성부담론에서 자주 등장하는 주님께 '투자'한다, '입금' 항목이 투자다, 하나님은 '이윤'을 빨리 주신다, 부모와 사역자들에게 투자하면 빠르게 많이 '이자'로 채워주신다, 십일조나 헌금은 투자이지 절대로 사라지는 것이 아니다, 갑절로 돌아온다… 등의 언어는 신앙적/신학적 언어의 탈성화다. 나아가 맘몬의 지배를 받는지를 테스트하는 문항7을 제공하며, '정직한 부자', '성스런 부자'에 대한 메타포를 과학의 언어로 받아들임으로써 해석의 다양성을 차단한다.

그러나 성부담론에는 빚으로 돌아가는 '돈' 중심 사회의 지배력에 균열을 가하는 지점이 있다. 빚진 자는 경제관념이 없거나 윤리적 결함이 있는 자로 인식되어 왔지만 언제부터인가 빚이 없는 자를 찾아보기 어렵다. 높은 사회적 생존비용을 감당할 수 없는 대다수의 삶은 빚 권하는 사회로부터 자유로울 수 없다. 예컨대 높은 등록금은 학자금으로,

---

7 〈맘몬의 영향력 체크리스트〉(김미진 2014, 172) 1.통장에 돈이 많으면 마음이 든든하다. 2.무엇이든지 돈으로 해결할 수 있다고 생각한다. 3.만일 돈이 없다면 하고 싶은 것을 할 수 없다고 생각한다. 4.돈이 더 많으면 더 행복해질 거라고 생각한다. 5.돈이 많은 사람을 보면 더 가치 있는 사람으로 생각된다. 6.미래에 돈이 모자랄 수 있다는 걱정과 근심과 두려움이 있다. 7.나눔에 있어서 인색하다. 8.내 이름으로 된 것(집, 땅, 자동차, 보석 등)은 내 소유라고 생각한다. 9.백화점 등에서 충동구매를 잘한다. 10.현재 가진 것에 불만족하며 더 갖고 싶은 생각이 있다. 11.빚진 삶(대출, 카드 할부, 카드 현금 서비스 등)을 살고 있다.

천정부지의 집값은 대출금으로 그렇게 빚의 굴레는 돌아가고 종국에는 약한 부분부터 파산한다. 빚으로 돌아가는 무한반복의 시스템은 빚이 파생시킨 거품이 꺼지면서 잔혹한 의자 놀이가 시작된다. 그런데 청부/성부 담론에서 강조하는 청지기의 삶은 신용사회의 꽃인 '빚'에 지배당하지 않는 삶이다. 빚지는 순간부터 우리의 삶의 주인이 바뀐다는 잠언의 말씀을 통해 빚지는 삶은 청지기로 살 수 없음을 강조한다(김미진 2014, 272-274). 그리하여 하나님의 재정의 제일 원칙을 빚 상환에 두고, 자신의 빚 50억을 갚았던 방법인 성부되기 프로젝트를 제시하고 있다. "당장 오늘부터 더 이상 빚내지 말라. 오늘부터 작은 돈이라도 빚을 갚으라. 빚 갚는 프로젝트를 포함한 예산안을 작성하라"(김미진 2014, 276)는 제안은 금융시장의 먹잇감으로 전락한 신앙인을 고통에서 구원하는 하나의 방편일 수 있다.

더 나아가 신용사회라는 허구에 기반한 자본주의에 저항하는 급진적 운동과 연계될 수 있다. 게다가 성부담론은 하나님의 나라는 '사고파는 법'이 아니라 '주고받는 법'이 지배한다며 '플로잉'을 실천하도록 제안한다. 주고받는 것은 하나님의 성품이다(김미진 2014, 79). 여기에서 플로잉이란 자신에게 넘치는 것을 다른 누구에게 흘려보내는 실천을 의미하는데, '5K 운동'은 그 구체적 실천의 하나다. 이는 자신 또는 자신이 속한 교회 반경 5km 이내에 거주하는 가난한 사람이나 궁핍한 사람들을 구제하는 것이다. 이러한 플로잉은 개인과 가계에 전적으로 부과된 높은 사회적 생존비용을 낮추고 결혼, 출산, 육아, 교육, 거주, 복지, 의료 등을 교회 혹은 지역공동체가 나누는 쪽으로 확장될 수 있다. 만약 그렇게 된다면 무한경쟁 사회를 균열시키는 효과를 산출할 것이며, 초대교회 신앙인들이 꿈꾸었던 '그' 나라에 더 가까워질 것이다.

실제로 지방의 한 작은 교회에서 시도한 공동체 모델, 즉 목회자나 사역자에 의존하는 교회 시스템을 개혁하고, 수직 구조가 아니라 서로가 벗으로 생활하고 연대하며, 다 함께 노동하는 자립적 기반을 가진 생산 공동체, 지역에 뿌리내린 '선물의 경제 공동체'는 성부담론의 모델이 될 수 있다.

V. 나가는 말

지금까지 청부담론과 성부담론을 통해 '돈'의 논리에 침윤된 오늘날 한국교회의 단면을 살펴보았다. 청부/성부 담론은 '돈'이 지배하는 사회를 정당화하고 지탱하는 주요 장치로 기능하고 있다. 청부담론은 프로테스탄트 윤리와 자본주의 정신의 친화성을 주장한 막스 베버의 해석에 기대어 '돈'의 세속성을 탈각시킴과 동시에 신성성을 부각하는 방식으로 '돈'의 지배력을 공고화하고 있다. '돈'의 렌즈로 볼 때 교회전통은 대개 금욕과 청빈을 지지해왔지만 후기자본주의 사회의 교회는 '돈'의 논리에 포획된 모습을 보여주고 있다.

청부/성부 담론은 시대적 배경, 교회내적 정황, 돈에 대한 윤리적 감수성의 측면에서 유사성과 차이를 보여주고 있다. 청부담론은 IMF 체제의 대대적인 구조조정으로 해체된 공동체를 대신하여 등장한 '부자 되기' 열풍 및 교회 안팎의 불투명하고 부정직한 부의 축적 관행과 스스로를 구별 짓는 방식으로 등장하였으며, 준법정신과 시민정신이 높은 중산층의 적극적인 지지를 받으면서 당시의 반기독교정서를 극복하는 효과를 낳았다. 반면 성부담론은 2008년 세계금융위기를 배경으로 몰락한 중산층과 신용불량자의 열렬한 호응을 받으면서 급속히 확대되고 있다. '하나님은 부자'라는 전제에서 출발한 성부담론은 거룩한 부자가 되기 위하여 '빚' 청산하는 법을 가르치며, 이상적 재정관의 수립으로 성부가 되는 방법을 구체적으로 제안하며, 하나님이 만드시는 성부의 삶을 제시한다. 결국 성부는 하나님 나라의 확장이라는 신앙적 메타포를 통해 한국 개신교의 특성인 승리주의와 성장주의의 회로에 갇히게 되었다. 하지만 왕의 재정의 원칙인 '빚지지 않은 삶'은 빚으로 돌아가는 '돈'의 지배력에 균열을 일으키는 효과를 가져올 수 있다.

지도가 지형을 그대로 반영하지 못하듯이, 삶의 길을 잃었을 때 가야 할 방향을 비춰주는 종교의 가르침(지도)과 현실(지형)은 늘 미끄러진다. 이 글은 종교담론과 실제의 괴리 혹은 이상과 현실의 간극이 만들어지는 지점을 포착하려 했다. 돈에 대한 감수성의 변화는 담론연구뿐만 아니라 교인들의 의식과 삶을 추적하는 가운데 감지될 수 있다. 결국 '돈'의 체계를 돌리는 것은 사람이기 때문이다, 그러나 이로 인해 변화되거나 강화된 돈에 대한 감수성은 차후 별도의 작업으로 진행할 것이다. 두 담론이 파생시킨 돈에 대한 감수성의 세밀한 변화는 청부와 성부담론을 적극적으로 확산, 소비한 신앙인들의 내면세계에 집합적으로 작동하는 돈에 대한 감정 동학을 탐색하는 과정 중에 감지될 것이다. 이 부분은 '돈'의 논리가 관철되는 교회 공간에서 교인들의 복합적 역할에 주목하는 후속연구로 진행될 것이다.

참고문헌

김동호. 1996.『미래를 꿈꾸는 사람』. 서울: 규장.

_____. 2001.『깨끗한 부자』. 서울: 규장.

_____. 2002.『깨끗한 크리스천』. 서울: 규장.

_____. 2003.『어린이 돈 반듯하고 정직하게 쓰기』. 서울: 주니어규장.

김미진. 2014.『왕의 재정: 내 삶의 진정한 주인 바꾸기』. 서울: 규장.

김영봉. 2003. "깨끗한 부자는 없다."『기독교사상』47(3): 254.

박삼종. 2013.『박삼종의 교회생각』. 서울: 홍성사.

박성수· 김성주· 김동호· 홍정길. 2004.『나는 정직한 자의 형통을 믿는다』. 서울: 규장.

홍석만· 송명관. 2013.『부채 전쟁: 세계 경제 위기의 진실』. 서울: 나름북스.

김진형. 2013. "'평생 부자 불가능' 60% 육박."「머니투데이」6월 19일. p.4

_____. 2015. "멀어진 부자의 꿈, 10명 중 6명은 평생 불가능."「머니투데이」6월 18일. p.4

이군호. 2011. "국민 54%, 로또 아니면 10억 모으기 불가능."「머니투데이」6월 21일. p.4

이택환. 2014. "하늘은행에 입금하면 이자율이 3000%?."「뉴스엔조이」2월 5일.

Dezalay, Yves. [2002]2007. *The Internationalization of Palace Wars Lawyers, Economists, and the Contest to Transform Latin American States*. Chicago and London: University of Chicago Press.『궁정전투의 국제화: 국가권력을 둘러싼 엘리트들의 경쟁과 지식 네트워크』, 김성현(역). 서울: 그린비.

Ellul, Jacques. [1954]1994. *L'Homme at l'argen*. Paris: Delachaux & Niestle.『하나님이냐 돈이냐』, 양명수(역). 서울: 대장간.

Harrison, M. F. 2005. *Righteous Riches: The Word of Faith Movement in Contemporary African American Religion*. Oxford: Oxford University Press.

Simmel. G. [1933]2013. *The Philosophy of Money*,『돈의 철학』, 안준섭(역). 서울: 한길사.

Weber, Max. [1920]2010. *Die protestantische Ethik und der Geist des Kapitalismus*., Tubingen: J. c. B. Mohr.『프로테스탄티즘의 윤리와 자본주의 정신』, 김덕영(역). 서울: 길.

한국 개신교에서 가난은 어떻게 은폐되는가

신 익 상

성공회대학교

I. 들어가는 말

본고에서는 '돈'과 한국 개신교의 관계를 실증적으로 고찰하기 위한 가설을 설정하고 이론적으로 검증하고자 한다. 이 가설은 개신교의 특정 양상들을 검토함으로써 정립될 것이지만, 가설 자체는 개신교뿐만 아니라 다른 종교들에게도 공히 적용될 수 있을 것이다. 이 가설이란 다음과 같다:

한국의 주류 개신교는 구조적 가난을 은폐하는 문화시스템 역할을 하고 있다.

이 가설을 이론적으로 검증하기 위해서 본고는 다음과 같은 과정에 따라 논의를 진행한다. 먼저 한국의 가난이 어떻게 나타나고 유지되는 가에 대해 논한다. 한국의 가난은 가난한 자들의 개인적인 문제인가, 아니면 한국 사회의 구조적인 문제인가? 아니면 이 둘 모두를 고려해야 하는가? 이 둘 모두를 고려해야 한다는 것이 한국 학계의 최근 경향임에도 불구하고, 본고는 구조적인 접근이 생산적이고도 현실적인 대안임을 강조한다. 무엇보다도 가난은 구조적으로 강제된 것이다.

둘째로는, 한국의 주류 개신교가 어떻게 구조적인 가난의 생산에 기여하는가를 한국 보수 개신교의 정치참여 문제를 고찰함으로써 밝힌다. 탈속과 세속을 넘나드는 한국 개신교 근본주의의 양상을 검토함으로써 이 양상 뒤에 숨어있는 '돈'의 욕망과 그 움직임이 드러날 것이다.

최종적으로는, 이러한 일련의 논의 과정을 통해 앞서 제시한 가설명제가 검토될 것이다.

II. 강제된 가난: 한국 사회 가난의 현주소

시장으로 쏟아져 나오는 수많은 자기개발 서적들의 심심치 않은 성공, 여기저기서 이야기 형식으로, 기획 프로그램 형식으로, 보도형식으로 등장하는 치유 담론들의 극성 등은 상대적인 것으로서든 절대적인 것으로서든 가난이 개인의 차원에서 해결되어야 하며 해결될 수 있다는 생각이 한국 사회 전반의 에토스임을 예증한다. 이는 국가의 복지정책에도 그대로 이어져 각종 직업훈련을 통해 실직을 줄임으로써 가난을 구제할 수 있다는 식의 접근이 주를 이룬다.[1] 가난은 개인적인 영역으로 추방되었다. 따라서 국가나 시장은 가난한 개인이 자신의 가난을 책임지는 한에서 소극적으로 도움을 주면 그만인 것이다. 과연 그런가?

최근에 수행된 연구인 이순아의 "한국 사회 가구빈곤의 결정요인에 관한 다층분석"(2015년)에서는 가난에 대한 개인적 차원의 접근에 치우친 연구방법이 지양되고 개인적 차원과 구조적 차원의 접근을 균형 있게 조화시키려는 연구방법이 적용된 바 있다. 이 논문에서는 가난에 대한 개인주의적 관점과 구조주의적 관점을 각각 다음과 같이 설명하고 있다.

> 개인주의적 관점에서 빈곤은 낮은 지능과 제반 능력의 결여, 상대적으로 낮은 경력과 기술 및 학력 수준, 그리고 일에 대한 낮은 성취욕과 부적절한 판단력 등의 개인적 특성들에서 비롯된 것으로 평가한다. 또한 빈곤층은 태도와 동기 및 가치관이 부실하며, 스스로를 파멸시키는 행위(약물중독, 가족해체 등)를 선택하는 경향이 높고, 주어진 기회를 적극 활용하고자 하는 의지나 능력이 미흡한 특징을 보이기도 하는데, 이러한 행태들이 빈곤의 주요 원인으로 지목되기도 한다 … 그리고 이와 같은 취약하거나 부적절한 개인 특성들은 경쟁 시장 진입의 걸림돌로 작용하고, 시장에 진입하더라도 경쟁 실패의 토대가 되어, 이러한 취약한 특성들을 많이 보유한 개인일수록 빈곤에 빠질 가능성이 높다

---

1 물론, 직업훈련 프로그램에 투입되는 사회복지 지출 자체도 미미한 편이다. 2015년 통계청 자료에 의하면 가장 많은 비중을 차지하는 사회복지 지출은 보건 분야로 30~50%에 달하며, 23~42%를 차지하는 노령급여가 그 뒤를 잇고 있다. 직업훈련과 관련된 지출 비중은 1~10% 정도에 불과하다(이순아 2015, 156).

고 설명한다.

한편 구조주의적 관점에서는 빈곤을 개인이 통제하기 어려운 경제적, 정치적, 사회적, 문화적 요인들의 결과로 평가한다. … 사회적 상황과 구조적 측면들이 빈곤을 야기하고, 특정 집단에 빈곤이 집중되는 원인이 되고 있다는 것이다 … 빈곤은 개인특성에서 비롯되기 보다는 사회의 구조적 측면들이 야기한 결과로 평가한다(이순아 2015, 143-144).

가난에 대한 개인주의적 관점을 가난의 구조화를 정당화하는 이데올로기로 바라보는 사회학자 에드워드 로이스(Edward Royce)는 이 관점의 이론들로 유전 이론, 빈곤문화론, 인적자본론의 세 이론들을 소개한다(Royce [2009]2015, 51-150. 참조). 유전 이론은 개인주의와 인종주의를 바탕으로 가난에 처한 이들이 유전적인 이유로 가난에 처할 수밖에 없다는 식으로 가난을 설명한다. 이 이론은 가난을 극복할 수 있는 거의 유일한 요인으로 뛰어난 인지능력을 상정하고는 이 능력이 유전되기 때문에 부의 불평등은 필연적이라는 운명론을 통해 부의 불평등한 분배와 가난을 정당화한다. 그러나 과연 인지능력과 부가 필연적으로 정비례하는가? 어떤 유의미한 연구와 조사도 이에 대한 긍정적인 답을 내놓고 있지 않다는 점에서 이 이론은 비판받아 마땅하다.

한편 빈곤문화론은, 주류문화와 반대되는 빈곤층만의 독특한 문화가 있는데 이 문화는 패배주의와 자기관리 능력의 부족을 특징으로 하기에 빈곤층 개개인이 낮은 도덕성과 무책임에 빠지도록 한다는 식의 설명을 제시한다. 문화를 본질주의의 관점에서 보든 역사주의의 관점에서 보든 빈곤문화론을 지지하는 사람들은 빈곤층이 낮은 도덕성과 무책임으로 인해 가난한 것이므로 이들로 하여금 가난을 극복할 수 있도록 하려면 이들의 삶에 깊이 개입하여 비생산적인 가치와 태도, 행동을 바로잡아야 한다는 계몽주의적 해결책을 제시한다. 그러나 이른바 빈곤문화가 과연 가난의 원인인가? 뒤집어 생각할 때, 부유층은 높은 도덕성과 책임감으로 똘똘 뭉쳐 있단 말인가? 로이스는 이에 반하는 여러 사례들을 제시한 후에 다음과 같이 단언한다. "빈곤층이 가진 문제는 가난 그 자체이지 그들의 문화가 아니다"(Royce [2009]2015, 115).

마지막으로 인적자본론은 아마도 오늘날 한국 사회에서 가장 흔하게 볼 수 있는 이론이리라 추측되는데, 이 이론에 의하면 가난의 원인은 낮은 인적자본, 즉 낮은 교육수준과 부족한 기술 및 경력에 있다. 따라서 이를 극복하기 위해 가난한 자 개개인이 올바른 투자를 통해 스스로의 인적자본을 향상시켜야 한다. 그러나 과연 높은 교육수준과 기술 및 경력이 좋은 일자리를 보장하는가? 또한, 이러한 요인들이 정말로 가난의 원인인가? 오히려 가난이 낮은 교육과 기술, 그리고 경력의 원인인 것은 아닌가? 로이스는 인적자본보다 인맥, 직장의 질, 일자리 자체의 부족 등이 더 결정적인 요인이 될 수 있다는 것을 보임으로써 인적자본론을 반박한다. 한국 사회에서도 인적자본이 가난의 돌파구가 되지 않는다는 사실을 "금수저, 흙수저" 등의 유행어가 강변하고 있다. 이런 유행어들은 한국 사회의 구조적 모순에 대한 풍자인데, 그럼에도 불구하고 한국인들 대다수가 이러한 구조적 모순을 돌파하기 위해 자기개발이나 감정치유 등의 개인주의적 관점에 의거한 해결책으로 되돌아간다. 이러한 경향은 비단 한국 사회에만 국한되지 않는데(Royce [2009] 2015, 258), 결국 개인들은 개인이 접근할 수 있는 가장 분명하고 명쾌한 [듯

이 보이는] 가치나 해법에 매달릴 수밖에 없다.[2]

이러한 상황에서 개인주의적 관점에 함몰되지 않고 구조주의적 관점을 아우르는 실증적 논의를 이끌어낸 이순아의 연구 결과에 주목할 필요가 있다. 우선 이 연구 결과는 개인주의적 관점을 지지하는 미시요인들이 가구빈곤과 밀접한 관련이 있다는 기존의 연구결과들을 확인할 수 있었다고 보고하고 있다. 가구주가 여성일수록, 고령일수록, 학력이 낮을수록, 미취업일수록, 그리고 가구가 취약가구일수록, 취업가구원이 적을수록 가난하다는 것이다(이순아 2015, 159-160). 동시에 이 연구 결과는 구조적 관점을 지지하는 거시요인들에 미시요인들을 투입하는 통합분석모형을 사용하여 분석한 결과, GDP 성장률과 65세 이상 고령 인구비율, 실업률, 임시직 비율, 제조업 종사자의 수 등이 가난에 유의미한 영향을 미친다고 보고하고 있다. 이 결과 보고에 의하면, 경제성장은 가난을 완화하는 데 기여하는 반면, 일자리가 감소하거나 비정규직 일자리 비율이 증가하는 등의 노동시장 구조의 변화, 인구 고령화, 그리고 제조업 인구의 증가는 가구빈곤을 증가시킨다(이순아 2015, 163-164).

여기서 특기할 것은 경제성장이 가난 감소에 일정한 영향을 준다는 결과다. 낙수효과가 있다는 것이다. 그런데 이 연구는 소득 불평등과 정부의 사회복지지출 수준 등이 가구빈곤의 결정에 유의미한 영향을 미치지 못한다는 결과도 동시에 제시하고 있다(이순아 2015, 163-164). 이순아는 이 두 결과들을 결부시키지 않고 개별적인 의미만을 해석하

---

2 개인뿐만 아니라 사회체제 자체가 개인주의적 관점을 조장하고 정당화하는 기제를 내장하고 있다. 정부의 정책과 홍보, 주요언론 매체의 보도와 기획은 가난의 구조적 문제를 왜곡하거나 은폐하고, 개인이 스스로 가난을 해결하라고 강요하는데 혈안이 되어 있다.

고 말았지만, 여기서는 조금 더 나아가보도록 하자. 이 결과들을 한 마디로 종합하자면, 낙수효과는 있지만 소득 불평등 구조는 개선되지 않는다는 이야기다. 경제성장의 여부에 따라 빈곤층의 가구 경제가 좋아지기도 나빠지기도 하지만, 그 와중에도 불평등 구조 자체는 변화가 없다는 것으로, 이는 낙수효과가 근본적 대책이 될 수 없음을 시사하는 결과라고 할 수 있다. 낙수효과는 있다. 그러나 일시적이다. 그 효과는 가난을 야기하는 구조를 개선할 수 있을 만큼의 가시적인 영향력을 행사하지 못한다. 그래도 이순아의 해석에 긍정하며 그의 말을 덧붙이자면, 마지막 결과는 "한국 사회의 소득재분배정책 및 정부의 사회복지지출 등이 가구의 빈곤 지위 결정에 유의미하게 영향을 미칠 만큼 충분하게 이루어지지 못하여 왔음을 시사하는"(이순아 2015, 164) 것이기도 하다. 한국 사회는 가난과 불평등 해소를 위한 구조적 개선 노력이 거의 이루어지지 않는 사회임을 암시한다는 말이다.

그리하여 이순아의 논의는 구조적인 관점의 중요성으로 수렴하고 있는데, 결론에서 다음과 같이 말한다.

> 가구빈곤의 발생 및 지속의 기반이 되는 거시적 사회 환경과 구조적 측면의 영향을 간과한 채, 미시적 요인들에만 초점을 둔 빈곤 대책들로는 빈곤 완화의 온전한 성과를 기대하기는 어렵다 … 주로 미시적 측면에만 주목한 현재의 빈곤대책, 곧 빈곤층의 인식과 태도 개선, 기술능력 개발, 직업훈련 등 인적자본 향상과 같이 개인 수준의 변화에 초점을 둔 단편적인 접근에 대한 재검토가 필요함을 제기한다(이순아 2015, 168).

실로 개인주의 이데올로기는 기회의 평등을 전제로 개개인의 능력과 노력을 다하면 경제적인 성공을 거둘 수 있다고 설파한다(Royce [2009]2015, 257). 그런데 이 이데올로기의 이면에는 실패의 책임을 전적으로 개인에게 지우고 불평등한 결과를 정당화하는 비정한 무책임이 숨어있다. 이 관점에서 가난은 가난한 자들 자신의 책임이다. 권력과 기득권을 쥐고 있는 그룹들에게 이러한 논리만큼 유용한 것은 없을 것이다. 정책 입안자들은 이러한 논리를 바탕으로 빈곤층을 개혁의 대상으로 삼는다. 한국 사회에서는 '노동개혁'이라는 이름으로 이러한 정책이 추진되고 있다.

단적으로 말해서 개인주의 이데올로기는 구조적 관점을 배제함으로써, 구축된 상황을 구조적으로 정당화하고 심화한다. 이것은 단지 특정 그룹의 의지와 결정의 문제가 아니라 그 자체로 구조적인 문제다. 김민성과 이상헌의 공동연구인 "실업, 빈곤과 투표행태"(2010년)의 연구 결과는 이 점을 보여주는 좋은 예가 될 것이다. 이들은 이 연구 논문을 통해서 가난이 투표행태에 미치는 영향을 연구했다. 이 연구결과에 의하면 경기가 침체되면 투표율이 떨어지는데, 특히 가난할수록 사람들은 투표하지 않는다. 그 결과는 악순환의 연속이다. 그들은 논문의 말미에서 다음과 같이 말한다.

… 경제적으로 어려운 유권자들이 투표과정에서 이탈한다면 그들을 대표하는 후보자는 당선될 확률이 낮아진다. 즉, 경제적 여유가 있는 집단의 후보자가 그렇지 않은 집단의 후보자보다 당선될 확률이 높아져 결국 당선인들이 추구하는 경제정책은 한쪽 집단으로 편향된 정책으로 집중될 가능성이 높다(김민성·이상헌 2010, 61).

가난한 자들을 대변하는 정책을 수립하는 일의 어려움은 구조적으로 틀지어져 있기 때문에 개인주의적 관점을 설파하며 특정 계층 내지 계급의 이익을 공고하게 유지·확장하면서 구조적 모순을 은폐·왜곡·심화하는 일이 반복될 소지가 높은 것이다. 더욱이 한국의 빈곤율은 지난 1998년의 경제위기와 2008년의 세계금융위기를 거치면서 떨어질 기미를 보이지 않고 있다. 일련의 사회학적 연구들은 1998년을 기점으로 하는 경제위기가 한국 사회의 구조변화에 심대한 영향을 끼쳤을 뿐만 아니라 가난의 구조적 심화에도 결정적이었음을 보고한다. 최근의 통계자료들은 이러한 양상이 사회 불안정을 확대하는 방향으로 나아가고 있음을 보여주고 있는데, 2013년 기준 한국의 빈곤율은 16.5%로 미국에 이어 OECD 6위였고, 2015년 또 다른 조사에 의하면 노인빈곤율은 소폭 감소한 데 비해, 1인 가구와 20대 청년층의 빈곤율은 급격하게 증가하는 와중이다. 신자유주의 경제체제가 가난의 구조적 심화에 결정적이라는 것을 보여주고 있는 것에 다름 아니다.

그리하여 한국에서 가난은 구조적으로 심화되고 있다. 그럼에도 불구하고, 우리 사회는 그 어느 때보다도 개인적인 차원에서 부를 추구하고 자기개발과 치유를 통해 실패 내지 실패에 대한 위기의식을 다잡아서 성공할 수 있으리라는 망상이 역시 구조적으로 양산되고 있다. 이것이 한국에서 가난이 처한 현주소인 것이다. 이곳에서 가난은 구조적으로 강제되고 있다.

III. 한국 개신교의 근본주의

한국 개신교의 시작은 20세기 초 미국 선교사들의 선교에 힘입은 바 크다. 미국적 개신교의 영향이 지대한 것이다. 따라서 한국 개신교 근본주의의 양상을 검토하기 전에 미국의 개신교 근본주의를 좀 더 세밀하게 재검토할 필요가 있다. 더욱이 미국의 개신교 근본주의가 제국주의적 성격을 띠고 가난을 지구 규모에서 구조화하는 데 기여하고 있다면 미국의 개신교 근본주의를 검토하는 일은 한국 개신교의 근본주의를 구조적으로 이해하는데 직접적으로 기여할 것이다.

1. 미국 개신교의 근본주의

미국 개신교의 근본주의는 단지 과거를 현재에 재현해내려는 진부한 정통주의의 재판이 아니다. 그것은 현재 상황 속에서 정체성 위기를 겪을 때 등장하는 지극히 현대적인 사건이다. 예로, 서구의 현대화는 사회 전반의 구조적 변화를 초래했고, 이로 인해 전통의 파괴가 동시에 이루어졌다. 현대화 속에서 진행된 도시화, 기술 혁신, 그리고 윤리와 종교의 다원화는 결국 세계관의 변화는 물론 신과 세계와의 관계에 대한 이해까지도 변화시켰고, 이는 미국 개신교에게 정체성 위기로 다가왔다.

사회·종교적 정체성이 위기에 처한 듯이 여겨질 때 사람들은 현재와 미래의 해답을 찾기 위해 과거를 뒤적거리게 된다. … 그것[근본주의]은 또한 과거 확실했던 것의 시대가 가고 새로운 것들로 교체되어야 하는 시기에 개인과 사회의 위치를 재고하는 건설적이고 창조적인 시도인 것처럼 보이기도 한다(ter Haar 2004, 5).

이렇듯 근본주의는 전통과 근대 사이에서 근대의 요구에 따라 전통을 불러들이는 근대적 사건인 것이다. 근본주의는 이것을 정치의 장에서 실현하고자 시도하는데(ter Haar 2004, 7), 엄한진이 통찰한 바와 같이 이 시도는 지극히 특정한 조건 속에서 형성된 새로운 현상이며, 지구적 차원의 극우화 · 종교정치화의 연장선상에 있는 동시대적인 현상이기도 하다(엄한진 2004, 81).

미국의 개신교 근본주의의 역사는 이를 잘 보여주는데, 1980년대 '도덕적 다수(Moral Majority)'를 중심으로 했던 신 기독교 우익이나 911테러 이후 신자유주의와 미국의 패권주의를 등에 업고 등장한 기독교 근본주의는 1920년대 처음으로 등장했던 근본주의와 구분되는 당대적인 현상이다. 1980년대 이후의 근본주의자들은 주로 "경제적으로 위축되고 적의감을 가진 중산층"(이원규 1995, 214)으로서 가난한 이들로 구성된 소수집단이 대다수였던 1920년대 근본주의자들과 성격을 달리하는 집단이다. 60~70년대 급속하게 진행된 세속화된 인권신장으로 인해 정체성 위협을 느낀 이들은 1980년대에 신 기독교 우익으로 활동하면서 인권이 신장된 유색인종들과 대립했다. 이때의 개신교 근본주의자들은 "백인 보수층의 기득권 유지 욕망"(이진구 2003, 230)을 실현시키고자 하는 전위부대 역할을 하면서 보수 정치진영과 연대하였다. 특히 1970년대 이후 남부의 경제가 번영함에 따라 주머니가 넉넉해진 근본주의자들은 보수 정치진영의 '돈줄' 역할을 하며 백인 개신교 중산층으로 구성된 근본주의자들의 '돈'과 '힘'을 지키고자 정치경제 세력과 공동전선을 펼쳤다. 뿐만 아니라 이들은 TV 등의 각종 미디어 홍보 매체를 십분 활용하여 보수의 입장을 대변하고 확산시켰다. 그러나 이들은 레이건이 대통령에 당선되고 난 얼마 후 다시 세속으로부터 은둔한다. 종교 세력과 정치경제 세력과의 밀월은 종교 세력의 효용이 다하고 나자 끝나버리고 말았다.

하지만 911테러 이후 개신교 근본주의자들이 다시 세상에 전면 등장한다. 이때의 근본주의자들은 이 테러를 선택받은 신의 땅을 이단자들이 공격한 충격적 사건으로 받아들인바, 새롭게 정체성 위기를 느낀 것이다. 이들은 미국 패권주의와 신자유주의 경제체제를 지지하면서 미국을 백인 기독교 국가로 재형성하려는 꿈을 꾸는 자들로 스스로를 형성하고는 청교도적 유산인 선민의식, 즉 미국이 "신으로부터 선택받은 새 이스라엘"(정태식 2009, 59)이라는 이념을 실현하고자 시도한다. 무엇보다 이들은 청교도라는 공통분모를 핵으로 해서 정치적 보수주의자들뿐만 아니라 신자유주의자들과 연대하는데, 그 결과는 "근본주의 운동의 이데올로기화"(정태식 2009, 61)이다. 다시 말해, 근본주의가 신자유주의 체제 및 미국의 패권주의에 정당화 이념을 제공하는 역할을 도맡은 것이다. 이 이데올로기를 이진구는 "명백한 운명 이데올로기"라고 명명한 바 있는데, 그에 의하면 이 이데올로기는 ① 미국을 하느님에 의해 선택받은 나라로, 미국인을 하느님의 전위대로 보며, ② 미국이야말로 자유와 평등, 그리고 진보가 갖추어져 있고, ③ 가장 완전한 민주주의가 실현된 나라라고 선언한다. 그러나 이 이데올로기는 사실 "개신교 신앙을 지닌 앵글로 색슨 계통의 백인 남성을 진정한 미국인으로 간주"하는 인종주의 이데올로기다(이진구 2003, 234).

70년대 중반을 기점으로 시작되어 80년대를 거쳐 오늘날에 이르기까지 강화되고 있는 우경화 및 신자유주의의 세계화 추세와 맞물려 등장한 개신교 근본주의의 '명백한 운명' 이데올로기는 다음의 두 가지 점에서 문제가 있다. 첫째, 이들이 말하는 자유는 사실 무한 경쟁을 용인하는 기회의 자유 이상도 이하도 아니라는 점에서, 그들이 누리는 진보와 풍요는 미국 외부에서 수행되는 전쟁들을 기반으로 하고 있다는 점에서, 또한 이 두 사실이 지시하는 신자유주의적 세계화가 가진 구조적 사실들이 종교 이데올로기로 포장되어 은폐되고 있다는 점에서 기만적이다. 둘째, 이 인종주의 이데올로기는 성찰적 주체가 결여되기 때문에 극단적인 선악 이분법으로 귀결하여 폭력을 정당화할 수 있다. 권진관이 밝히고 있듯 진정한 종교 정신에서 주체는 절대와 상대의 긴장 속에서 분열되어 있기에 이 분열의 간극을 극복하려는 성찰적 주체의 탄생이 가능하다. 하지만 근본주의는 주체의 획일적 일치에 경도됨으로써 자기 주체를 절대적으로 절대화하는 반면 타자를 절대적으로 상대화함으로써 성찰적 주체가 탄생할 간극 자체를 불가능하게 한다(권진관 2014, 32-48). 따라서 '명백한 운명' 이데올로기는 개신교 신앙을 지닌 앵글로 색슨 계통의 백인 남성의 범주를 벗어난 누구에게든 폭력을 행사하고 정당화할 위험이 있다.

2. 한국 개신교의 근본주의

일찍이 1982년도에 한국 개신교인들의 근본주의적 성향 정도가 통계적으로 제시된 바 있다(이원규 1995, 223-225). 이 통계에 의하면 한국 개신교인들은 대체로 근본주의적 성향을 갖고 있다. 몇 가지 통계를 살펴보자면 92.3%의 평신도와 84.9%의 목회자가 축자영감설을 믿으며, 평신도의 66.9%와 목회자의 74.6%가 개인의 영혼구원을 구원으로 믿는다. 또한 한국 개신교인들의 절대 다수가 엄격한 도덕주의의 입장을 견지하며, 타종교에 대해 배타적인 태도를 취한다. 비록 30년도 더 과거의 통계이지만 "1,200만 기독교인의 90% 이상이 보수 성향"이라는 김홍도 목사의 2003년도 주장이 아주 틀린 말은 아닐 것이라는 짐작을 가능케 한다.

다시 말해, 21세기 들어 한국 개신교인들은 보수적으로 정치화됨으로써 근본주의를 체현하고 있다는 짐작이다. 아닌 게 아니라, 21세기 들어서서 상당한 개신교 집회가 정치적 이슈와 연동된 집회였다. 엄한진은 한국 교회의 보수적 정치화가 지구적 차원의 우경화·보수화 양상의 연장이라고 지적하면서, 이 또한 정체성 위기를 배경으로 하고 있다고 지적한다(엄한진 2004, 109-110). 실로 한국 개신교의 근본주의는 자신들의 정체성을 타종교에 대한 배타주의, 친미반북, 자유 민주주의 수호 등의 구호를 통해 드러냄으로써 미국 개신교 근본주의 2중대임을 과시(!)한다. 따라서 한국 개신교의 근본주의도 미국 개신교의 근본주의와 비슷한 양상의 행태를 보일 것이라고 예상할 수 있다. 즉, 한국 개신교의 근본주의도 신자유주의의 세계화와 미국의 패권주의를 지지할 것이다.

한국의 보수정치운동과 개신교가 결합할 수 있었던 원인을 고찰한 엄한진의 논의에서 이러한 예상을 지지할 만한 근거를 발견할 수 있다. 그에 의하면, 자유민주주의와 시장경제의 수호를 추구하는 오늘날 우익운동은 이론이 빈곤하다(엄한진 2004, 101). 다른 말로 하자면, 이 운동은 맹목적이다. 그런데 맹목성은 종교 근본주의의 특성 중 하나일 뿐만 아니라 자유민주주의와 시장경제의 수호라는 표면적 목표도 서로 일치한다. 그리하여 보수정치운동과 보수적 개신교는 맹목성을 매개로

서로의 이해관계를 위해 뭉칠 수 있는 기반을 마련할 수 있었다. 보수정치운동권은 개신교가 "보수단체의 정치적 동원에 현실적으로 요긴한 인적, 물적 자원"(엄한진 2004, 110)을 제공할 뿐만 아니라, 사회통합 기제로 유용하기 때문에 보수적 개신교와의 결합을 추구한다. 반면 보수적 개신교는 성장 위기에 직면하여 이 위기를 돌파할 탈출구로서, 다른 한편으로는 정치참여를 통해 자신들의 기득권을 유지하거나 부를 획득할 수 있는 기회를 확보할 수 있기 때문에 스스로를 정치화한다.

한국 개신교의 근본주의자들만 놓고 볼 때, 이들은 신의 축복을 자유 시장경제 내에서의 풍요와 일치시킴으로써 자신들이 처한 정치경제 체제를 정당화하고 그 구조적 모순은 은폐한다. 개인 구원에 대한 맹신과 가난에 대한 개인주의적 관점은 그 논리적 구조상 친밀하다. 그럼에도 불구하고 정치참여에 있어서는 그 입장이 정형화할 수 없는 상태로 양분되어 있는 것 또한 한국 근본주의의 특성이라고 할 수 있다. 이는 청교도 정신을 기반으로 하는 문화적 통일성을 전제로 형성된 미국 개신교의 근본주의와는 달리, 다종교·다문화 상황에서 한국 사회에 적응한 개신교는 그 정치·사회적인 통일성을 기하기가 상대적으로 어렵기 때문이 아닐까 한다. 근본주의는 원칙적으로 탈세속적이다. 이는 자기 정체성을 절대적인 방식으로 확보하기 위한 불가피한 논리적 귀결이다. 그럼에도 불구하고 수많은 종교 근본주의가 세속으로 복귀하여 자신들의 정치적 목소리를 높이고 있다는 현실은 이러한 원칙이 정말 추구하고자 한 근원이 무엇인가를 새삼 깨닫게 한다. 근본주의는 위기에 직면한 자신의 정체성을 확보하는 것이 최우선의 목표인 것이다. 따라서 정체성 위기를 극복하기 위해 필요하다면 탈세속적일 수도, 세속적일 수도 있다.

IV. 한국 개신교의 근본주의, 구조적 가난을 은폐하다

그런데 한국의 개신교 근본주의자들이 대체로 정치적으로 친미적이며 신자유주의 시장경제를 옹호한다는 사실과 이들이 세속과 탈속을 오가며 정체성을 확보하고자 한다는 사실은 서로 어떤 관련을 맺고 있을까? 이에 대한 대답을 찾아가는 과정은 한국 개신교의 주류 담론을 형성하고 있는 근본주의가 구조적 가난과 어떻게 관련되는지를 밝히게 될 것이다.

이 과정은 다음과 같이 진행된다. 먼저, 성서와 교회는 부와 재물을 어떻게 보아왔는가를 살피고 이를 통해 신자유주의 시장경제체제하의 '돈'을 성찰한다. 둘째로, 한국 개신교 주류의 현주소를 빈부의 문제 속에서 밝힌다. 그리고 이 두 과정을 상관 관계시킴으로써 앞서의 질문에 대한 답을 마련한다.

1. 기독교의 재물에서 신자유주의 시장 속의 '돈'으로

성서는 '돈'보다는 재물과 부에 더 관심을 기울인다. 돈이 부를 축적하고 전화시키는 보조적 수단이었던 시대에 돈 자체가 가르침의 중심에 놓이긴 쉽지 않았을 것이다. 여하간 성서는 재물과 부 자체를 절대적으로 긍정하거나 절대적으로 부정하지는 않는다. 어떤 경우에는 긍정적으로 말하고, 또 다른 경우에는 부정적으로 말하는데, 긍정적으로 말할 경우 재물과 부는 신의 축복이며 그런 한에서 선하고, 부정적으로 말할 경우 재물과 부는 탐닉과 집착의 대상이 되어 탐닉과 집착의 주체에 힘을 행사하는 맘몬이기에 경계의 대상이 된다. 교회는 이 상이한

말들을 종합해서 이해하기를 주저하지 않았는데, 그 결과 재물과 부는 하느님의 뜻을 실현하기 위한 수단으로서만 긍정적 의미를 갖는다는 이해가 자리를 잡았다(김용해 2015; 이혁배 2012). 이혁배는 하느님의 뜻을 더 구체적으로 제시하고 있는데, "… 재물은 하나님이 이웃과의 나눔을 위해 인간에게 내려주신 도구를 의미"(이혁배 2012, 459)한다고 말함으로써 '이웃과의 나눔'이 재물을 수단으로 하는 하느님의 뜻이라고 주장한다. 개인적 이익은 공동체적 함의를 갖는다는 말에 다름 아니다.

그런데 여기서 '수단'이라는 말이 갖는 이중적 의미를 우리는 놓치지 말아야 한다. 이웃과의 나눔, 특히 가난한 이들에게 베푸는 자선은 그 자체로 하느님의 뜻을 이 땅에 실현하는 것이자 나눔과 자선을 실천하는 이가 구원을 얻기 위한 수단이라는 의미를 동시에 갖는다. 바실, 크리소스톰, 암브로즈, 어거스틴, 니사의 그레고리 등 교부들은 자선을 하느님의 정의를 실현하는 것이라고 보는 한편 "하느님의 은총을 받을 수 있는 기회이며 동시에 구원을 받을 수 있는 기회"(노성기 2011, 305)이기도 하다고 가르침으로써 수단의 이중적 의미를 기독교 세계에 확산시키는 데 기여했다. 그러나 이것은 현실 세계를 살아가는 기독교인들에게 무거운 짐을 지우는 말이 되고 만다. 재물을 선물[하느님의 값 없이 주시는 은혜]과 보상[신자의 구원] 사이에 애매하게 놓음으로써 선물의 본의를 언제든 훼손하기 쉽게 만들기 때문이다.

실제로 이러한 염려는 자본주의가 막 성장하려고 하던 시기에 현실이 된 바 있다. 대부분의 기독교 사상가들이 기독교의 경제사상은 자본주의를 극복할 잠재력이 있다고 말하고 싶어 하지만, 과거를 돌이켜볼 때 이 잠재력은 여전히 이상으로 남아있다. 거의 언제나 보상이 선물을 이겨왔다. 다시 말해, 보상의 목표는 선물의 실현에 있다는 가르침은 보상을 추구하는 것을 정당화하는 장치로 기능하기 십상이었다. 가톨릭의 사회윤리에 성실한 김용해의 한 연구는 기독교가 재물을 목적이 아닌 수단으로 향유한다는 점에서 오로지 이익의 극대화만을 추구하는 신자유주의적 경제체제를 뛰어넘는 도덕적 우위성이 있다고 주장한다(김용해 2015, 231-236). 그러나 정작 문제는 '목적이 아닌 수단'의 실현에 있는 것이 아니라 '수단' 자체가 갖는 이중적 의미를 어떻게 극복하느냐에 있다.

단적으로, 자본주의의 태동과 맞물린 종교개혁의 시기에 루터와 칼뱅으로 이어지는 '소명'에 대한 새로운 이해는 이 사실을 잘 보여준다. 물론 이 경우에도 칼뱅의 개혁주의 사상은 사랑과 정의의 원칙에 입각한 "성서적인 자본주의"(박경수 2010, 68에서 재인용)를 추구하여 자유방임의 자본주의를 극복하는 평등의 경제를 수립하고자 했다는 주장이 있다(박경수 2010, 67-75). 그러나 적어도 두 가지 이유에서 칼뱅은 근대 자본주의의 탄생과 밀접한 관련을 맺는다고 볼 수 있다.

첫째, 개인적 이익과 이 이익이 갖는 공동체적 함의를 분리해서 다룬다는 점이다. 예컨대, 그는 돈의 사용을 철저하게 사적 영역에서 다루고 그 연장선상에서 헌금을 이해한다. 칼뱅은 헌금이 개인의 돈을 하느님의 뜻에 맞게 사용함으로써 맘몬의 폐위를 증언하는 영적인 행위라고 하여 헌금을 돈이 사용된 결과로 바라본다. 이렇게 되면 교회의 헌금이 갖는 공동체적 책임은 각 개인의 부가 갖는 공동체적 함의로부터 쉽게 떨어져 나가게 되고, 개인들은 이제 교회 밖 생활세계에서 전적으로 개인적인 결단에 의해서 하느님의 뜻에 합당한 삶의 증거로서 공동체적 책임을 돈을 통해 수행해야 한다. 이는 개인적 이익과 공동체적 함의의 관계가 개인과 공동체를 명확하게 분리하지 않는 긴장 속에서 전개된 성서의 가르침에서 한 걸음 더 나아가, 개인과 공동체를 분리시켜 개인의 삶에 더 관심을 기울이는 쪽으로 전진한 결과라고 할 수 있다. 개인주의를 바탕으로 한 공리주의는 자본주의를 견인해온 사상이었다는 점에서 "개인적 사회주의"(박경수 2010, 65에서 재인용)를 연상시키는 칼뱅의 경제사상은 심층적 구조에서 자본주의와 맞닿아 있다.

또한 둘째로, 그의 '소명'에 대한 이해는 베버(Max Weber)나 아감벤(Giorgio Agamben)이 지적하듯 정확하게 '자본주의 정신'과 밀접하다. 그 기원은 사실 루터가 고린도전서 7장 20절의 '부르심'(calling, klēsis)을 독일어 '베루프'(Beruf), 즉 직업으로 번역한 데서 찾을 수 있다(Agamben [2000]2005, 20-23). 메시아적 '부르심'을 현세적이고 개인적인 직업으로 전환시킴으로써 공동체에게 부여된 메시아적 소명을 세속적이고 개인적인 직업윤리로 대체했다. 칼뱅의 직업소명설은 정확하게 이러한 전환과정의 연장이다. 아무리 그가 개인적 사회주의라 할 것을 추구하였다고 하더라도, 그 저변에 깔린 개인주의적이고 현실주의적인 이념은 자본주의의 근대적 전개를 강화하는 데 기여했다. 이는 수단의 이중적 의미 중 보상의 의미를 강화한 결과다. 그런데 이 강화는 선물과 보상을 분리하는 방식이 아니라, 보상―예컨대 임금― 자체를 선물의 지위에 등극시키는 방식으로 이루어졌다. 이 점은 노동에 대한 보상이 "언제나 분에 넘치는 하나님의 거저 주시는 선물의 표지"(박경수 2010, 71에서 재인용)라는 말에서 극적으로 표현된 바 있다.

장로교의 개혁주의 신앙이 탄생하고 훨씬 나중에, 자본주의가 한창 발달하여 산업화와 도시화가 요란스럽게 무르익던 18세기 영국에서 태동한 감리교의 경건주의는 훨씬 더 선명하게 자본주의와의 친화성을 과시하였다. 대다수 감리교신학자들은 사회적 성화의 교리를 들어 감리교가 자본주의의 폐해를 극복하였다고 보지만, 그러나 이 교리는 사회의 구조적 부조리를 개인적 차원의 윤리적·도덕적 노력을 통해서만 극복하라고 주문한다는 점에서 한계를 갖는다. 개인적 구원을 추구하는 착한 기독교인을 이상으로 삼은 감리교의 성직자와 주도적 평신도들은 결국 "불평등, 중앙집권, 기존의 사회질서에 대한 지지를 신장"(김성건 2011, 83)시키는 일에 일조하였다. 웨슬리(John Wesley)를 추종했던 주된 사람들은 노동계급의 상층부에 있는 사람들, 자신의 지위를 높일 가능성에 다가서 있는 사람들이었다는(김성건 2011, 82) 점은 이 이유를 잘 설명해준다. 그들은 기존 사회질서에 불만이 있었다. 그러나 그것은 기존 사회질서를 변혁시킴으로써 해결될 불만이 아니라, 기존 사회질서 내에서 상층부로 올라감으로써 해결될 불만이었다.

처음 기독교의 재물은 선물과 보상 사이에서 서성거렸지만, 자본주의 세계에 진입하였을 때 '돈'을 붙잡으며 보상체계에 안착하였다. 그 과정은 보상이야말로 최상의 선물이라는 논리가 정당화되는 과정이었으며, 개인주의를 바탕으로 공동체적·구조적 문제를 해결할 수 있다는 공리주의적 사고방식과 교회가 밀접한 관계를 맺어가는 과정이기도 했다. 또한 이 과정은 부와 재물이 '돈'으로 전화되는 과정이기도 했는데, 자본주의의 '돈'은 그 이전 정치경제 체계의 돈과 달리 가치의 소비와 생산, 교환과 보존이 집중되고 교차하며 전환되는 핵심이라는 점에서 그 어떤 시대에서보다도 막강한 힘을 갖는다. 이것이 힘을 발휘하는 것은 유형·무형의 각종 시장에서 보상의 중심이 되는 방식으로 가능하다. '돈'은 보상을 먹고 성장한다. 그리고 자본주의 시대의 개신교는 보상을 선물에 일치시키는 방식으로 보상의 정당화 논리를 제공함으로써 자본주의를 지지했다. 이는 주류 개신교 신자들이 점차 중간계급으로 수렴되어왔다는 사실에서도 확인할 수 있다. 보상에 가장 목마른 계급은 상승 가능성이 가장 높은 중간계급이기 때문이다.

2. 빈부의 문제와 한국 개신교 주류의 현주소

한국의 개신교 주류, 번영신학과 청부론(清富論), 또는 최근의 성부론(聖富論)에 열광하는 보수적 교회를 구성하고 있는 신도들은 "직업과 가족 소득을 기준으로 보아 … 뚜렷이 중간계급에 속한다"(김성건 2013a, 158). 세계 가치관 조사협회(the World Survey Association)의 "2005-2008년 세계 가치관 조사"의 자료를 바탕으로 분석한 한 연구진의 연구에 따르면, 한국의 개신교 신자들은 스스로를 중간계급으로 인식하고 있다는 점(정지웅 외 2013, 87-91), 지난 2012년 총선에 당선된 전체 국회의원의 약 40%를 비롯해서 지도층 인사들의 다수가 개신교 신자라는 점(김성건 2013b, 7) 등은 모두 한국 개신교가 중간계급화되었다는 사실을 보여준다. 또한 청부론과 성부론이 개신교 신자들 사이에서 인기를 끌고 있다는 사실은 중간계급화가 "교회의 원래 사명이 박탈된 자를 섬기고 구원하는 것이었음을 망각하기가 쉽"(김성건 2013b, 13)게 만든다는 김성건의 주장을 예증한다.

중간계급화 된 한국의 개신교는 개인의 경제적 욕망을 깨끗함이나 거룩함의 옷을 입혀 정당화하는 한편 ―이는 (경제적) 보상에 (신의) 선물이라는 옷을 입히는 보상의 정당화 논리와 정확하게 일치한다―, 교회공동체 차원에서의 사회적 책임은 외면한다. 교회가 사회봉사비로 지출하는 비용이 전체 헌금의 5%에도 미치지 못한다는 사실이 이를 뒷받침한다(김성건 2013b, 39에서 재인용).

청빈에서 청부(淸富)로, 그것도 모자라 성부(聖富)로 한껏 올라가서는 교회 내부에서는 물론, 교회 외부에서도 가난을 외면하고 있는 것이 한국 주류 개신교의 현주소다. 물론 교회는 가난을 동정한다. 하지만 가난을 좋은 것으로 보지도 않고 책임을 가지고 구조적으로 해결해야 할 문제로 보지도 않으며, 구원에 이르는 수단에서도 배제했다. 이미 '돈'이 구원에 이르는 좋은 수단이 되었기 때문이다.

이제 우리는 한국의 주류 개신교가 구조적 가난과 어떤 관계에 있는지를 말할 준비가 되었다. 결론부터 말하자면, 한국의 주류 개신교는 구조적 가난을 교회 안팎에서 은폐한다. 은폐란 실제로는 있는 것을 없는 것처럼 보이게 한다는 말이다. 이것이 어떻게 가능한가?

보상을 선물로 읽어내는 보상의 정당화 논리로 무장한 한국의 보수 개신교는 자신의 정체성을 확립하기 위해 탈속과 세속을 언제든지 넘나들 수 있다. 세속적 보상이 탈속적 선물의 이름으로 정당화될 수 있기 때문에, 보상체계는 그대로 둔 채 여기에 때로는 세속의 이름으로, 때로는 탈속의 이름으로 자신을 수립할 수 있기 때문이다. 다른 한편, 보상체계 자체가 자본주의를 토대로 하는 까닭에 이 체계를 '돈'을 중심으로 강화하고 확산시키는 신자유주의적 시장경제와 한국의 주류 개신교가 친밀할 수 있었던 이유도 설명된다.

따라서 한국의 개신교 근본주의자들이 대체로 정치적으로 친미적이며 신자유주의 시장경제를 옹호한다는 사실과 이들이 세속과 탈속을 오가며 정체성을 확보하고자 한다는 사실은 모두 한국의 보수적 주류 개신교가 시장경제의 보상체계를 바탕으로 구원을 이해하고 있다는 사실을 가리킨다. 그리하여 교회는 보상체계에서 배제되는 것, 이를테면 가난을 긍정적으로 수용하지 않을 것이다. 더욱이 이 보상체계는 개인주의적 해법을 통해 가난에 접근함으로써 그 구조적 문제를 덮어버리는 방식으로 자신의 체계를 유지하려 하기 때문에, 이 보상체계 위에서 구원의 논리를 수립한 교회 또한 같은 길을 갈 수밖에 없게 된다. 이런 교회는 이 길을 보상의 정당화 논리를 통한 정체성 수립을 토대로 하여 거대한 공동체적 패러다임을 형성하며 따라가기 때문에, 결국 구조적 가난을 은폐함에 있어서 하나의 문화시스템 역할을 하게 된다. 이렇게 해서, 한국의 주류 개신교는 구조적 가난을 은폐하는 문화시스템 역할을 한다.

V. 나가는 말

"한국의 주류 개신교는 구조적 가난을 은폐하는 문화시스템 역할을 하고 있다."

이 가설은 역사적 가설이다. 다시 말해, 이 가설은 시공을 초월한 불변의 진리는 결코 될 수 없다. 따라서 순간마다의 실증적 검토 속에서만 참 거짓 여부를 밝힐 수 있는 가변적 명제로만 사용될 수 있다. 이는 곧장 복음서의 한 비유 이야기를 떠올리게 한다. 누가복음 15장의 '탕자의 비유' 말이다. 이 이야기의 백미는 아버지와 탕자의 극적 재회일 것이지만,[3] 오늘날 우리에게 더 의미심장한 지점이 있다 — 두 아들,

---

3 아버지와 탕자의 재회 과정은 "배타적 호혜주의를 배격"하는 과정이었다는 점에서 보상체계를 기반으로 하는 시장경제체제와 정면으로 대립한다(편집부 2011, 11 참조).

큰아들과 작은아들, 곁에 있는 아들과 떠난 아들, [율]법을 지키는 자와
어기는 자, 의인[이라고 규정된 사람]과 죄인[이라고 규정된 사람] 사
이의 관계가 결정되지 않은 채 끝나고 만 마지막 지점(편집부 2011, 14;
Scott [2001]2006, 139). 이들의 열린 갈등은 부자와 가난한 자 사이의
해결되지 않은 구조적 갈등에 책임감 무겁게 끼어 있는 한국의 주류 개
신교에게 위 가설명제를 내밀면서 여전히 희망과 변혁을 꿈꿀 수 있게
한다.

참고문헌

강학순. 2011. "'근본주의'의 극복에 관한 철학적 고찰."『존재론 연구』27: 71-100.

권진관. 2014. "한국 기독교 우파의 근본주의적 윤리와 예수의 윤리."『종교문화학보』11: 29-65.

김민성·이상헌. 2010. "실업, 빈곤과 투표행태."『한국경제연구』28.2: 37-65.

김성건. 2011. "영국의 감리교와 노동계급 그리고 한국 개신교."『종교와 사회』3.1: 71-98.

_____. 2013a. "광복 후 한국 사회문제와 개신교의 대응." 원불교사상연구원 학술대회: 147-163.

_____. 2013b. "고도성장 이후의 한국교회: 종교사회학적 고찰."『한국기독교와 역사』38: 5-45.

김용해. 2015. "신자유주의와 그리스도교의 재화론."『가톨릭철학』25: 215-240.

노성기. 2011. "자선에 대한 교부들의 가르침."『신학전망』175: 278-305.

박경수. 2010. "칼뱅의 경제사상에 대한 고찰."『한국기독교신학논총』68.1: 57-79.

엄한진. 2004. "우경화와 종교의 정치화 - 2003년 '친미반북집회'를 중심으로."『경제와사회』62: 80-117.

이순아. 2015. "한국 사회 가구빈곤의 결정요인에 관한 다층분석."『한국 사회학』49.1: 139-177.

이원규. 1995. "개신교 근본주의에 대한 종교사회학적 이해."『신학과 세계』30: 206-231.

이진구. 2003. "종교문화시평: 기독교 근본주의의 정치학."『종교문화비평』4: 223-235.

이혁배. 2012. "성서적 관점에서 본 나눔."『신학과 실천』30: 453-473.

정지웅·최지혜·박창진. 2013. "영성과 국가복지에 대한 의식의 관계에 대한 탐색적 연구: 한국의 개신교인을 중심으로."『영성과 사회복지』1.2: 77-102.

정태식. 2009. "공적 종교로서의 미국 개신교 근본주의의 정치적 역할과 한계."『현상과인식』107: 40-67.

편집부. 2011. "예수의 비유를 통해 본 하나님 나라의 정치경제 - 누가복음 15장의 탕자의 비유를 중심으로." 한국신학정보연구원, 성서학 학술세미나: 1-16.

Agamben, Giorgio. [2000]2005. *Il tempo che resta. Un commento alla Lettera ai Romani.* Torino: Bollati Boringhieri. *The Time That Remains: A Commentary on the letter to the Romans,* translated by Patricia Dailey. Stanford: Stanford University Press.

Royce, Edward. [2009]2015. *Poverty and Power: The Problem of Structural Inequality.* London: Rowman & Littlefield.『가난이 조종되고 있다』, 배충효(역). 서울: 명태.

Scott, Bernard Brandon. [2001]2006. *Re-Imagine the World: An Introduction to the Parables of Jesus.* California: Polebridge Press. 『예수의 비유 새로 듣기』, 김기석(역). 고양: 한국기독교연구소.

Ter Haar, Gerrie. 2004. "Religious fundamentalism and social change: a comparative inquiry." *In The Freedom to Do God's Will: Religious fundamentalism and social change,* edited by Gerrie ter Haar and James J. Busuttil. London and New York: Routledge. pp.1-24.

천주교 신자들의 중산층화와 엘리트화에서 나타나는 돈의 논리*

김 혜 경

대구가톨릭대학교

I. 들어가는 말

아리스토텔레스의 '존재의 질서'에 따르면 돈은 무생물에 해당하는 최하위의 '것'이다. 아우구스티누스는 자신의 윤리학에 비추어 사회에 적용할 때, 존재의 질서와 가치의 질서가 동일해야 한다고 하였다. 결국 돈은 가치의 질서에서나 존재의 질서에서나 최하위에 있는 '물체'에 불

---

* 본 논문은 『신학연구』 제68집(2016.06), 315-339에 실렸음. 본고는 단순히 절대적인 의미에서 가난과 부유를 결정짓는 수단으로서 '돈'에 대한 이야기다. 물질적인 복지와 관련한 것이지 상대적인 의미의 '가난'에 대한 정신이나 개념 규정이 아님을 밝혀둔다. 돈에 관한 간략한 역사적 정의는 다음의 논문을 참조하기 바란다(강성영 2003, 164-166).

과하다. 다시 말해서, 세상에 존재하는 모든 생명체들은 모두 '돈' 위에
서 존재하는 것들이다.

하지만 오늘날 신자본주의 시대에서 자본으로 대변되는 '돈' 혹은
'맘몬'은 모든 생명체들보다 우위에 있는 것 같다. 오히려 고대 그리스
의 철학자들이 불렀던 '일자(一者)', 곧 신(神)의 자리까지 차지하고 있
어 아무도 근접할 수 없는 위치에 있는 것 같다. 이런 '돈의 우상화' 현상
에 대해 프란치스코 교황은 회칙「복음의 기쁨」에서 불평등의 구조를
양산하고 세속성을 부추긴다며 '안 된다!'는 입장을 분명히 하였다.

그러나 종교인구 조사를 통해 나타나듯이, 한국 천주교 신자들의 중
산층(홍두승 2005, 91-104)[1]화는 많은 문제를 야기하고 있다. 돈의 많
고 적음에 따른 하느님 은총의 분량은 때로 경제적인 지위와 '착한 신자'
혹은 '좋은 신자'의 기준이 되기까지 한다. 한국 사회의 뿌리 깊은 학벌
중심주의와 천주교의 중산층 신자들이 만나 형성된 일부 엘리트 집단
과 그 인맥을 중요하게 생각하는 성직자 집단은 '가난한 교회가 되어야
한다'는 교회의 다짐을 공허하게 만든다.

물질만능주의 사회에서 천주교 신자들의 중산층화는 교회 공동체
안에서 존재의 양극화를 야기하는 원인으로 작용하고, 교회 고유의 영
성이 파고들 자리가 없는 상황에서 가난한 사람은 점차 교회로부터 멀
어지게 한다. 프란치스코 교황은 가난한 사람들을 찾아 교회가 '실존의

---

1 한국의 중산층은 중간계급의 개념을 포괄하면서도 계급의 상관변수로 다루어왔던 '생활
  기회'를 일정수준 이상 누리고, '생활양식'을 공유하는 계층 집단으로 규정한다. 중산층이
  되기 위한 최소한의 기준은 계급에서는 최소한 신-구 중간계급에 속해야 하고, 소득 및
  자산은 '중간' 정도 이상이어야 하며, 교육수준은 최소한 대학교육을 받는 정도라야 한다.
  여기에서 가장 애매한 것이 '중간' 정도의 자산인데, 그것은 주택기준으로 20평 이상의
  자가 소유자거나 30평 이상 전-월세 세입자로 본다.

변방으로 나가라'고 외치며 '길을 나서는 교회', '야전병원', '양 냄새가 나는 목자'를 강조하지만, 한국 천주교회의 현실은 신자들의 중산층화와 엘리트화로 인해 심각한 양극화 현상을 보이는 동시에 때로 그것은 극단적인 이념주의로 표출되기도 한다.

가톨릭시즘으로 보는 공평한 사회는 교회공동체 안에서 한 사람도 누락시키지 않겠다는 것이지만 현실은 그렇지 않은 것이다. 교회의 기능주의와 이벤트 형식의 사목노선들에 편승된 신자들의 무관심주의, 영성의 세속화, 물질만능주의와 성공주의 등은 중산층화에 따른 '풍요'에서 비롯된 것들이라고 볼 수 있다. 이런 경향은 교회 내부로 침투하여 보이지 않는 장벽을 만들며 '익명의 신자들'을 양산한다.

본고는 비록 일부에 국한된 현상이라고 하더라도 신자들의 중산층화와 엘리트화가 빚어내는 '가난한 교회'의 걸림돌 현상에 대한 문제의식에서 출발하여 그것이 어떻게 '돈' 중심주의의 사회 흐름과 맞물리는지 그 원인을 규명하고 진단해 보려고 한다. 보편교회의 가르침과 한국 주교들의 사목교서 및 한국천주교 주교회의 정의평화위원회 담화문에 비추어 현실과의 괴리, 천주교 신자들이 소비자본주의의 한국 사회에서 어떻게 돈을 바라보고 있는지를 분석하고 그 원인에 대해 생각해 보려는 것이다.

II. 돈의 우상화에 대한 교도권의 경고

세상은 수많은 형태의 배척과 소외와 가난으로 인해 고통받고 있다. 나아가 정치적, 경제적, 이념적, 심지어 종교적인 원인이 뒤얽힌 분쟁도 끊이지 않고 있다. 최상위 부자들의 사치와 최하위 가난한 이들의 빈곤 사이에는 엄청난 '차이'가 존재한다. 거기에는 점점 작아지는 인간 존재와 점점 커져 가는 자본의 얼굴이 있다.

21세기 첫 번째 사회회칙으로 일컬어지는 베네딕토 16세 교황의 「진리안의 사랑」은 지난 한 세기 동안 자본주의 사회에서 '발전'이라는 이름 하에서 이루어진 각종 어두운 현상들에 주목하며, 진정한 발전이 궁극적으로 추구하는 것이 무엇인지에 대해서 중요한 몇 가지 과거의 사회회칙들을 들어 진단하고 있다. 여기에는 '자본' 혹은 '금융'이라는 명분으로 논의되고 있는 돈의 논리가 어떻게 사회 안에서 작동되는지 에 대해서도 주목하고 있다. 경제활동을 부의 창출, 정치활동을 재분배 를 통한 정의의 추구 수단으로 여겨 경제활동과 정치활동을 분리함으 로써 심각한 불균형을 야기하고, 그 과정에서 인간이 설 자리는 계속해 서 줄어들고 돈은 점차 권력의 수단이 되어 가는 것이다. 이런 불균형은 결국 불평등을 증대하고 새로운 사회 계층이 빈곤의 나락으로 떨어지 게 되는 시스템을 만든다(「진리안의 사랑」 21-25항, 36항, 45항). 곧 불균 형과 불평등, 그리고 양극화는 모두 연동작용으로 일어나는 현상인 것 이다.

인간이 돈을 추구하는 것은 그것을 수단으로 하여 인간발전에 유용 하게 사용하기 위해서지 그 자체를 유일한 목적으로 쫓는 것은 아니다. 그렇게 되면 공동선을 궁극 목적으로 하기 보다는 부적절한 수단이라 도 동원하여 이익 창출에만 매달리게 되고, 종국에는 그렇게 얻은 부마 저 잃고 빈곤을 초래할 위험에 빠지고 만다. 경제에서 '인간 중심적인 윤리'가 필요한 이유다(「진리안의 사랑」 45항).

베네딕토 16세 교황의 「진리안의 사랑」이 레오 13세 교황의 『새로운 사태』(*Rerum Novarum*, 1891: '노동 헌장'으로 번역) 이후 지난 100년 간 자본주의와 인간에 대한 진지한 성찰의 과정을 담아낸 것이었다면, 프란치스코 교황의 「복음의 기쁨」은 지금까지 가톨릭교회가 내놓은 어떤 사회교리보다 직접적이고 구체적으로 '돈'과의 전쟁을 선포한 회칙이라고 말할 수 있다. 프란치스코 교황은 강력하고 엄중하게 '돈의 우상화'를 "안 된다!"(「복음의 기쁨」 52-109항)[2]고 선언하였다. 배척과 불평등을 낳는 경제와 함께 거론되는 돈에 대한 경고는 그 어느 때보다도 시사하는 바가 크다. 무관심의 세계화가 확장되고 있는 원인의 하나로 가장 먼저 현대인과 돈과의 관계를 꼽은 것이다.

> 우리는 돈이 우리 자신과 우리 사회를 지배하도록 순순히 받아들이고 있기 때문입니다. 우리가 겪고 있는 현재의 금융 위기는 그 기원에 심각한 인간학적 위기가 있다는 것도 간과하게 만들고 있습니다. 곧 인간이 최우선임을 부정하고 있는 것입니다!(「복음의 기쁨」 55항)

자본주의 사회에서 민주적 자본/돈은 분명 많은 발전과 번영을 가져

---

2 회칙에서 프란치스코 교황이 "안 된다!"고 선언한 것은 배척의 경제, 돈의 우상화, 봉사하지 않고 지배하는 금융제도, 폭력을 낳는 불평등과 함께 이로 인해 교회의 일꾼들이 겪는 각종 유혹들 곧 이기적인 나태, 비관주의, 영적 세속성, 일꾼들 사이의 싸움 등을 꼽았다. 이런 프란치스코 교황의 사목노선은 미국 정부의 주도로 남미국가들에서 1960-70년대에 시행되었던 '개발을 위한 동맹'의 음모를 폭로하고 '발전 신화'의 허구성을 설파했던 해방신학자들의 주장을 떠올리게 한다. 사목자로서 프란치스코 교황은 오늘날 시장경제가 지배하는 체제 속에서 신학의 과제는 무신론이 아니라 자본과 상품의 초인격적 물신(Mammon)에 대한 우상 숭배라고 보았다. 자본주의 시장경제의 물신숭배적 구조와 성격을 폭로하고 그것을 신학적으로 규명하고자 하는 이념비판적 신학이론을 개신교에서는 '경제신학'이라는 용어로 쓴다.

다주는 좋은 것이다(김항섭 2001 참조).[3] 그 쓰임의 최종 목적은 인간을 위한 봉사 외에 다른 것이 있어서는 안 된다. 그럼에도 불구하고 인간이 스스로 자신보다도 돈을 최우선의 것으로 두고 있다는 데에 문제가 있다. 돈의 자리에서 자신을 밀어냄으로써 비인간적인 경제 독재에 짓눌려 스스로 무자비한 모습으로 바뀌고, 자신의 가치를 소비욕의 존재로 전락시키고 마는 것이다(「복음의 기쁨」 55항). 고대의 금송아지는 성장제일주의, 번영주의, 성공주의, 성과주의 등 현대인들의 일상에서 신격화된 각종 우상들로 대체되어 인간에게서 참된 행복의 가치를 박탈하고 말았다. 소수의 소득이 기하급수적으로 늘어나는 동안 대다수의 사람들은 소수가 누리는 행복, 번영과는 더욱 멀어진 것이다. 인간관계는 갑을관계, 골품제도의 부활, 수저논란 등으로 재구성되는 것처럼 보인다. 그 결과 인간을 지배하는 금융제도, 폭력을 양산하는 불평등은 당연한 귀결처럼 보인다.

최근 들어 프란치스코 교황의 강론이나 연설에서 나타나는 '가난한 이들을 착취하는 자본주의의 탐욕'에 대항한 '불평등 해소'와 '저항과 연대'의 노력은 가톨릭교회 안팎에서 다양하게 시도되는듯하나 그 힘은 여전히 미약해 보인다. 돈에 관한 가톨릭 사회교리는 '재화의 보편적 목적'이라는 말로 함축된다. 돈으로도 해석되는 재화는 보편적 목적을 위해서만 사용되어져야 한다는 것이다. 교회의 오랜 전통이 말하는바, "자신의 재산/돈을 가난한 이들과 나누어 갖지 않는 것은 그들의 것을 훔치는 것이며 그들의 생명을 빼앗는 것입니다. 우리가 가진 재물은 우

---

3 김항섭은 시장경제를 절대화하는 신자유주의적 환상은 시장경제에 대한 맹신 때문에 시장경제 자체가 갖고 있는 한계나 문제 또는 시장경제가 낳는 각종 폐해나 부작용을 제대로 보지 못한다고 말한다. 신자유주의 시대 시장경제의 유토피아에 대한 논문이다.

리의 것이 아니라 가난한 이들의 것입니다"(「복음의 기쁨」 57-60항)는 여전히 명백한 돈의 목적을 가리키는 의미로 받아들인다.

보편교회의 이런 가르침을 따라 한국천주교회의 주교들도 각종 사목교서를 통해 '자본/돈의 우상화'에 대한 주의를 호소해 왔다. 교구별 빈민사목위원회를 통해 전개되고 있는 가난한 이들에 대한 사목지침은 교회가 그들을 '위해서(for)' 활동하는 것이 아니라, 그들과 '함께(with)' 살아야 한다고 강조하며, 특별히 한국처럼 도시화율 90%가 넘는 도시의 인구 과잉 집중 현상이 빚어낸 실업, 빈곤, 주택, 환경, 범죄 등 다양한 문제에 직면하여 돈으로부터 밀려난 인간성을 회복하는 것이 무엇보다 최우선 과제가 되어야 한다고 보았다(평화신문 2016.02.07.; 이기우 1999, 84-109).

서울대교구의 염수정 추기경은 2014년 사목교서에서 "우리사회는 오늘날 올바른 가치관의 부재로 말미암아 물신숭배, 경제적 양극화, 생명 경시, 거짓, 폭력 등과 같은 혼란을 겪고 있습니다. 주님의 말씀이 우리 삶에 기준이 되고, 우리 발에 '등불', 우리 길에 '빛'(시편 119, 105)이 된다면, 이런 혼란과는 정반대의 모습, 곧 나눔, 정의, 생명, 정직, 화해의 삶을 살아갈 수 있을 것입니다"(염수정 2014, 서울대교구 사목교서)라며 올바른 가치관 확립을 강조하였다. 여기에는 가치질서와 존재질서를 동일하게 보지 않으려는 경향에 대한 우려의 목소리가 담겨있는 것이다.[4] 존엄한 존재인 인간이 스스로를 존엄하게 보지 않고, 무생

---

4 가치질서와 존재질서의 동등함에 대한 불변의 주장은 자본주의가 고개를 들던 시대에 '돈/물질'의 의미와 역할에 지대한 관심을 가졌던 짐멜(Georg Simmel, 1858-1918)과 베버(Max Weber, 1864-1920)를 통해서도 엿볼 수가 있다. 이들은 돈의 기능을 대체로 긍정적으로 평가하며 그에 의한 부(富)를 구원의 징표로까지 언급하고 있으나, 돈의 부정적인 기능 또한 간과하지 않았다. 그리고 부정적인 기능을 극복하는 방법으로서 짐멜

물인 돈을 최고 가치로 생각하는 경향이 여러 가지 사회문제들의 원인이라는 것이다.

제주교구의 강우일 주교 역시 2014년도 사목교서에서 가정 문제와 함께 자연, 생태 환경에 이르는 우리사회의 다양한 문제들에 직면하여 "오늘날 이 시대는 자본주의가 유인하는 무분별한 과잉 생산과 소비를 이어가기 위해 한없는 에너지를 추구"한다며 욕망의 끊임없는 질주를 향한 자본주의의 폐해를 언급하였다(강우일 2014, 제주교구 사목교서). 강주교는 이듬해에도 "한국 교회가 '가난한 이들을 위한 가난한 이들의 교회, 가난한 이들을 위한 가난한 교회'라는 사도 시대의 이상을 실현해 나가는 교회가 되기 위해서는 번영과 웰빙에 안주하지 말고 사회의 변두리에 사는 이들에게 관심을 쏟으며, 예언자적 증거가 끊임없이 명백하게 드러나도록 그들과 연대하라"고 당부하였다(강우일 2015, 제주교구 사목교서). 그는 2016년의 사목교서에서도 '자비의 해'를 선포한 프란치스코 교황의 취지를 언급하며 빈부의 양극화에 대해 더욱 강경한 목소리를 냈다. 프란치스코 교황의 "가난한 이들의 외침이 부유한 이들의 무관심에 파묻혀 아무것도 들리지 않게 된다"며 "갈수록 심화되는 양극화로 점점 더 많은 이들이 가난과 질병에 신음하고 있으나, 정부는 경제의 큰손들인 대기업과 대자본을 살리기에만 급급하여 밑바닥에 깔린 작은 인생들이 얼마나 힘든 하루하루를 보내고 있는지 깨닫지 못하고 관심도 갖고 있지 않다"(강우일 2016, 제주교구 사목교서)고 하였다.

은 '자발적 가난'을, 베버는 '프로테스탄트적 금욕'을 강조하였다. 짐멜이 돈의 역할과 기능, 그 의미에 집중 분석한 반면에 베버는 보다 구체적이고 실천적으로 돈의 논리에 접근하였다고 볼 수 있다. 베버에게 직업은 반드시 가져야 하는 것이고 노동은 신성한 것이며, 근검절약은 자본주의적 경제 가치를 창출하는 중요한 요인으로 꼽았다. 즉 경제 가치는 사치를 멀리하고 노동과 근검절약을 통해 창출된다는 것이다.

국가의 주인은 분명 다수의 국민임에도 불구하고 국민을 위한 공동선 보다는 소수의 큰손들을 위한 개인선 추구에만 열을 올리는 자본주의 정부에 대한 비판과 함께 밑바닥에 깔린 작은 인생들의 '지옥 같은 현실'에 대한 관심을 촉구하는 것이다. 최근 회자되고 있는 '헬조선'[5]으로 불리는 이들의 삶과 'N포 세대'[6]가 그들이다.[7] 이런 사회문제를 더욱 심각하게 보는 것은 그것이 세습되는 경향을 지니고 있기 때문이다. '숟가락 계급론'[8]은 바로 이런 맥락에서 나온 말이다. 이 말은 '경제 계급' 혹은

---

5 헬조선(Hell朝鮮)은 2010년 1월에 등장한 인터넷 신조어이다. 헬(Hell: 지옥)과 조선의 합성어로 '한국이 지옥에 가깝고 전혀 희망이 없는 사회'라는 의미이다. '돈만 있으면 천국'이라는 말과 대척점을 이룬다. 어린 시절부터 지독한 입시경쟁을 겪고 대학시절 스펙을 쌓느라 힘들게 노력해도 취업을 하기 어려운 현실과 취업을 해도 야근과 회식, 상명하복의 군대식 기업문화에 적응해야 하는 현실을 뜻한다. 사법피해자가 전 세계 최다국가에 국민의 자살률 세계최고에 삶의 질 최하위를 기록하고 있어 전시국가보다도 못한 삶의 만족도와 매일 38명 이상이 자살하는 사회를 통칭한다고 할 수 있다. '헬조선', 『비표준국어대사전』.

6 3포 세대, 5포 세대 등으로 정의되는 주거·취업·결혼·출산·인간관계 등 인생의 많은 부분을 포기한 20~30대 청년 세대를 일컫는 신조어다. '88만 원 세대'나 '민달팽이 세대'처럼 경제적·사회적 압박으로 인해 불안정한 청년 세대의 상황을 보여주는 신조어다. 'N포 현상'의 원인은 학자금 대출이나 높은 주거비용에 시달리면서도 임금 상승률이 낮아 부담이 커졌기 때문이다. 경기 침체로 실업률이 증가해 취업 경쟁이 치열해지고, 비정규직 등 불안정한 고용 형태가 늘어난 것도 N포 세대 등장에 영향을 미쳤으며, 사회안전망과 복지 부재 역시 N포 세대를 만드는 원인으로 지목되는 것이다. 결혼한 청년층의 경우 출산 휴가나 경력 단절 문제, 사교육비 등으로 부담을 느껴 출산을 미루거나 피하는 현상도 늘고 있으며, 이것이 다음 세대로 이어진다는 점에서 심각한 사회문제로 여기고 있다.

7 이런 새로운 사회적 신조어들이 대두된 원인으로 높은 주거비용과 교육비, 낮은 임금 상승률, 불안정한 고용시장 등을 꼽는다.

8 '수저계급론'이라고도 불리는 이 신조어는 부모가 어느 정도의 재산을 갖고 있느냐에 따라 자식들의 계급도 나뉜다는 의미다. 금수저는 자산 20억 원 이상 또는 가구 연 수입 2억 원 이상 총인구 중 상위 1%, 은수저는 자산 10억 이상 또는 가구 연 수입 8,000만 원 이상 상위 3%, 동수저는 자산 5억 원 이상 또는 가구 연 수입 5,500만 원 이상 상위 7.5%, 흙수저는 자산 5,000만원 미만 또는 가구 연 수입 2,000만원 미만을 일컫는다. 모두 '돈'의 많고 적음으로만 평가된다.

'경제 신분'이라는 의미가 깔린 용어라고 할 수 있다.

이렇듯 한국 사회는 급속한 산업화에 따른 물질만능주의와 경쟁지 상주의에 매몰되어 돈과 권력, 명예를 얻기 위해서라면 인간의 근본적인 가치인 생명과 존엄 그 자체마저 도구화되고, 불의와 부정이 만연한 사회로 전락하고 말았다(제30회 인권주일 담화문, 2011.12.04.). 그 결과 20-30대 청년들의 입에서 '이생망(이번 생은 망했어)'이라는 자조 섞인 말까지 나오고 있는 것이 현실이 되었다(경향신문, 2016.01.03.).

4대강사업(2008-2012), 용산 참사(2009), 경남 마산시 수정만 매립지(2009), 밀양 송전탑(2013) 등 외환위기 이후 계속된 비정규직의 양산과 차별, 개발 혹은 발전 우선주의의 이면에는 노동과 자본의 올바른 관계 훼손과 돈과 폭력으로 주민들을 분열시키고 공동체를 파괴하는 비인간적인 힘이 내재해 있다.

우리가 추구하는 발전은 물질을 넘어서서 영적인 성장을 포함한 인간 전체의 성장이 되어야 합니다. 그러기 위해서 우리 그리스도인들은 먼저 하느님께서 우리에게 심어주신 진리와 그 실천을 위한 사랑의 가르침에 바탕을 둔 발전을 추구해야 합니다. 인간의 존엄성에 바탕을 두고 공동선과 정의를 추구하는 발전이 아니라 수단과 방법을 가리지 않고 욕심을 채울 물질의 성장만을 추구한다면 진정한 사회발전은 요원합니다. 특히 막대한 재원과 공권력을 행사하는 정부는 자연환경을 훼손하거나 소수의 경제적 이익만을 보장해주는 것으로 우려되는 개발 방식을 버리고 약자를 배려하고 환경을 보호하며 아무도 제외됨 없이 모든 사람이 자신의 완성과 행복을 추구할 수 있는 정책을 추구해야 할 것입니다.(제28회 인권주일 담화문, 2009.12.06.).

이에 프란치스코 교황은 "가난한 이들을 쫓아내지는 않지만, 가난한 이들이 감히 교회 안으로 들어서지 못하게, 또 제집처럼 편안함을 느낄 수도 없게 하는" 번영의 유혹을 주의하라고 경고했고, 강우일 주교는 "우리가 스스로 '생태 시민 의식'(「찬미 받으소서」 211항)을 습득하여, 의식주 모든 영역에서 검소하고 절제된 생활방식, 소비주의를 거부하는 소박한 삶의 스타일로 전환해 나가야 한다"고 촉구하였다(강우일 2016, 제주교구 사목교서).

그러나 이런 교도권의 가르침들과 현실 속 빈자들의 힘든 외침에도 불구하고, 일부 천주교 신자들 가운데는 여전히 '가난의 정신'을 살고자 노력하는 것이 아니라, '중산층 정신'9을 가지고 스스로를 게토화하려는 경향이 있어 공동체 친교의 걸림돌이 되고 있다.

III. 신자들의 중산층화와 엘리트화

서구 사회에서 반근대주의(antimodernism)의 상징으로 간주되었던 천주교가 한국에서는 '근대의 상징'으로 부각되며 계급타파 및 신분제 철폐, 물질적 풍요, 민주주의, 사회적 약자에 대한 인권과 해방 등을 상징하는 종교로 수용된 것은 참으로 아이러니한 일이었다. 마치 한국에서 복음이 더 완전하게 실현된 것처럼 보인다. 그런데 정말 그럴까?

---

9 여기에서 '중산층 정신'이란 필자가 만들어낸 용어로 1997년 IMF 외환위기 이전에 한국 사회 중산층이 가지고 있던 기존의 정신을 일컫는다. 예컨대 교육수준이 특정 대학 졸업 이상 되고, 소득수준이 한국의 평균을 상회하며, 스스로 도덕의식이 높고 교양이 있다고 생각하는 부류들이다. 그들은 스스로를 게토화하여 자기네끼리 어울린다.

한국선교 3세기에 접어든 현재, 한국 사회에서 천주교에 대한 신뢰도는 다른 종교나 여타의 집단에 비해 상당히 높은 편이다(김주한 2001, 303-304).[10] 이는 중앙집권적인 교계 체제 하에서 '봉사하는 교회', '민족과 함께 하는 교회', '고통받는 이들과 함께 하는 교회' 등을 표방하며 지속적인 자기검열을 해 온 덕분이라고 할 수 있다. 전체 교회 차원에서는 이렇듯 집요하게 스스로를 돌아보며 성찰을 거듭한 결과 한국 사회에서 나름대로 투명성과 신뢰성을 쌓아온 것과는 달리 신자 개개인의 신앙은 교회생활과 사회생활의 괴리에서 보듯이 아직도 갈 길이 멀다고 할 수 있다.

특별히 1990년대 이후 한국 사회에서 천주교 신자가 차지하는 사회 계층이 '중간계급' 혹은 '핵심중산층'을 이루며 학계의 관심을 받았던 것을 상기할 필요가 있다. 초창기 양반 가문의 유생들을 중심으로 시작된 천주교(당시에는 서학) 신자 계층이 이후 농, 공, 상의 계층으로 이동되면서 19세기 말에는 성공한 상공인 계층과 해외에서 들어온 선교수도회들의 활동으로 계층이 혼재되는 양상을 보였다. 이것은 60-80년대까지 민주화 시기에도 계속해서 이어졌으나 90년대 초-중반에 이르러 개신교와 천주교 신자들이 주로 이 계층을 차지하는 것으로 나타났다. '신중간계급'의 비율이 개신교의 경우 32.7%, 천주교의 경우 39.4%였고, '핵심중산층'은 개신교와 천주교가 각각 57.6%와 62%로 조사되었다. 천주교의 경우 '중상계급'도 11.3%나 되는 것으로 나타났다. 개

---

10 한국인들이 갖고 있는 종교별 이미지 평가 결과, 천주교는 개신교에 비해 구제나 봉사활동 등 대 사회적 역할에서 개신교의 37.8%에 비해 44.8%로 높게 나타났다. 개신교는 천주교와 불교에 비해 참된 진리를 추구하기보다는 교세확장에 더 관심을 갖는다는 인상을 많이 갖고 있었다.

신교와 천주교를 합친 그리스도교 신자들의 중산층화 경향이 뚜렷하지만 천주교 신자의 경우 이런 경향이 개신교보다 더욱 두드러졌다. 반면에 불교 신자들 가운데 신중간계급의 비율(13.4%)은 천주교의 3분의 1에 불과한 데 반해 농업계급의 비율(30.1%)은 월등히 높았다. 핵심중산층에 속하는 불교 신자 비율(38.7%)은 천주교의 절반 정도에 그치고, 불교 신자 중 '비(非)중산층' 비율(46.9%)은 천주교(15.5%)의 3배가 넘었다(강인철 2012, 320).

종교별로 교육수준이나 직업분포를 보더라도 천주교의 중산층화 경향은 여전히 높게 나타났다. 대학과 대학원 졸업자가 천주교 신자가 가장 많았고, 직업 대분류 중 의회의원 - 고위임직원 및 관리자, 전문가, 기술공 및 준전문가, 사무종사자 등의 직업군에서 다른 종교인보다 높은 비율을 차지하였다(강인철 2012, 323).[11] 천주교 신자들의 거주지 비율도 도시 거주자 비율이 가장 높았다(강인철 2012, 325).[12]

특히 천주교 신자들은 60-70년대에 들어서면서 사회적으로 교육,

---

11 〈표 11-12〉참조.　　　　　　　　　　　　(단위: %)

구분	천주교	불교	개신교	원불교	유교
의회의원, 고위임직원 및 관리자	4.7	3.6	3.9	3.9	1.3
전문가	15.2	6.2	14.2	12.8	2.3
기술공 및 준전문가	11.0	6.8	10.4	7.2	2.5
사무종사자	18.2	12.7	16.2	12.0	4.8
서비스 종사자	8.9	10.5	8.6	8.8	4.2
판매 종사자	11.7	10.4	11.5	8.0	4.5
농업, 임업 및 어업 종사자	7.6	21.3	10.6	27.4	67.7

12 〈표 11-14〉참조.　　　　　　　　　　　　(단위: %)

구분	천주교	불교	개신교	무종교
서울	34.6	18.1	37.0	22.9
대도시	24.1	23.0	19.4	23.2
중소도시	28.6	28.1	25.6	25.7
읍·면 이하	12.8	30.8	18.0	25.9

의료, 사회복지, 언론 및 출판 등의 영역에서 부각을 보이며 사회적 영향력을 넓혔고(강인철 2008, 134-166). 교회 차원에서 노동운동과 민주화 시대를 거치면서 정의와 평화 구현을 위한 노력이 '자발적 입교자'의 수를 늘리는데 한몫을 하였다. '자발적 입교자'들은 나름의 시대의식을 가진 사람들로, 지적 수준이 보통의 한국인 수준보다 높았고, 거주지 역시 대도시나 그 인근 지역에 집중되어 있었다. 이들이 1980년대 이후 한국 천주교 신자들의 중산층화를 선도했고, 전문직·관리직 종사자들이 신자의 18% 내외로 전국 평균치인 2.2%를 월등히 상회했으며, 이들의 월평균 수입도 한국 가구의 평균 소득액보다 10만 원 선을 웃돌았다. 천주교가 중산층 중심의 종교로 자리를 굳힌 근거라고 말할 수 있을 것이다(노길명·오경환 1988, 18-21: 조광 2010, 298-303).

그러나 1997년 IMF 이후 한국 사회의 중산층은 붕괴되기 시작했고, 따라서 천주교 신자 중산층 역시 급격하게 무너지면서 교회 안에서까지 세계화의 충격과 심한 양극화 현상이 두드러지게 나타나기 시작했다(한국 사회학회편 2008, 87-89).[13] 중산층에 집중되어 있던 천주교 신자들은 중하층이나 빈곤층으로 전락하고, 그 여파는 냉담신자 증가와 신자들의 익명화로 이어졌다. 더욱이 그들은 깊은 신앙심으로 신자가 된 것이 아니라, 민주화 시대를 거치면서 교회의 사회참여에 자극을

---

13 외환위기 이후 중산층의 비중 변화(1996-2006)
* 상류층: 평균소득의 150% 이상, 중간층: 평균소득의 70-150%, 중하층: 50-70%, 빈곤층: 평균소득의 50% 이하

구분	1996	2000	2006
상류층	20.08%	22.77%	25.34%
중간층	55.54%	48.27%	43.68%
중하층	13.19%	12.84%	10.93%
빈곤층	11.19%	16.12%	20.05%

받고 신자가 되었기 때문에 이후에도 여전히 전교노력이나 신자 간 결속력과 나눔 등에서는 소극적인 태도를 보였다. 배경민 신부가 자신의 저서에서 말한 "80년대 이후 증가된 신입 영세자들 가운데 적지 않은 이들이 성사에 대한 이해 부족과 주일미사 등 교회생활을 등한히 하는 사람들의 계속적 증가, 물질주의, 이기주의에 사로잡힌 가운데 세상에 대한 시대적 징표 및 증거 행위의 무력증"(배경민 2003, 18) 등은 이런 배경에서 나온 말이라고 할 수 있다.

그들은 민주화 이후, 더 이상 혁명적 방법에 의해 체제가 변혁되는 것을 원치 않고, 개혁도 주어진 틀 속에서 이루어지기를 바라는 계층으로 자리를 잡았다. 그 결과 다른 계층의 사람들로부터 기회주의적이고 개인주의적인 성향을 지니고 있어 가난한 사람들의 현실과 요구에 대해서는 무관심하다고 비판받기도 하지만 그들 스스로는 경제적으로 안정되어 있는 '도덕적인 계층'이라고 자평한다(홍두승 2005, 120-122). 그들의 이념적 성향 역시 보수가 48.4%로 가장 많고, 그다음 중도가 26.3%, 진보가 25.3%로 대체로 보수의 비중이 높게 나타났다(홍두승 2005, 124).[14]

IMF 외환위기 이후, 중산층은 무너지기 시작했고, 이들을 뒷받침해 주는 사회안전망조차 작동하지 않아 "중산층이던 많은 사람이 채무 때

---

14 이런 보수적인 성향은 대개 상류층과 최하위층이 가지는 공통된 특징으로 나타난다. 유한계급에서 나타나는 보수주의는 그것과는 전혀 상관없어 보이는 하위 소득 계층의 민중들 안에서도 드러나는 것이다. 유한계급은 부유하기 때문에 혁신을 거부하지만 가난한 사람들은 너무 가난해서 혁신을 생각할 여유가 없어서 보수적이라는 것이다. 풍족한 사람들은 현재 상황에 불만이 없어서 보수적인 반면에, 가난한 사람들은 내일을 생각할 여유가 없어서 보수적이라는 논리는 생활환경 변화에 적당한 압력을 느끼고 조금이라도 학습하고 사유할 여유가 있는 계층에서 뚜렷한 진보주의의 성향이 표출되는 것과도 관련이 있다.

문에 빈곤층으로 떨어졌다. 경기 전반이 안 좋은 시기에 신용불량자로 낙인찍히면서 해결할 수 없는 상태로 이어진"(경향신문 2016.01.31) 것이다. 이들은 대부분 IMF 때 채무 덫에 묶인 사람들로 국가가 이를 방관하고 시스템은 허점이 많아 회생할 수 없는 지경에까지 이른 것이다. 이에 박근혜 대통령은 18대 대선 공약으로 중산층 70% 재건을 약속했으나 공허한 울림으로 그치고 말았다(주간경향 1163, 2016.02.16.).[15] 우리 사회의 중산층 추락은 심각한 위기의 신호로 간주되기에 이르렀다. 그리고 그것은 곧, 천주교회의 위기로 받아들여지는 것이다.

중산층화라는 용어가 경제적인 관점에서 나온 말이라면, '엘리트화'는 적어도 한국 사회에서는 교육 수준과 관련된 용어라고 할 수 있을 것이다.

'엘리트화'의 역사적인 근거는 동양 사회의 경우, 가부장적인 사회 시스템으로 인해 관료로 진출했던 사람들(엘리트 계층)을 대상으로 한 토론식 선교방법에서 기인한다고 할 수 있다. 그들과 대화하기 위해 마련한 모임이나 자리들이 그들끼리의 결속력을 다지고 '신앙'이라는 주제로 공감대를 형성한 데 있다고 보는 것이다. 그런 전통은 아직도 관료주의적인 사회 분위기에서 온전히 벗어나지 못한 한국 사회에서 신자들의 엘리트화와 교회의 엘리트 계층 대상의 선교 사이에서 큰 딜레마가 아닐 수가 없다. 물론 이 두 가지는 분명히 다른 차원의 것이지만

---

15 통계청의 자료에 따르면 우리나라의 중산층 비중은 1997년 이전까지 75% 전후의 비중을 유지하다가 외환위기 이후인 1998년 69.6%로 줄어들었다. 2000년대 들어 70%대로 다소 회복됐으나 2008년 세계 금융위기를 계기로 다시 악화돼 65%대로 떨어졌다. 그러나 이마저도 현실과 동떨어지게 부풀려졌다는 지적이 많다. 갈수록 중산층의 비중은 줄고 빈곤층으로 떨어지는 비중이 늘고, 노동과 복지, 사회안전망을 외면한 정부 정책으로는 위기의 중산층을 구할 방안이 묘연해 보인다.

엘리트화를 추구하는 신자들 사이에서는 마치 그 둘을 동일한 것으로 이해하려는 경향이 크다. 특정 유치원, 초등학교에 입학하는 것을 소위 '엘리트 코스'의 시작이라고 여겨 높은 경쟁률을 보이는가 하면 그 학교에 자녀를 보내는 부모들의 모임이 하나의 유행처럼 되고, 남편은 서울대, 아내는 이대 출신이나 서울 혹은 지방의 내로라하는 명문고 출신이라며 스스로를 엘리트 계층으로 분류하는 신자들 안에는 돈의 많고 적음이 하나의 권력으로 작동하기도 한다. 자기네끼리 큰 부자, 준 부자, 작은 부자, 부자 등으로 구분하는 이유기도 하다. 심지어 어떤 경우는 자녀들의 결혼을 위해 특정 지역으로 이사를 가기도 하고 오기도 한다. 그 지역 성당에서 만나는 사람이라야 '보장'받을 수 있다는 논리인 것이다. 때로는 교육 문제를 넘어 특정 지역에 몰려다니며 본당 활동과 사교 활동, 또 때로는 경제활동까지 하기도 한다. 경계가 불분명한 (그들) '끼리의 문화'를 형성한 이런 엘리트 그룹은 대다수 평범한 신자들 사이에서 눈에 보이지 않는 위압감을 조성하여 참된 친교의 공동체를 헝클어트리는 것이다.

IV. 소비자본주의 시대, 흐름에 편승한 신앙의 현실

자본주의 사회에서 '자본'(돈)이 곧 힘이라고 생각하는 사람들은 그 힘이 커질수록 발전을 가져오고 인간을 불안과 두려움, 불안정으로부터 보호해주며, 존재의 가치가 상승한다고 믿는다. 참된 힘이나 권력, 혹은 권위에 대한 성찰이나 올바른 사용 여부에 대해서는 그다지 관심이 없는 것처럼 보인다.

교회는 매우 세속화되고 물질주의적인 사회의 한가운데에서 살고 있기 때문에 그 안의 모든 공동체들 역시 시장의 논리에 휩쓸려 "교회도 세속적 기준을 따르는 생활양식과 사고방식까지 받아들이려는 유혹을 받고 있는 것"(강우일 2015, 제주교구 사목교서)이 사실이다. 이런 식으로는 세상을 복음화하기는커녕 거꾸로 교회가 세속화되고 시장화할 위험에 노출되는 것이 더 현실적이다. 교회가 사회를 염려하는 것이 아니라, 사회가 교회를 더 염려하는 지경에 이르는 것이다.

2014년 8월 11-18일, 검소한 지도자로 알려진 프란치스코 교황이 한국을 방문한 이후, 한국교회는 교황의 방문이 남기고 간 과제에 주목하며 성찰의 기회를 마련하였다. 주교회의 한국가톨릭사목연구소가 주관한 '교황 방한 이후 한국교회 과제에 대한 조사'의 결과는 한국교회가 나가야 할 방향에 대해 진지하게 돌아보는 계기가 되었다. 교회 변화의 중심 주제이자 가장 우선적인 과제로 '가난한 이들을 위한 가난한 교회'가 떠올랐다. 그다음으로는 '복음의 기쁨을 사는 교회'와 '정의와 평화를 구현하는 교회'가 꼽혔다(가톨릭신문 2014.11.09.).[16]

이후 교회 안팎에서는 유사한 심포지엄과 세미나, 그룹토론 등이 각종 단체 및 기관들 사이에서 개최되었다. 이런 노력들은 그만큼 교회의 모든 구성원들이 문제를 자각하고 있다는 의미로 받아들여진다. 특히 '가난'이 자주 거론되고 문제로 인식되고 있다는 점은 그만큼 교회나 신자나 가난하지 않은 삶을 살고 있다는 의미로 평가되었다.

---

[16] 이것은 전자우편과 홈페이지 그룹으로 나누어 조사한 것으로서 조사에서는 교회 신원별 개선점도 제시되었는데, 성직자는 '독선·권위주의', 수도자는 '영성생활 결핍', 평신도는 '사회정의 실천 부족' 등이 나왔다. 교황 방한에서 인상적인 장면을 꼽으라는 질문에 '격의 없이 다가서는 면모', '세월호 유가족 위로', '가난을 강조한 모습들'이 대표적인 응답으로 나왔는데, 이는 교계가 마음에 새겨두어야 할 대목으로 여겨졌다.

현대사회에서 교회의 '가난의 정신'은 부(富)의 대척점에 있는 것이 아니라, 소비자본주의라는 고삐 풀린 자본주의의 대척점에 있다고 보아야 할 것이다. 부(富), 그 자체는 인간 생활을 윤택하게 해 주는 매우 좋은 것이나, 그것이 소비자본주의와 만날 때 인간은 존재보다는 소유로서 그 가치를 측정하게 된다. 그럴 때 인간의 존엄과 생명은 누군가를 위한 도구가 되는 것이다.

우리나라가 직면한 가장 큰 문제인 물질만능주의와 경쟁지상주의, 즉 돈과 권력, 명예를 얻기 위해서라면 인간의 존엄과 생명을 파괴하고 도구화하며, 자신의 이익과 탐욕을 위해 사회적 약자의 고통을 외면하는 현실을 개선하려고 노력해야 합니다(제31회 인권주일 담화문).

그러나 교회 역시 이런 흐름에 편승되어 이벤트식 사목계획이나 교회건물의 재·증축에 대한 집착, 성직자 중심주의와 교회 내 관료주의적인 사목 방침 등 소비자본주의가 가지는 일회성 사목, 폐기의 문화, 일시적이고 유한적인 신심활동 등 그 특성이 매우 유사하게 나타난다. 물질화, 중산층화 되어 교회의 현실 속에서 가난의 정신이 들어설 자리가 없는 것이다(황철수 천주교부산교구장 신념대담 2016). 주교들은 '기억의 지킴이'가 되지 못하고, 성직자들은 '양 냄새'를 풍기지 못하며, 평신도들은 '복음을 기쁘게' 살지 못하고 있다. 어쩌면 자본주의의 흐름에 무의식적으로 편승되어 세상이 흘러가는 대로 '다 함께' 흘러가고 있는지도 모르겠다. 찾아오는 양도 제대로 관리 못 하고 다시 거리로 내쫓고, 양들은 세상을 방황하는 상황에서 교회의 '야전병원' 이미지는 먼 나라 이야기 같다. 이미 대형병원으로 전락하여 도처에 설치된 접

수처와 원무과의 안내를 받아야만 진료를 받을 수 있는 교회가 하루아침에 야전병원으로 바뀔 수 있을지 의문이 들 지경이다. 교회 구성원들은 아무도 그리스도의 진정한 '선교하는 제자'가 되지 못하고 있는 것이다.

이런 시대의 흐름을 간파하고, 지난 20여 년간 대형화되어 가는 본당 공동체를 살리기 위한 좋은 대안으로 한국교회는 '소공동체 사목'을 추진해 왔다. 그러나 결과는 그다지 성공적이지 못한 것으로 평가되었다. 소공동체의 특징은 신분과 지위, 성(性)별, 가진 자와 없는 자 등 수많은 차이를 뛰어넘어 모두를 한 형제자매로 받아들이고, 그 안에서 한 사람도 소외되거나 누락되지 않도록 하겠다는 것이지만, 여전히 익명의 신자, 냉담 신자, 행불자 신자들은 전체 신자의 많은 비중을 차지하기 때문이다. 아직도 본당 사제는 신자들을 섬기는 종이라기보다는 작은 기업의 주인과 같은 인상을 주고, 공동체 안에서 성직자, 수도자, 평신도 임원들과 일반 평신도 사이의 신분 의식과 거리감은 여전히 제도를 중시하는 교회로 비쳐진다(오기백 2006). 교회에 대한 사랑을 빌미로 하느님의 영광보다는 인간적인 영광과 개인의 안녕을 추구하는 이런 '영적인 세속성'은 정해진 규범이나 이미 지나간 특정한 가톨릭 양식에 완고하게 집착함으로써 우월주의에서 벗어나지 못할 뿐 아니라 자아도취적이고 권위주의적인 엘리트주의를 계속해서 낳는다.

교회의 이런 권위적인 모습과 부족한 예언자의 모습은 복음의 도전과 기쁜 소식의 매력을 약화시키고, 그 안에서 신자들은 '실천적 상대주의'(「복음의 기쁨」 80항)[17]에서 헤어나지 못하곤 한다. 신심단체는 때로

---

17 여기에서 '실천적 상대주의'는 "하느님이 존재하지 않는 것처럼 행동하고, 가난한 이들

집단 이기주의를 형성하는 장이 되고, 교회활동을 개인 사업의 연장선으로 보려는 경향도 있다. 교회 안에서 만들어진 인맥을 사업수단으로 삼으려는 신자들도 있다. 이에 프란치스코 교황은 일찍이 "미사에 오는 가톨릭 신자들 중에는 그것을 이용하여 자신의 사업을 하려는 사람들도 있습니다"(프란치스코, 산타마르타 강론, 2013.09.20.)며, 돈의 자리와 하느님의 자리를 구분하지 못하는 신자들을 조심하라는 경고와 함께 이렇게 말했다.

> 우리는 종종 신문에서 정신이 부패한 사람들을 만나곤 합니다! 돈이 그들을 망친 것입니다. 거기에는 빠져나올 문도 없습니다. 당신이 이런 돈의 길을 선택한다면 당신도 종국에는 부패하게 될 것입니다. 돈은 이렇게 당신을 유혹하고 서서히 자기를 잃게 합니다. 그래서 예수님은 그토록 간곡하게 말씀하신 것입니다. 하느님과 돈을 동시에 섬길 수는 없다고. 둘 중 하나만 섬겨야 한다고 말입니다. 이것은 공산주의가 아니라, 순수한 복음입니다. 이것이 예수님의 말씀입니다(프란치스코, 산타마르타 강론, 2013. 09. 20).

한국교회는 사회의 불우한 구성원들, 특히 노동자들과 가난한 서민들에게 더욱 가까이 다가가야 할 과제를 안고 있다. 이것은 예수 그리스도 안에 있는 구원의 기쁜 소식이 다른 종교적, 문화적 규범 속에서 형성된 전통적인 민족정신과 어떻게 만나느냐에 관한 문제이며 깊이 스

이 존재하지 않는 것처럼 결정하고, 다른 이들이 존재하지 않는 것처럼 목표를 세우고, 복음을 듣지 못한 이들이 더 이상 없는 것처럼 일하는 것"이라고 명시하고 있다.

며들지만 변함없이 서로를 존중하는 만남이 지속되어야 한다는 어렵고 미묘한 문제와 관련된 것이다(요한바오로2세 1991.01).

과거 한국 천주교회는 이승만 정권의 독재와 부정에 직면하여 본격적인 목소리를 내며 사회참여를 주도하였다. 한국 천주교회는 이승만 정권에 대한 비판과 투쟁으로 반독재 운동에 참여하며 민중과 함께 민주화 운동에 적극 협력하였다(오경환 1990.02).[18] 1960년대 들어와 제2차 바티칸 공의회를 기점으로 사회참여에 대한 신학적 당위성과 방법이 제시되었고, 1967년에 강화도 심도직물 사건에 관한 한국 주교단의 공동 성명서(1968.02.09), 1971년 10월 5일 원주 문화방송 사건으로 인한 원주 교구의 부정부패 규탄 시위와 천주교주교단의 공동교서, 1974년 7월 10일 지학순 주교의 구속에서 발단된 시국기도회와 1974년 9월 24일 정의구현전국사제단의 탄생 등으로 이어졌다. 이런 움직임은 70년대 교회의 내부적인 갈등에도 불구하고 80년대에도 계속해서 이어졌다. 1987년 4·13 조치의 부당성을 표명하던 사제들이 전국적인 차원에서 시작한 단식기도, 민주화를 위한 기도회, 박종철 고문치사 조작 사건의 폭로, 명동 성당으로 피신한 학생들의 보호와 활동은 노태우의 6.29 선언이 나오게 하는 데 큰 공헌을 하였다.

사회 안에서 일치, 정의, 자유 그리고 평화를 추구함으로써 인간에게 봉사하는 것을 자기 사명의 중요한 부분으로 인식하고 있는 교회가

---

18 그러나 이 시기의 민주화 운동과 사회참여에는 적지 않은 문제점도 가지고 있었다는 평가다. 천주교회가 민주화 운동에 적극 가세한 것은 좋지만, 동시에 장면과 그가 이끄는 민주당에 지나친 밀착을 보여주었다는 것이다. 교회는 신문, 잡지, 설교 및 접촉을 통하여 정치인 장면이나 민주당에 공개적인 지지를 표시했고, 이를 통해 교회는 특정 정치인 혹은 정당과 제휴한 것으로 간주되기 때문이다. 이것은 아무리 정의와 인권을 위한 행위라고 할지라도 올바른 사회참여의 형태는 아니라고 보는 것이다.

어느 순간 '가진 자'들의 힘에 의해 한걸음 뒤로 물러나 있는 것 같다. 이것을 잘 보여주는 것이 최근 본당 신자들 사이에서 나타나고 있는 분열현상이다. 세월호 사태를 비롯하여 위안부 합의 문제 등 각종 현안에 대해 사회교리의 차원에서 교회가 성명서를 발표하거나 공식적인 의견을 내놓으면 '왜 성당에서 이런 정치적인 행위를 하느냐'며 격한 반응이 돌아오거나 강한 비판에 부딪힌다. 노랑 리본을 달고 다니거나 강론에서 관련 주제를 말하는 신자와 신부를 몹시 불편해하거나 아예 좌파 신자 혹은 좌파 신부로 낙인찍기도 한다. 최근 한일 위안부 합의에 대해서도 주교회의 정의평화위원회(정평위)가 한국교회 차원에서 의견을 수렴하여 발표한 성명서에 대해서도 동의하지 않겠다며 편파 언론을 등에 업고 커밍아웃하는 신자가 많이 나타났다.

사실 한국의 현실에서 교회의 사회참여는 복음화의 근본적인 측면에 해당되지만, 일부 자본가, 중산층, 엘리트 혹은 제도권에 속한 신자들의 극성에 밀려 침묵을 강요당하거나 교회 내부의 행정에만 발목이 잡혀 있는 형국이다. 교회가 참으로 그리스도의 '선교하는 제자'가 되기 위해서는 부당한 현실에 대해 '안 된다'라고 말할 수 있어야 하고, 교회 밖에서 실존의 변방에 있는 사람들을 끊임없이 상기해야 할 것이다(「복음의 기쁨」 20-24항).

V. 나가는 말

한국인들이 쉽게 하는 인사말 '부자 되세요!'는 달리 말해서, '돈 많이 버세요!'라는 의미를 담고 있다. 이 말이 덕담으로 통용되는 사회에서 무작정 긍정적일 수만은 없는 '돈의 논리'에 대해 말을 한다는 것이 어쩌면 시대착오적인 말로 들릴 수도 있을 것이다. 오늘날 '많은 돈'이 있다는 것은 그만큼 윤택한 삶을 누리고 있다는 것을 의미하고, 경제적인 차원에서 자유롭다는 것, 갑의 입장이 된다는 것, 자기 가치가 상승한다는 것을 의미한다. 곧 가진 만큼 신분이 상승한다는 것, 혹은 그 만큼 사람대접을 받는다는 것까지 포괄하는 것이다. 우리가 살아가고 있는 신자유주의 시대는 이렇게 돈의 논리가 인간의 가치를 재단하고, 그에 따라 인간의 삶의 희비가 교차되기도 한다. 참으로 슬프고도 우스운 현실이 아닐 수 없다.

자본주의 사회에서 돈은 인간발전과 좋은 일을 많이 하기 위해서라도 필요하다. 그러나 그것이 인생의 유일한 목적이 될 때, 돈은 인간을 망가트리고 외부 세계와의 관계를 단절시킨다(프란치스코교황, 산타마르타 강론, 2013.10.21.). 모든 것이 풍요로워진 현대 세계에서 우리는 실존의 빈곤을 경험하며, 부(富)에 대한 생각, 돈과 삶에 대한 진지한 성찰이 대두되고, 얼마나 많은 돈 문제가 형제 간, 부모와 자식 간의 관계를 어렵게 하는지를 보아왔다. 돈이 우상이 되고 인간이 그것을 신봉할 때, 돈은 그것을 좇은 인간은 물론 그의 주변에 있는 사람들까지 파괴하는 속성을 가지고 있다. 그러나 알다시피 돈이 혼자 저절로 이 모든 일을 하지는 않는다. 언급했듯이 돈은 많은 인간발전과 좋은 일에 반드시 필요하기에 현대 사회에서 없어서도 안 된다. 다만 그것을 어떻게 사용하느냐에 따라 정반대의 결과를 초래하기도 한다. 여기에서 욕망에 대한 인문학적인 성찰이 대두된다.

욕망은 인간을 악습으로 인도하고, 그 속에서 인간은 오로지 '돈의 기능'에만 천착한다. 그럴 때, 돈은 인간을 위한 수단이 아니라, 그 자체가 욕망의 대상이 되고 우상이 된다. 즉 인간을 위한 하느님의 뜻과는 정반대의 길로 나가는 것이다. 그리고 그 질주의 길에서 인간의 실존은 무너져 내리고 만다. 돈에 신의 위치도 인간의 위치도 결코 양도할 수 없는 이유다.

참고문헌

강성영. 2003. "시장의 도덕과 뒤따름의 윤리."『신학연구』44(2): 157-174.

강인철. 2012.『민주화와 종교, 상충하는 경향들』. 서울: 한신대학교출판부.

_____. 2008.『종교권력과 한국 천주교회』. 서울: 한신대학교출판부.

게오르그 짐멜. 2014.『돈이란 무엇인가』김덕영, (역). 서울: 도서출판 길.

_____. 1993.『돈의 철학』안준섭 외 (공역). 서울: 한길사.

김주한. 2001. "가난한 자들을 위한 교회의 관심-근대교회 초기 디아코니아 제도의 형성과 발전",
　　　『신학연구』42(2). 301-322.

김항섭. 2001. "신자유주의 유토피아 비판."『신학연구』42(2). 431-447.

김혜경. 2015. "유족들의 시위를 종북세력으로 설정하는 정치지향성의 분석."『세월호 이후 신학』
　　　서울: 도서출판 모시는사람들.

노길명 · 오경환 공저. 1988.『가톨릭 신자의 종교의식과 신앙생활』. 서울: 가톨릭 신문사.

막스 베버. 2006.『프로테스탄트 윤리와 자본주의 정신』, 김상희 (역). 서울: 풀빛.

배경민. 2003.『새로운 지평을 찾는 교회: 시대의 표징을 찾아서』. 서울: 가톨릭출판사.

베네딕토 16세 교황. 2009.「진리안의 사랑」. 서울: 한국천주교주교회의.

성 요한 크리소스토모.「라자로에 관한 강론」(De Lazaro Concio). II, 6, PG 48, 992D.

오경환. 1990. "해방 이후 한국 천주교회의 성찰과 전망."『사목』133(2). 한국천주교중앙협의회.

오기백. 2006. "좀 더 예언자적인 한국 교회를 기대하면서."『사목』325(2). 한국천주교중앙협의회.

유시민. 2011.『국가란 무엇인가』. 서울: 돌베개.

이기우. 1999. "가난한 이와 애덕 실천: 빈민사목의 관점에서."『가톨릭 신학과 사상』29(9). 서울:
　　　신학과사상학회, 84-109.

채수일. 1999. "한국의 경제위기와 선교신학적 과제."『신학연구』40(1). 147-158.

프란치스코 교황. 2014.「복음의 기쁨」. 서울: 한국천주교주교회의.

_____. 2015.「찬미 받으소서」. 서울: 한국천주교주교회의.

한국 천주교 주교회의 정의평화위원회. 2009. "물질이 아니라 인간 전체를 위한 발전, 정의와 공동
　　　선을 원칙으로 한 발전을 추구해야 합니다." 제28회 인권주일 담화문 12월 6일.

_____. 2012. "보수와 진보 이념은 모두 인간과 인간 공동체에 대한 사랑을 기초로" 제31회 인권

주일 담화문 12월 9일.

_____. 2011. "정의와 사랑의 가르침을 배우고 실천해야 할 그리스도인의 소명 - '사회 교리 주간' 제정에 즈음하여 -." 제30회 인권주일 담화문 12월 4일.

한국 사회학회편. 2008.『기로에 선 중산층-현실진단과 복원의 과제』. 서울: 인간사랑.

홍두승. 2005.『한국의 중산층』. 서울: 서울대학교출판부.

「주간경향」. 제1163호, 2016.02.16.

『비표준국어대사전』. http://koreanslang.tistory.com/190

http://100.daum.net/encyclopedia/view/47XXXXXXd691

https://ko.wikipedia.org/wiki/%ED%97%AC%EC%A1%B0%EC%84%A0

「가톨릭신문」. 2014.11.09., 제2918호, p9.

황철수. 2016. "행정가 아닌 사제로 살고 싶다."「가톨릭뉴스 지금여기」. 1월 25일.

강우일. 2014. "인간과 자연에 평화를 이루는 소공동체." 제주교구 사목교서.

_____. 2015. "작은 이들과 함께 소통하는 소공동체." 제주교구 사목교서.

_____. 2016. "자비를 베푸는 소공동체." 제주교구 사목교서.

김서영. 2016. "부들부들 청년, 1부 ② 이번 생은 망했어요."「경향신문」. 1월 3일.

박송이. 2016. "무너지는 중산층에 내일은 없다."「경향신문」. 1월 31일.

황철수. 2016. "부산 종교지도자 신년대담."「부산일보」1월 22일.

염수정. 2014. "하느님의 말씀은 새로운 복음화의 원동력." 서울대교구 사목교서

이정훈. 2016. "사순기획 1. 가난의 굴레에서 벗어나지 못하는 빈민들."「평화신문」. 2월 7일.

프란치스코 교황. 2013. 산타 마르타 강론 9월 20일.

_____. 2013. 산타 마르타 강론 10월 21일.

금강경에서의 돈의 위치

권 진 관

성공회대학교

I. 들어가는 말

오늘의 자본주의 사회에서는 자본이 궁극적인 결정권을 가지며, 국가는 이러한 자본 우선주의를 옹호하는 방향의 정책을 편다. 그러다 보니 자본주의하에서 노동은 항상 자본의 존속을 위해 필요하면 희생자의 위치에 놓이게 되어 있다. 자본의 생존이 일반 대중들의 생존에 앞서 우선적으로 보호받는 구조가 오늘날의 사회적 구조이다. 이러한 상황속에서 대 자본과 큰돈을 가지고 있는 사람들은 우선적으로 보호를 받는다. 그러니 모두들 자본과 돈을 더 많이 소유하기 위해서 경쟁한다. 자본과 돈이 없으면 착취당할 수 있는 취약한 위치로 전락한다. 그렇기 때문에 자본과 돈은 거의 전능한 위치에 놓이게 된다. 돈과 자본이 신이 된 사회가 오늘 우리가 살고 있는 사회이다.

　이렇게 돈과 자본의 많고 적음이 인간의 인격과 존엄성을 가늠하는 기준이 되어 버린 자본주의 사회에서 과연 종교는 돈과 자본에 대하여 어떤 입장을 가지고 있는 것인가를 분명하게 밝혀 볼 필요가 있다. 왜냐하면 이미 신격화되어 버린 돈과 자본의 문제는 종교적인 문제가 되어 버렸기 때문이다. 물론 자본과 돈이 전능한 것은 아니다. 자본은 잃을 수도 있고 돈도 있다가도 없어질 수 있다. 현실 자본가나 자산가들의 운명도 일반인들과 마찬가지이다. 그러나 자본과 그 돈 그 자체는 항상 힘이 있는 것이고 욕망의 대상이 된다. 그렇기 때문에 자본과 돈을 육성하기 위해서 모든 체제와 구조가 합심하여 협력한다. 이렇게 절대화된 자본과 돈이 종교화되는 것은 당연한 것이라고 생각한다. 그야말로 돈은 우리 사회와 인간의 정신을 하나로 통합하는 지배적 은유요 상징이 되었다. 그렇다면 이러한 지배적 은유를 대신할 수 있는 새로운 은유는 발견될 수 있겠는가? 이 연구에서는 자본과 돈에 대해서 불교가 취하는 태도는 무엇이었는가를 살피는 것을 목적으로 한다. 이 방대한 작업의 일환으로 본 연구에서는 우리나라 불교의 대표적인 경전인 금강경을 기본 텍스트로 하여 금강경이 보는 세속과 대비되는 물질관, 재물관이 무엇인가를 유추해 보려고 한다.

　금강경은 불자들 사이에서 가장 많이 읽히고 암송되는 소의(所依)경전(각 종파에서 근본경전으로 의지하는 경전) 중 하나이며 석가 붓다가 돌아가신 후 3백 년이 지난 BC 1-2세기경에 쓰였다고 한다(박영호 2001, 17). 금강경의 내용이 약 300송 가량의 분량이 되며, 원래의 이름은 금강반야바라밀경이라고 한다. 금강경에는 돈이나 재물에 관해서 직접적인 언급이 없다. 그리고 심지어 돈이나 재물을 대단히 금기시하는 듯이 보인다. 불교의 원래의 가르침에서 돈과 재물에 대한 태도는 무엇인가를 알아보기 위해서 본연구자는 금강경 텍스트에 나타나고 있는 언어들이 어떤 유형으로 묶일 수 있는지 분석해 보고자 한다. 연구자는 프랑스 정신분석학자이며 철학자인 자크 라깡의 은유와 환유의 이론을 활용할 것이다. 금강경의 언어들을 은유와 환유의 측면으로 분석해 볼 것이다.

II. 방법론

방법론을 말하기 위하여 이 연구자는 자크 라캉(Jacques Lacan)의 은유와 환유의 역동적인 변증법에 의한 의미의 창조에 관하여 설명하고 그것을 이 연구의 방법으로 어떻게 차용하는지를 보여주려고 한다. 여기에서 은유라는 말을 먼저 설명하면, 메타포인 은유는 어떤 특정한 단어들을 가리킨다기보다 그 단어들이 다른 무엇을 가리키는 과정을 갖는데 이 과정 자체를 은유로 이해하려고 한다. 이에 비해 다른 언어들(signifiers, 기표)과의 연속적인 관계 속에 있는 언어들을 환유라고 하지만, 환유도 어떤 특정한 단어를 환유라고 부르기보다는 그 다른 언어들과의 유사성을 통한 연속성이 일어나는 과정을 가리킨다고 할 것이다. 사실 모든 단어/언어(signifiers)들은 근본적으로 다양한 의미를 가질 수 있는 기표일 뿐이다. 다른 말로 하면 하나의 의미를 가지는 표지 즉 사인(sign)과 다르다는 것이다. 표지 즉 사인은 오직 한 가지의 의미를 가져야 한다. 방향의 지시자인 사인이 여러 가지의 의미를 가진다면 혼란을 가져올 것이다. 기표는 은유도 될 수 있고 환유도 될 수 있다.

전후 사정 즉 콘텍스트에 따라서 어떤 단어가 환유가 아니라, 은유가 된다.

예를 들어보자. 토끼라는 단어가 생각이 나지 않아, 그 토끼를 다양하게 설명하였다. 그 동물은 발이 네 개인데, 뒷다리가 좀 더 길어서 빨리 달릴 수 있고, 털은 희고, 귀는 길어. 크기는 작은 강아지만 하고 등등. 이것들이 모두 모여 하나를 이루는데 그러나 아직 그것들이 토끼를 가리키는지를 모른다. 앞의 단어들은 모두 환유들이다. 환유만 가지고서는 의미가 이루어지지 않는다. 그래서 라깡은 환유는 의미 형성을 못하고 의미 형성을 연기하며, 의미 형성 앞에서 미끄러져 버리고 만다고 하였다. 토끼라는 말이 나와야 지금까지 나온 단어들이 의미를 가지게 된다. "그게 바로 토끼네" 하는 말이 튀어나올 때, "아하! 지금까지의 장광설은 토끼를 가리킨 것이었구나" 한다. 토끼라는 단어는 의미를 형성하는 하나의 필수적인 과정을 열어준 것이다. 여기에서 토끼는 은유의 기능을 한다. 그러나 이 예에서 토끼는 사실상 은유는 아니다. 은유란 것은 다르지만(different), 비슷한(similar) 측면이 있는 이중적인 언어이다. 즉 이것은 자기와 다른 것을 가리킨다. 그런 점에서 여기에서 토끼가 은유는 아니다. 환유를 설명하기 위해서 동원된 하나의 도구일 뿐이다. 환유는 일정한 연결(connection, combination) 고리 속에서 형성된다. 이에 비해 은유는 여러 가능성 중에서의 선택을 가리킨다. 즉은유는 토끼, 강아지, 여우, 고양이 등 다양한 것들 중에서 하나를 선택(selection)하는 언어이다. 은유는 선택하는 기능을 가진다는 생각을 라깡은 유명한 언어학자인 야콥슨으로부터 배워 사용했다(Jakobson 1987, 98-99; Lacan 1978, 151). 토끼라고 하는 전체의 몸이 네 발, 긴 뒷다리, 하얀 털, 긴 귀 등을 연결시켜준다. 토끼라는 언어를 선택하였지만 사실 다른 언어, 예를 들어 여우라는 언어를 선택해도 위의 환유적 언어들을 모두 묶어 낼 수 있을 것이다. 이처럼 은유는 환유적 언어들을 하나로 통일시켜준다. 이 환유적 언어들이 다른 의미로 미끄러지지 않도록 단속을 한다. 그런 의미에서 은유는 환유들을 하나로 묶어 의미를 형성시켜주는 데 기여한다. 그러나 은유가 하나로 통일하는 기능을 가지므로, 하나의 은유를 넘어서는 대안적 은유가 나타날 수 있는 가능성은 얼마든지 있다. 새로운 은유를 선택하게 되면 의미는 새롭게 변혁되어진다. 환유들은 은유가 제공하는 일정한 플롯에 의해서 연결된다. 그런데 은유는 환유에 일정한 의미(토끼라고 하는 의미)를 가져다주는 주(master) 언어이다. 은유와 환유가 만나서 하나의 의미가 완성된다. 환유의 지속적인 연결고리로는 의미성립이 지연된다. 스무고개라고나 할까. 주체들(글 쓰는 자, 읽는 자)은 판단하기를 "그 환유들이 결국 말하고자 하는 것은 바로 이거야" 하며 하나의 언어 혹은 개념을 찍는다. 이것을 혹자는 주체-언어라고 불렀다(Zizek 2008, 156). 이렇게 해서, 은유와 환유가 역동적으로 만나면서 의미화(signification)가 형성된다(Crigg 2008).1 그런데 일반적인 문헌에서는 특히 추상적이고 심오한 종교의 세계, 믿음의 세계를 논하는 종교 텍스트에서는 그 은유가 특정 사물을 가리키는 것이 아니라, 하나의 사상 구조를 가리킨다. 은유 자체가 환유의 도움을 받아 풍부한 의미성을 확보하게 되지만, 그러나 언어의 한계가 은유에도 적용된다. 즉 언어는 실재를 드러낼 수 없다는

---

1 라깡에 의하면 은유는 이야기의 의미를 일정한 의미로 형성해 주는 중심 언어이다. 쟈크 라깡(Jaques Lacan)의 언어이론을 잘 정리한 책은 Russel Crigg의 *Lacan, Language, and Philosophy*이며 특히 11장의 "Lacan and Jakobson: Metaphor and Metonymy"을 참고하라. 이 11장에서 은유metaphor와 환유metonym의 관계가 잘 설명되고 있다.

점이다. 불교에서 말하는 색은 공일뿐이다. 색, 즉 우리의 언어는 실재를 드러내지 못한다. 특히나 그것이 어떤 심오한 사상과 그 체계를 가리킬 때는 말할 나위 없다.

우리의 무의식/의식 세계와 마찬가지로 종교의 텍스트는 은유와 환유로 채워졌다고 생각한다. 종교의 텍스트는 종교적 지도자 혹은 공동체의 의식 세계를 은유와 환유를 통하여 체계 잡은 것이라고 하겠다. 이 연구에서 사용하는 라깡적인 은유의 기능이 중요한데, 은유는 잃어버린 대상을 가리키는 것으로 이해한다. 환유들은 지속적으로 그 대상을 가리키려고 시도하지만 그 가리킴에 실패하고 미끄러져 버린다. 결국 주체에 의해서 선택된 은유적 기능을 가진 언어(들)에 의해서 대상이 부각되며 의미가 성립된다(Shepherdson 2008, 160-169). 텍스트는 하나의 의미체계를 갖는다. 그 속에 의미를 촉발하는 중심 언어가 은유적인 기능을 한다.

금강경은 비록 이야기체이고 대화체의 편한 글이지만 그 속에 하나의 세계관을 가진 하나의 체계이다. 하나의 세계관을 드러내기 위한 수많은 같은 계열의 언어들의 연결로 이루어진 텍스트이다. 금강경 텍스트가 환유의 연결체라는 생각은 이 연구자만 한 것 같지는 않다. 워낙 주제 언어가 깊은 의미를 가지고 있으므로 이 깊은 의미를 표현해 내는 다양한 언어들은 환유들이라고 할 것이다. 이러한 입장을 도울 김용옥도 취한 것으로 보인다. 그의 말이다(김용옥 1999, 62).

『금강경』은 어느 경우에도, 한 구절도 똑같이 반복하지 않는다. 세밀하게 들여다보면 조금씩 다르게 되어 있다. 그것은 반복이 아니라 변주다. 그리고 그러한 반복이 없으면『금강경』은『금강경』의 오묘한 맛을

닐 수 없다는 것을 깨닫게 된다. 『금강경』은 워낙 심오하고 워낙 근본적이고 워낙 철저한 '무아(無我)'의 주제를 설(說)하고 있기 때문에, 그 주제는 끊임없이 변주형식으로 반복하지 않으면 사람들에게 인지될 길이 없다.

환유와 결합하여 의미를 완결 짓는 은유를 찾아내는 것은 연구자의 과제이다. 도올 김용옥은 위의 인용구에서 그것을 '무아'라고 하였다. 이 연구자는 돈과 종교의 관계를 구명해 내려고 하며, 그것을 금강경의 무아 혹은 공사상으로부터 시도해 보려고 한다. 그러나 이 연구자의 귀결은 공에 도달하지는 않을 것이다. 나중에 나오듯이 "비, 시명"이라는 언어에서 은유적인 과정이 나타난다는 점을 보일 것이다. 이것을 확인하기 위해 연구자는 금강경에 나오는 다양한 언어들을 구별해 내서, 그것이 환유적인 연결고리를 갖고 있는가를 밝혀내고, 그것에게 일정한 의미를 부여할 주요한 언어 즉 은유적 과정을 보여주는 언어(들)를 밝혀보고자 한다.

III. 금강경은 돈에 관하여 무엇을 말하고 있는가

1. 돈이란 무엇인가

법정 스님이 다음과 같은 글을 남겼다고 한다.

"친구여 나이가 들면 이렇게 살게나"

친구여!!

나이가 들면

설치지 말고 미운소리, 우는 소리,

헐뜯는 소리,

그리고 군 소리, 불평일랑 하지를 마소.

(중략)

친구여!!

돈, 돈 욕심을 버리시구려.

아무리 많은 돈을 가졌다 해도

죽으면 가져갈 수 없는 것

많은 돈 남겨

자식들 싸움하게 만들지 말고

살아 있는 동안 많이 뿌려서

산더미 같은 덕을 쌓으시구려.

친구여!!

그렇지만 그것은 겉치레 이야기.

정말로 돈은 놓치지 말고

죽을 때까지 꼭 잡아야 하오.

옛 친구를 만나거든 술 한 잔 사주고

불쌍한 사람 보면 베풀어주고

손주 보면 용돈 한 푼 줄 돈 있어야

늘그막에 내 몸 돌봐주고

모두가 받들어 준다오.

우리끼리 말이지만 이것은 사실이라오.

(후략)

위의 글에서 돈을 가져야 하는 이유는 명백하다. 돈을 가져야 인간으로서 해야 할 일을 할 수 있기 때문이다. 먼저 돈이 있어야 범죄를 저지르지 않을 확률이 높아지며, 부모에게 효도도 할 수 있고, 자손들과 친구들에게 잘할 수 있고, 각종 선행을 쌓을 수 있기 때문이다.

그러나 금강경을 보게 되면 돈에 관해서 직접적인 언급은 하나도 없다. 돈은 모든 사람들에게 특히 노인들에게 중요한 것이지만, 정작 이 연구자가 분석하려고 하는 금강경에는 돈에 대한 발언이 일언반구도 없다. 그러나 돈을 가리킬 수 있는 언어들은 많다. 집착, 상, 칠보 등은 돈뿐만 아니라, 세상적인 가치, 특히 세상적인 권세를 보장하는 가치를 가리킨다. 금강경에 나오는 이러한 언어와의 연관 속에서 돈이 금강경에서 어떻게 이해되고 있는가를 밝혀내는 것이 이 연구의 목적이 된다. 그러기 위해서는 돈이 무엇인가를 먼저 밝히는 것이 중요하다.

돈이란 무엇인가? 돈이란 원래 공(空)이다. 돈에는 원래 본성이 없다. 돈은 공이라는 말은 돈 자체가 없다는 것이 아니라, 돈의 본성이 없다는 것을 말한다. 돈이라는 것이 엄연히 존재하고 있는데 없다고 말한다면 혹은 없는 것처럼 말한다면, 비현실적이고 비실제적이다. 그러나 본성이 없는데 본성이 있다고 착각해서는 안 된다는 것이다. 만약 자본주의하에서 돈은 모든 것을 살 수 있고 모든 것과 교환할 수 있는 것이라는 본성을 부여할 때, 즉 모든 것이 돈으로 환산된다고 하는 본질을 가질 때, 돈은 본성 혹은 자성을 가지게 되는 것이다. 그러나 이러한 본성이나 자성은 없다는 것이 공, 즉 순야타 사상이다.

돈은 일정한 성격을 가질 수 있는가? 자본주의하에서는 돈으로 모든 것을 교환할 수 있도록 만들어간다. 이명박 정부하에서 우리나라는 자연적인 것들을 포함하여 많은 공적인 사물들을 돈으로 교환하거나 환산하도록 만들었다. 4대강 사업을 통해서 얻어질 수 있는 것들을 돈으로 환산하였다. 아라뱃길이 개통되면 하루에 얼마의 가치를 생산해낼 수 있다고 선전했다. 모든 것을 돈으로 환산했다. 그러면 사람들은 그 사업이 얼마나 도움을 주는가를 쉽게 이해하게 되었다. 이명박 정부는 공적인 것들, 땅, 강, 산 등을 돈으로 환산하고, 그것을 변형하여 더 많은 돈을 창출할 수 있다고 주장하였고 사람들은 그것을 무비판적으로 받아들였다. 이리하여 점점 더 돈의 가치로 공적인 것, 자연적인 환경의 가치를 결정하게 되었다. 사랑, 들의 백합꽃, 들꽃 등은 돈으로 환산할 수 없다. 그러나 오늘날 이러한 것들도 정원을 만들어 주는 것으로, 결혼 시장에서 모두 돈으로 환산되고 있다. 인왕산에 있는 소나무를 옛날에는 그저 아름답고 향기롭다고만 보았다. 그러나 그것 한 그루가 몇 백만 원 아니 몇 천만 원에 팔리는 것을 보면서 우리는 인왕산에 있는 소나무를 값비싼 것으로 보게 되며 돈으로 환산해서 본다. 이것이 이명박 정부 이후의, 아니 신자유주의적 세계화된 자본주의 시대의 모습이다.

그러나 자본주의가 우리의 삶을 전부 포섭할 수 있는가? 자본주의는 우리의 삶을 가두고 속박함으로써 삶의 전체적인 영역을 누릴 수 있는 우리의 기회를 박탈시키는 것이 아닌가? 그리고 자본주의하에서 돈은 자성을 가짐으로써 모든 것을 돈으로 환원시키는 힘을 가지게 된 것은 아닌가? 그리하여 돈을 가진 만큼 세상을 소유하는 것이 되었다. 세상의 사물들이 그 내적 태생적인 사용가치가 아니라 교환가치로 환원되어 버렸기 때문이다. 이러한 문화에서는 1억을 가진 사람은 10억을 가진 사람, 100억을 가진 사람의 10분의 1 혹은 100분의 1의 세상을 갖는 것이 된다. 그런데 그게 과연 진실한가? 100억을 가진 사람은 1억을 가진 사람보다 100배의 넓은 세상을 살고, 그만큼 행복한 것인가? 그렇지 않다. 세상에 돈으로 살 수 없는 것이 너무나 많다. 그리고 돈으로 환산되지 말아야 할 것이 얼마나 많은가? 돈에 대한 갈망이 곧 영적인 배고픔이 되는 세상이 되었다. 사람들은 돈의 부족을 불안해하며, 그 불안은 돈을 더 가져도 가시지 않는다. 더 많은 돈을 갈망하게 되기 때문이다. 돈이 만물의 가치를 재는 척도가 되어 돈을 가진 만큼 만물을 가질 수 있게 되었다. 그러다 보니 돈을 더 많이 가지려고 한다. 돈에 대한 목마름은 가실 줄 모른다.

이것을 불교는 통찰력 있게 볼 수 있게 해 주었다. 돈은 공한 것이라는 것을 가르쳤다. 돈은 자성이 없으며 본질이 없다. 다만 있을 뿐이다. 있다는 것을 부정하지 않고, 그것이 특정 본질을 가진 것으로 보지 않는다는 점에서 불교는 돈의 마력적인 힘으로부터 해방될 수 있는 관점을 가르쳐 주었다. 그렇다면 이러한 해방적인 관점이 금강경의 어디에서 나올 수 있다는 것인가? 이제부터 이러한 질문에 대답하기 위해서, 이 연구자는 금강경을 통해서 돈이란 무엇인가를 알아보려고 한다. 돈이 원래 본성이 없다고 한다면 불교학자 데이비드 로이(David Loy)가 본 것처럼 돈은 '과정'이나 혹은 '에너지'가 아닌가?(Loy 2008, 30) 그것이 아니라면, 불교가 바라보는 돈의 본성은 무엇인가? 이를 분석해 보기 위해서 금강경의 언어를 환유와 은유의 관점에서 분석해 보고자 한다. 은유를 발견하는 일은 매우 까다롭다. 그러므로 환유적 언어를 먼저 찾아보고 분석해 볼 것이다. 이 언어는 주로 돈과 관련된 언어들이다. 여기에서의 돈은 주로 주는 것(보시)을 가리킨다. 돈을 주기 위해서는 돈을 가져야 한다. 그러므로 돈을 준다는 것과 돈을 갖는다는 것은 동전의 양면이다. 그러므로 보시에 관련된 언어를 분석함으로써 돈의 본성이 밝혀질 수 있다.

IV. 금강경에서 나타나는 환유적인 언어들
— 돈과 종교의 관점에서

돈과 종교라고 하는 주제의 관점에서 가장 눈에 띄는 언어의 계열의 하나는 칠보(금, 은…), 보시, 복덕, 집착, 상(相, 나의 相), 무탐, 무시기, 어리석음, 삼독심(三毒心), 32상(유족함의 상징), 공, 이름(언어로 이름붙이기), 아견, 인견, 중생견 등이 있다. 다른 한편의 언어 계열은 좀 더 추상적인 개념적 언어이다. 그것들은 비(非), 시명(是名, 이것을 이름하다), 주색(住色, 색에 머무르다)(이상 제10분), 무아법(無我法; 제17분) 등이다.

금강경에서 가장 눈에 띄는 언어는 보시에 관한 언어이다. 위에서 언급되었지만 보시는 주로 재물을 가리킨다. 재물은 현대적인 표현으로 말하면 돈이고 자본이다. 보시에 관하여 다음과 같은 표현이 있다. 제4분에 의하면, 보살은 "법," "색," "성, 향, 미, 촉, 법" 등에도 머무르는 바 없이 보시를 해야 한다. 그리고 보시를 하여 상(相)에 머무르지 않아야 한다. 4장에 이어지는 말은 다음과 같다. "보살이 자취를 남기고자 하는 상(相)에 머무르지 않고 행하는 보시의 복덕도 또한 이와 같아 생각으로서는 헤아릴 수 없는 것이니라"(4-6). 4-6의 후반의 의미는 바로 4-5의 문장에서 이해될 수 있는데, 그 문장은 다음과 같다: "수보리야! 남쪽·서쪽·북쪽과 사유(四維)·상·하의 허공을 능히 생각으로 헤아릴 수 있겠느냐?"(김용옥 1999, 190; 최대림 1995, 45). 허공이라는 것이 있기는 한 것이지만 능히 모든 상을 뛰어넘는 것이 된다. 그렇다면 허공이라는 것은 존재론에서 존재에 해당한다. 존재의 현상들이 많은 상 즉 제상(諸相)이며 이름이다.

제5분의 후반부에 나오는 다음의 말씀은 위의 제4분의 핵심을 설명하는 것이라고 보아도 될 것 같다. 즉, "모든 상(相)은 다 허망한 것이니라, 만약에 모든 상이 상 아님을 알면 그것은 여래를 보는 것이니라"(5-3). 5분에서 신상(身相)을 가지고 여래라고 볼 수 있겠느냐 하는 질문에 신상으로는 여래라 볼 수 없다고 하면서, 모든 상은 허망한 것이라고 한다. 여기에서 무아, 공 사상이 강조되어 있다. 이것을 제상(諸相)과 비상(非相)을 같이 본다면 곧 여래를 보리라고 해석할 수도 있다고 하는데(김용옥, 205), 본 연구자는 이러한 해석이 더 적합한 것이라고 생각한다.

상에 머무르지 않고 행하는 보시와의 반대가 되는, 상에 머무는 자세로 보시하는 행위는 무엇인가? 그리고 상에 머무는 상태에서의 돈은 무엇인가? 상에 머물지 않으면 돈이나 재물은 무엇이 되는가? 이러한 것을 이해하기 위해서 우리는 다른 환유적인 언어들을 살펴보아야 한다.

제6분의 핵심은 모든 상을 버리라는 것이다. 그런데, 마음의 상을 취한다(若心取相)는 것은 곧 "마음의 상을 바로 밖에 있는 대상의 실체로 간주하는 것"을 말한다(김용옥, 212)[2] 이와 대비되는 약취법상(若取法相)은 "법의 실체성(객관적 존재성)을 직접 인정하는 것"을 말한다. 첫째의 문장은 주관의 법이고, 둘째의 문장은 객관의 법이다(김용옥, 212). 이 양 법을 취할 경우 실재를 볼 수 없는 "아상, 인상, 중생상, 수자상"에 집착하는 것이 된다. 그렇다면 도대체 무엇이 법인가? 법이 무엇이기에 법도 상을 취할 수 있고, 그렇게 되면 잘못이 된다는 것인가? 이것에 대한 대답이 제7분에서 주어진다. 법은 파악할 수 없고 말할 수 없어 법이 아니며, 또 법 아님도 아니라는 대답이다. 즉 법과 비법은 함께 있다는 것이다. 이것은 도대체 무슨 의미인가? 제8분의 마지막에서 극적으로 대답해 주고 있다. 즉, "수보리야, 불법이라는 것은 곧 불법이 아니니라"(최대림, 61; 김용옥, 229). 깨달음은 있지만, 그것이 고정되어 자기의 상을 갖게 되면 깨달음이 아니다. 깨달음 자체는 부정이요, 부정을 목표로 하지 않는 부정이며, 새로움을 향한 부정이므로, 무로 끝나는 것이 아니라, 새로운 상(相)을 향해 가는 도정 자체가 깨달음이다. 그렇기 때문에 법도 비법도 아니라는 말씀이다. 일정한 고정된 원리나 법칙을 법이라고 할 때 법은 항상 없어져야 하지만 동시에 법은 있다. 이러한 법아니지만 법은 이름으로서의 법일 뿐이다. 여기에서 "이름" 혹은 "이름 지음"의 의미가 돈에 대한 금강경적인 이해를 위해 매우 중요하다. 여기에서 이름 혹은 이름 지음이란 아상(我相)이 짓는 것인데,[3] 아(我)는 원래 정해져 있는 항상적인 것이 아니므로 사물이나 생각을 내가 이름 짓는다는 것은 삶에서 꼭 필요하지만, 그것이 임시적이고 변

---

2 본 연구자는 이 부분에서 김용옥의 해설을 따른다.
3 我相: 사상(四相)의 하나. 오온(五蘊)이 일시적 인연으로 모여서 이루어진 자기를 영원한 실체라고 집착하는 것.

화할 수 있는 것을 의미한다.

제8분의 앞부분에서 칠보로써 보시(布施)하는 사람의 복에 대한 언급이 나온다. 그러나 그러한 복은 사구게(四句偈) 하나를 받아 남에게 설해서 받는 복보다 훨씬 작은 것이라고 하였다. 이러한 말씀은 제 11분에서 다시 언급된다. 많은 재물을 주는 것은 사구게 하나라도 잘 설파하는 것에 미치지 못한다는 것이다. 제24분을 보면 매우 극단적인 비교가 나온다. 인용하면 다음과 같다(김용옥, 333-34).

수보리야! 만약 어떤 사람이 삼천대천세계에 있는 모든 수미산들만큼 쌓인 칠보더미를 가져다가 보시를 한다 해도, 또 어떤 이가 있어 반야바라밀경 내지 그 사구게 하나를 받아 지니고 읽고 외워 타인에게 설한다면, 앞의 칠보복덕은 이에 백분의 일도 미치지 못할 뿐 아니라, 백천만억분의 일 내지 어떠한 숫자의 비유로도 이에 미치지 못하리라.

그렇다면 칠보, 즉 큰 재물과 돈(즉 대자본)의 가치는 사구게를 이해하고 설하는 것의 가치에 비해서 미미하다는 것이다. '더' 큰 재물보다는 생각이 고정되지 않고 늘 '더' 깨달아 가는 것이 중요하다는 것이다. 그럼에도 큰 재물과 돈을 보시하는 것이 좋고 옳은 일이라고 하였다. 금강경에서는 재물과 돈은 보시를 할 때 가치가 있는 것이라고 한다. 그렇다면 재물과 돈 그 자체는 무엇인가? 아직 여기에 대한 대답은 나타나지 않고 있다.

그런데 제10분에서부터 "이름"(이름한다, 이름을 붙인다는 동사의 의미를 갖는다고 함)이라는 언어가 나온다. 이름은 우리의 마음속에 떠오르는 영상과 같은 것이며, 실재를 가리키는 상징일 뿐이다. 마치 거울에 비친 영상과 같다. 그러므로 그것은 실재 그 자체가 아니라, 그것을 가리키는 상징일 뿐이다. 즉 언어일 뿐이다. 이렇게 이름으로 설명되는 예들이 연쇄적으로 거론되는 바, 불토의 장엄, 수미산처럼 큰 몸(이상 제10분), 이름으로서의 금강반야바라밀경(이의 대칭은 깨달음으로서의 금강반야바라밀경), 이름 즉 표상적 언어로서의 먼지, 세상, 이름으로서의 여래의 32상(이상 제13분), 이름으로서의 일체의 법, 이름으로서의 장대한 몸(제17분) 등은 이름이지만, 이름은 허무한 것이 아니라 그 이름에 고착하지 않는 자성의 부정 즉 공과 무아를 전제하는 한에서 긍정적 가치를 갖는 이름인 것이다. 그러므로 그 이름이 중요하다. 왜냐하면 자기를 부정하면서 다시 자기를 긍정하는 행위 속에서 그 이름이 가리키는 실재를 지시할 수 있기 때문이다. 그 이름 자체가 마치 자성을 가진 것처럼 보아서는 안 된다는 것을 전제하는 한에서만 이름은 그 실체를 가리킨다. 이것은 무아의 법의 깨달음에 의해서 이루어지는 지혜이다. 금강경의 클라이맥스는 무아법(無我法)이다. 이것으로부터 세상의 긍정, 이름의 긍정, 생각의 긍정이 나온다. 김용옥은 이렇게 썼다. "불교의 종지는 무아요, 대승의 종착은 무아요, 보살의 종국은 무아이다"(김용옥, 313). 무아를 기반으로 해서 이름이 가능해지는데 그렇다면 무아와 이름 지음의 관계를 통하여 돈의 본질을 설명할 수 있지 않을까 한다. 이 연구자는 돈과 재물을 아닐 비(非)와 시명(是名) 사이의 관계 속에서 그 본성을 규명할 수 있다고 본다.

위에서 금강경에 나오는 환유를 분석하였다. 다시 그 분석을 설명하면 다음과 같이 될 것이다. 보시 즉 돈을 가리키는 환유적인 언어는 법, 색, 상, 신상(身相), 이름 등이다. 이 중에서 이름이라는 언어가 법, 색, 상 등 일련의 환유적 언어의 의미(signification, sense, meaning)를 바꾸게 할 수 있는 가능성을 갖는다. 이 점에서 이름은 은유적 언어라고 할 수 있다. 이 점은 다음 절에서 규명되어질 것이다. 이름이라는 언어는 다른 환유적인 언어와 같은 계열에 속하지만, 다른 이질적인 것을 가리킬 수 있는 언어이다. 그 다른 것을 가리킴으로써 법, 색, 상, 신상 등의 환유적 언어도 지금까지와는 다른 의미를 갖게 된다.

V. 非, 是名(그것이 아니라, 그 이름이 그렇다)

비와 시명에 해당하는 어구들을 모아보자. 장엄불토자 즉비장엄 시명장엄. 불설비신 즉명대신(莊嚴佛土者 卽非莊嚴 是名莊嚴. 佛說非身 是名大身)(장엄정토분 제10). 즉비반야바라밀 시명반야바라밀(卽非般若波羅密 是名般若波羅密, 내가 말한 반야바라밀은 그것이 곧 반야바라밀이 아니라 그 이름이 반야바라밀이다)(여법수지분 제13), 여래설비미진 시명미진, 여래설세계, 비세계 시명세계, 여래설 삼십이상 즉시비상 즉명삼십이상(如來說非微塵 是名微塵, 如來說世界, 非世界 是名世界, 如來說 三十二相 卽是非相 是名三十二相, 여래께서 말씀하신 32상은, 그것이 곧 상이 아니고 그 이름을 32상이라 한다고 말씀하셨기 때문)(여법수지분 제13). 일부 학자들은 금강경은 원래 제13분의 앞부분에서 결론지어졌던 것이라고 말한다. 13장 이후의 텍스트는 그 이전의 것의 반복에 가깝다. 장엄, 반야바라밀, 세계, 삼십이상 등의 상호 연결될 수 있는 환유적 언어들은 "비, 시명"과 관련되어 있다. 그렇다면 이 환유들은 서로 연결되어 있지만, 아직 의미를 성립시키지는 못한 상태에 있다. "비, 시명"과 관계 맺어질 때 탁월한 의미가 출현한다.

여기에서 "이름 짓다, 이름 하다"라는 시명이 가리키는 의미는 실로 깊다고 하겠다. 이름은 없음을 말하는 것이 아니다. 현재 존재하고 있는 것을 있다고 말하는 것을 시명이라고 한다. 다만 그 있음이 영원한 있음 혹은 고정된 있음이 아니라는 점에서 아닐 비라는 전제가 필요한 것이다. 시명을 위해서는 먼저 존재의 자성에 대한 부정이 있어야 한다. 있기는 있는데 그것이 항상적인 것은 아니라는 것을 말해야 한다. 이것을 돈에 적용해 보자. 먼저 없다는 것, 무아라는 것은 자성이 없다는 것을 가리킨다고 한다면, 그것은 고정된 실체가 아니라는 것을 의미한다. 즉 나의 자아를 포함한 모든 것에 고정된 실체 즉 자성이 없다는 것을 말한다. 그러므로 위에서 법에 대한 분석에서도 보았듯이, 객관과 주관 세계 모두 자성이 없이 존재하는 것들이다. 그러한 존재들은 역동적인 관계 속에서 형성되어지는 존재이다. 이 논리를 돈에 적용해 보면 먼저 돈에 대한 우리 인간들의 주관에 대해서 검토해 보아야 할 것이다. 나아가서 돈 자체 즉 돈의 객관적 존재에 대해서 검토해 보아야 한다.

1. 돈에 대한 주관적 생각

돈은 상품을 살 수 있는 가치이며, 세상을 움직이는 권력이기도 하다. 즉 경제적인 힘이며, 정치적인 힘이고, 사회적인 힘이다. 그것은 단위로 표현되며, 주로 지폐로 혹은 동전으로 존재한다. 그러나 지폐와 동전이 돈의 전부가 아니다. 돈은 통장에 적혀있는 숫자로 표현되며, 그것은 숫자로 이동하여 내 손을 거치지 않은 채 필요에 따라서 이동한다. 그리고 돈이 돈을 벌게 되고, 돈 없이 빚이 늘게 되면 통장에 있는 돈의 숫자가 줄어든다. 이자로 빠져나가기 때문이다. 돈은 숫자요, 지폐요 수표로 나타난다. 그리고 돈이 없으면 가난한 것이고, 많으면(그게 얼마인지 확실치 않다. 20억, 50억 혹은 그 이상?) 부자가 된다. 위에서 이미 언급했지만, 모든 것이 돈의 단위로 그 가치가 매겨지기 때문에 돈이 모든 가치의 척도가 된다. 옛말에 인간이 가치의 척도라고 했는데, 인간이 아니라, 돈이 척도가 되어, 친구 10명이 필요한 것이 아니라, 돈 10억이 더 필요한 시대가 된 것이다. 돈 10억이 있으면 친구들 10명쯤은 절로 같이 온다. 돈이 지배하기 위해서는 모든 것이 돈으로 살 수 있도록 상품화되어야 한다. 인간도 상품화되어야 한다. 남자들은 힘, 노동력이 상품화되었고, 여성에 있어서는 출산능력, 미모, 성 등이 상품화 대열에 가세했다. 모든 것이 상품화되었으니 돈으로 환산할 수 있게 되었고, 돈은 욕망의 대상이 되었다. 돈이 신이 된 것이다. 이 돈은 신처럼 전능할 뿐 아니라, 진정한 신이 아니므로 모든 관계를 왜곡시켜 놓는다. 돈은 정치를 부패하게 만들고, 인간관계를 무너뜨린다. 돈이 많다고 해서 행복해지는 것도 아니고, 구원받는 것도 아니다.

공(空)사상, 비(非) 사상은 우리 인간들에게 돈에 대한 다른 태도를 가질 것을 요구한다. 즉 재물이나 돈에 대한 우리의 태도가 돈에 매여 있지 않는 것이어야 한다고 한다. 그러나 우리는 이것을 잊고, 즉 돈 자체가 변함없고 고정된 본성(실체)이나 자성이 없다는 것을 잊고, 우리 안에 주입된 욕망으로 이 욕망을 대상과 연결시키고 그 대상 즉 돈이나 재물이 이 욕망을 만족시킬 수 있는 힘이 있다고 그 힘을 부여한다. 돈은 욕망의 대상이지만, 우리의 필요와 만족을 채워주지 못한다. 여기에서 보면 인간의 돈에 대한 주관적인 고정화는 인간의 마음의 고정화를 가져온다. 인간의 마음의 고정화는 이미 사회적, 구조적인 소비자본주의의 상품화 시대 속에서 이루어졌다는 것을 생각할 때 인간의 주관과 사회구조의 객관 사이에는 깊은 연결점이 있음을 알게 된다. 결국 주관과 객관은 분리될 수 없다. 객관세계의 구조가 주관 세계 안에 내적-구조적으로 자리하고 있다. 즉 주상(住相), 주색(住色)이다. 그러나 우리는 인간의 주관세계, 즉 세계를 마음속에 받아들이는 주관세계인 유식계(唯識界)를 말해야 한다. 그래야 우리의 유식계가 얼마나 묶여 있고 고정화되었고 만악(萬惡)의 근원이 될 수 있는지, 그렇기 때문에 그것을 왜 해체해야 하는지 알 수 있기 때문이다.

금강경은 이러한 아집의 상태, 고정화된 자아(자성)의 해체를 요구한다. 그 자아는 연기의 법칙 속에서 형성된 허무한 것임을 가르쳐 준다. 그러나 자아의 해체가 전부가 아니다. 돈에 대한 유식적인 관념만이 문제가 아닌 것이다. 왜냐하면 돈은 엄연히 객관 세계에 존재하며, 막강한 힘을 발휘하여 뭇사람의 정신계를 집어 삼켜버리기 때문이다.

2. 돈에 대한 객관적인 현상에 대한 파악

제10분에 나오는 중요한 이야기를 반복한다.

"수보리야, 비유하여 말하자면 여기 어떤 사람이 있는데, 그 사람의 몸이 수미산왕 만하다고 한다면, 네 생각에 어떠하냐? 그 몸이 크다고 하겠느냐, 아니냐?"
수보리가 말하였다.
"매우 크옵니다, 세존이시여. 왜냐하면 부처님께서 몸 아닌 것을 말씀하시고 이것을 큰 몸이라 이름하셨기 때문이옵니다"(최대림, 71).

수미산왕은 고대 인도의 신화적인 큰 산을 가리키는데 해와 달이 이 산의 중턱에 걸쳐 있는 우주의 산을 가리킨다(최대림, 73).

돈은 그것이 적은 돈일 때는 문제가 되지 않는다. 그 돈은 필요한 돈이며, 인간이 필요한 것을 살 수 있는 매개체이며 삶을 보장하고 자존심을 살리는 것으로서 그 이상의 부정적인 의미를 갖지 않는다. 그러나 너무나 가난한 사람들에게는 적은 돈이라도 수미산왕 같은 큰돈이 된다. 그리고 거부들에게는 수백억 원도 적은 돈일 수 있다. 현실에서 그 돈이 비록 수미산왕 같이 크더라도 말이다. 금강경은 그것(대자본, 큰돈, 혹은 모든 돈)의 가치와 용도를 일단 부정한다. 그러고 나서 그것이 보여주고 있는 모습에 대해서 개념화하여 이름을 붙이는 것을 허용하며 그것을 보여준다. 수미산왕은 크다고 이름한다. 이러한 관점은 자본이 시장에서 그리고 현실에서 자본의 국내외적인 흐름과 운동을 보여주고, 특히 금융자본의 운동을 보여주고 있으면 그렇다고 하여야 한다. 이것이 이름을 붙이는 것이다. 그러나 금강경은 그 이름이 궁극적이고 고정된 것이 아님을 힘주어 말하고 있다.

금강경은 우리가 돈이 힘을 발휘하고 있는 현실을 들여다보는 것을 인정하며 독려한다. 그러나 아무 전제 없이 그냥 돈의 세계에 관심을 가지고 보라고 하지 않고, 일정한 해체의 관점을 견지하면서, 돈의 세계의 흐름과 그것이 인간 자아와 객관 세계에 미치는 영향을 투명하고 객관적으로 주시하도록 인도한다. 돈에 사로잡히지 않은 채 돈의 세계로부터 도피하지는 말라고 가르친다. 돈의 세계, 돈의 운동, 돈의 기능을 분명하게 드러내도록 명명(시명)하라고 가르친다.

VI. 나가는 말

몇 가지의 결론적인 언급을 하려고 한다. 1) 금강경에서는 큰 보시에 대해서 자주 언급한다. 보시는 재물과 돈을 가리킨다. 그리고 그러한 물보시(物布施)는 매우 가치 있는 것이고 복을 받는 것이라고 한다. 2) 그러나 금강경은 4구게 한 절이라도 설하는 것이 더 중요하고 가치 있는 것이라고 가르친다. 언 듯 보기에 금강경은 보시를 경시하고, 경전을 선포하고 설하는 것을 더 중요시하는 것처럼 보인다. 그리고 돈의 세계로부터 벗어나고 도피하여 피안의 세계에서 사는 것을 권장하는 것처럼 보인다. 3) 그러나 이 연구자는 시명이라는 개념을 가지고 금강경의 원래의 가르침은 현실 세계에의 참여와 관찰을 매우 적극적으로 옹호했고 허락했던 것이라고 분석하였다. 이 연구자는 금강경이 돈과 자본이 움직이는 역동성을 명명하여 그것의 성격을 분명하게 이해하는 길을 열어놓았다고 보았다. 이러한 주장이 다른 경전에서도 입증될 수 있는지를 확인하는 것이 다음의 과제라고 본다.

참고문헌

김용옥. 1999.『금강경 강해』. 서울: 통나무.

박영호. 2001.『다석사상으로 본 불교: 금강경』. 서울: 두레.

최대림. 1995.『금강경』. 서울: 홍신출판사.

Crigg, Russel. 2008. *Lacan, Language, and Philosophy*. Albany, N.Y.: SUNY Press.

Jakobson, Roman. 1987. *Language in Literature*. Cambridge, Mass: Harvard University Press.

Lacan, Jacques. 1978. *The Four Fundamental Concepts of Psychoanalysis*. Alan Sheridan, trans. N.Y.: W. W. Norton.

Loy, David R. 2008. *Money, Sex, War, Karma: Notes for A Buddhist Revolution*. Boston, MA: Wisdom Publications.

Shepherdson, Charles. 2008. *Lacan and the limits of language*. New York: Fordham University Press.

Zizek, Slavoj. 2008. *Ticklish Subject*. London, New York: Verso.

지구촌 맥락에서 한국불교 돈 담론의 지형도에 대한 시론적 고찰

류 제 동

성균관대학교

I. 들어가는 말: 돈 담론의 비교적 고찰의 중요성

최근 한국 사회는 빈익빈 부익부 현상이 가중되면서 돈을 둘러싼 사회적 갈등이 매우 심각해지고 있다. 이러한 갈등은 불교권도 예외가 아니다. 한국 불교에서 설법을 하는 스님들도 이러한 현실의 문제를 도외시한 설법만을 할 수는 없다. 청중들의 현실 문제를 설득력 있게 접근하는 스님들이 그 청중들에게 호소력 있는 스님이 되는 것은 너무나 당연한 것이다. 이러한 스님들의 돈 담론의 지형도를 구체적 맥락 안에 자리매김하며 그리기 위해서는 오늘날 국제화를 넘어서 지구촌화하는 맥락 안에 그 위치를 설정해볼 필요가 있다. 특히 한국은 선진 서구 국가들과 타 불교권의 여러 나라 사이에 중간적 위치에 있다는 점에서, 지구촌적 맥락에서의 비교에서 한국불교의 돈 담론이 처한 문제점과 나아갈 방향성을 시사 받을 수 있을 것이다.

II. 초기 불교에서 돈에 대한 가르침

초기 불교에서 돈에 대한 가르침은 크게 재가자와 출가자를 구분하여 상이하게 이루어진다. 출가자에게는 최대한 무소유의 원칙에 따라서 돈을 지니지 말 것을 가르치는 반면, 재가자에게는 일정한 원칙에 따라서 돈을 버는 법과 쓰는 법을 가르친다(박경준 2009, 8-9).

출가자가 돈을 지니지 않아야 한다는 것은 초기 불교에서 교단 분열의 원인으로도 작용하였다. 『유마경』의 배경 지역으로도 알려지고 있는 베살리 지역의 비구들이 돈을 시주로 받는다는 사실이 논란되면서 불교는 교단의 분열이 발생한다. 오늘날에도 남방 불교와 북방 불교의 차이로 거론되는 것 가운데 하나가 돈에 대한 태도이다. 원론적으로 출가자는 돈을 시주로 받거나 소유하면 안 되지만, 남방 불교는 비교적 형식적으로라도 원론에 충실하려는 노력을 유지해온 반면, 북방 불교는 무소유를 정신적으로 지키는 차원에서는 여전히 강조하면서도 현실의 구체적 차원에서는 형식적 엄격성을 초월하는 면모를 보인다.

다만 남방 불교에서의 노력도 그저 형식적 노력에 그치는 것이 아닌가 하는 비판이 있을 수 있다. 자본주의 사회에서 교통 통신 수단의 이용을 비롯한 의식주의 모든 면이 돈을 통하지 않고서는 해결이 불가능하다는 맥락에서 돈을 사용하는 것 자체를 금지하는 것이 어느 정도의 의미가 있는가에 대해서는 회의적 태도를 보일 수밖에 없을 것이다. 그렇다고 하더라도 형식적 노력이 보여주는 상징적 가치는 간과하면 안 될 것이다. 그리고 돈을 재가자가 관리하면서 출가자의 돈에 대한 관심을 차단한다는 것은 여전히 중요한 의미가 있다고 할 수도 있다.

그리고 시주를 받을 때 음식과 의복 등 현물은 받되 돈은 받지 않는다는 것이 어떠한 의미를 지니는가에 대하여서도 생각해볼 필요가 있다. 돈이 현물과 다른 것에 대한 인식의 철저함이 어떠한 의미를 지니는가를 생각해볼 수 있기 때문이다.

무소유를 극단적으로 주장하려면 음식이나 의복도 포기하고 굶어 죽어서 몸마저도 버리는 것이 바람직하다고 이야기할 수 있고, 인도의 자이나교는 이러한 차원에서 굶어 죽는 것을 이상으로 간주하기도 한다. 그러나 불교는 그런 극단적인 선택을 하지 않았다. 시주를 받음에 있어서 돈과 현물을 구분하였고, 일반 재가자들에게는 오히려 적절한 원칙만 지키면 세속적인 활동을 적극적으로 할 필요가 있다고 가르쳤다. 이러한 맥락에서 재가자와 출가자가 불교 교단을 함께 구성한다는 점에서 불교는 세상을 적극적으로 살아가는 것을 가르치는 종교라고 할 수 있다.

재가자에게는 재산의 획득과 증식에 관심을 가져야 한다고 이야기한다(박경준 2009, 13). 단순히 획득만이 아니라 증식에까지 관심을 가져야 한다는 면에서 불교는 상당히 자본주의 친화적인 종교라고까지 이야기할 수도 있을 것이다.

출가자가 재가자 없이는 존재할 수 없다는 점에서 불교 공동체는 전반적으로 돈에 대해서 긍정적 관점을 가지고 있다고 할 수 있을 것이다. 그러나 불교 공동체의 엘리트 리더로서 출가자의 돈에 대한 금기는 유의해야 한다. 이는 불교만이 아니라 일반 사회에서 공동체 전체의 리더가 돈에 대하여 어떠한 태도를 지녀야 하는지에 대하여 하나의 시사점을 줄 수도 있을 것이다.

돈이 다른 현물과 구분되는 특징은 무엇인가? 어떤 독특성이 있기에 초기 불교는 돈에 대하여 다른 현물과 상이한 가르침으로 구분하는 태도를 제시하였는가? 일반 재가자에게는 이자를 받으라고까지 이야기하였다는 점에서 하나의 공동체 내에서 출가자와 재가자의 두 부류에 대하여 상이한 차원을 넘어서 상반되는 관점을 제시하고 있다고까지 이야기할 수도 있다.

초기 불교는 전체 공동체의 생활 향상에 관심이 있었다. 그렇다면 불교가 부의 증식 자체를 거부하는 것은 아니다. 그럼에도 불구하고 출가자에게 돈의 소지를 금지하였다는 것은 돈에 상당히 경계해야 할 특성이 있음을 초기 불교에서 주목하고 있었음을 볼 수 있다. 오늘날 자본주의 사회에서 사는 우리나라 사람들도 지속적인 경제 발전을 원하며, 1년에 2%대라도 여전히 성장하고 있는 경제에 대하여 충분히 성장하고 있지 못하다고 안달하고 있다. 그러한 가운데 빈익빈 부익부의 양극화 현상이 사회적 문제가 되고 있다.

이러한 문제에 대하여 불교는 현재 어떠한 해법을 제시하고 있는가? 그 해법은 다른 나라의 불교에서 제시하는 해법과 얼마나 다른가?

위의 맥락에서 불교적 해법은 어떠한 의미를 지니는가? 지속 가능한 성장이라는 말이 형용 모순인가? 파이가 더욱 커지는 성장이 지속 가능성을 차단한다면 현재의 파이를 키울 생각은 포기하고 성장이 아닌 분배에 초점을 두어야 한다.

불교가 오늘날의 자본주의적 성장에 대하여 의식했을 수는 없겠지만, 불교적 관점을 적용해서 지속 가능한 성장에 대하여 이야기할 수는 있을 것이다. 그러나 성장 여부와 관계없이 분배에 대하여 이야기해볼 수는 있다. 분배의 획일적 평등성을 가르치는 것은 불교가 아니다. 불교에서는 다만 분배가 전체 공동체의 유지와 발전에 기여해야 하고, 모두가 합의하고 인정할 수 있는 공정성의 토대 위에서 이루어져야 한다고 한다(박경준 2009, 15).

또한 돈의 속성에 대하여 자칫 빠지기 쉬운 함정을 경계해야 한다는 것이 불교가 가르치는 중요한 점이다.

III. 한국 불교 스님들의 돈 담론

강남에 능인선원이라는 대형사찰의 성공으로 주목받고 있는 지광 스님은 인생의 목표가 돈벌이 그 자체가 될 수는 없다고 하면서도 돈의 중요성을 강조하면서 다음과 같이 이야기한다.

현대는 인간의 능력이 자본으로 환산되는 자본주의 사회인 이상 백안시하는 것도 그리 현명한 태도는 아닌 듯싶다. 그런데 불자들 가운데 불교는 현실을 무상한 것으로 여겨 재물을 멀리하는 것이 교리에 맞는다면서 '돈'이나 '부자'라는 말만 나오면 고개를 휘휘 저으며 거부반응을 보이는 이들이 더러 있는 것 같다. 그러나 실로 이것은 부처님의 가르침을 오해한 데서 비롯된 처사가 아닐 수 없다(지광 2007, 99).

'부자'에 대한 이러한 태도는 반대로 『금색왕경』을 인용하여 가난에 대하여 다음과 같이 언급하는 데에서도 드러난다.

"빈궁고(貧窮苦)야 말로 어느 고통보다 무거운 고통으로, 죽음의 고통과 다를 바 없다. 차라리 죽음의 고통을 당할지언정 빈궁한 채 살아가기는 몹시 어려운 일이다."

이처럼 부처님은 가난을 미덕이라 말씀하신 적이 결코 없다. 도리어 모든 중생들로 하여금 "번영하라. 번창하라. 나의 문중에 들어오는 모든 이들이여! 그대들은 영원한 즐거움(涅槃樂)을 누리리라"라고 하셨다. 불교의 기본 입장은 '번영과 발전'이다. 그것은 〈법화경〉에 나오는 '궁자(窮子)의 비유'라든가 '무가(無價)의 보주(寶珠)의 비유'를 보면 쉽게 알 수 있다. 부처님은 그러한 비유를 통해 모든 사람이 다 무한한 보배를 지니고 있음에도 불구하고 그것을 모른다는 점을 지적하고 계신다(지광 2007, 100).

곧, 지광 스님은 "가난을 미덕이라 말씀하신 적이 결코 없다"고 단언하면서 불교의 기본 입장이 '번영과 발전'이라고 적극적으로 이야기하고 있다.

가난 속에 미덕이 있는 것은 절대로 아니다. 당신은 허술한 집에 살고, 누더기를 걸친 채 굶주린 배를 쓸어안고 이곳저곳을 방황하기 위해 이 세상에 태어난 것이 아니다. 우리는 부처님의 가르침 아래 더욱 풍요롭고 영적으로 진화된 생활을 위해 이 세상에 태어났다(지광 2007, 100).

지광 스님의 이 표현을 반대로 표현한다면 의식주의 궁핍은 떨쳐야 하는 것이 마땅하다.

"재물을 가까이하지 마라"라는 소승적 가르침은 재물을 오용하거나 악용하거나 부정한 방법으로 긁어모으는 것을 경계한 말이지 재물 자체를 부정한 말이 아니다. 인간의 몸에 혈액이 절체절명의 중요성을 지니고 있듯, 돈도 사회의 유지와 발전을 위해서 없어서는 안 된다(지광 2007, 100).

지광 스님의 돈에 대한 태도가 선명하게 드러난다. 재물 자체의 축적은 잘못된 방법이 아니라면 정당화되어야 한다.

돈이란 더러운 것도 깨끗한 것도 아니다. 다만 몸속의 혈액처럼 돌고 돌며 사회를 움직여 나가는 것일 따름이다. 부처님의 가르침을 따르는 슬기로운 이라면 열심히 일해서 돈을 벌고, 멋들어지게 보시해서 모두가 그 순환의 혜택을 입게 해야 한다. 부처님에게 기원정사(祇園精舍)를 헌납했던 거부인 수달다 장자가 외롭고 곤란한 이들을 돕는 일에 아낌없이 재물을 베풀었듯이 말이다. 따라서 혹 가난을 미덕으로 여기는 불자가 있다면 그는 부처님의 가르침을 잘못 이해한 것이다. 무엇인가 있어야 베풀지 않겠는가? 우리는 모두 부자가 될 가능성을 지니고 있다. 그런데 만일 그 사실을 알고 있음에도 불구하고 노력해서 실현하지 않는다면, 삶의 의욕을 상실했다고 볼 수밖에 없다(지광 2007, 100-101).

지광 스님은 돈 그 자체는 더러운 것도 깨끗한 것도 아니라고 하면서도 혈액처럼 사회를 움직이는 데 긴요한 것임을 강조한다. 돈을 벌어야 하고 부자가 되어야 하는 것은 마땅히 추구해야 하는 것이다. 삶의 의욕을 강조하는 이러한 지광 스님의 태도는 니체가 『차라투스트라는 이렇게 말했다』에서 삶의 의욕을 꺾는 종교로 불교를 비판하는 것과 극명하게 대조된다.

지광 스님은 부자에 대한 부정적 시각이 균형 잡힌 시각이 아님을 다음과 같이 이야기한다.

> 한편으로 '부자'에 대해서 곱지 않은 시각이 여전히 존재하는 것은 우리 사회에 부정적으로 탐욕스럽게 재물을 긁어모으는 사람이 있기 때문일 것이다. 그러나 대부분의 사람들은 근면하고 성실한 가운데 부를 쌓아간다. 따라서 침소봉대하여 부정적인 시각을 견지하는 것은 곤란하다. 왜냐하면 사회 제반 양상에 대해 부정적인 시각을 지닌 사람은 원만한 사회생활을 이끌어 나가기 어렵고, 그러는 한 재물은 결코 그에게 손을 내밀지 않기 때문이다. 모든 일을 부정적으로 바라보고 불평불만을 일삼는 자는 스스로를 더 큰 파멸의 수렁으로 몰아붙이는 일 외에 아무것도 할 수 없다. 강철왕 카네기는 이렇게 말했다. "마음이 맑고 명랑하고 부유한 자는 더욱더 커다란 부가 더해지고, 불평불만과 결핍감 속에서 사는 자는 더욱더 커다란 결핍이 더해진다"(지광 2007, 101).

지광 스님이 미국 자본가의 대명사라고 할 수도 있는 카네기를 언급하는 데에서 그가 진정으로 자본주의 친화적이라는 것이 선명하게 드러난다고 하겠다. 다만 인정해야 할 것은, 프레임의 덫에 걸리면 삐딱한 시선으로 사태를 프레임에 넣어서 보고, 그 프레임 밖의 전후 맥락을 보지 못하게 된다는 점이다. 남의 말을 거두절미하고 들을 때나 전할 때 왜곡이 일어나는 것과 같다고 하겠다. 불교는 그런 프레임의 덫에서 벗어나서 포괄적 시야에서 사태를 볼 것을 주문하는 종교이다. 여기에서 습관적으로 현실에 대한 파악 없이 부정적 시각을 지니는 것은 문제라고 할 수도 있으나, 비판적 시각이 사태를 냉정하게 파악하게 한다는 것을 감안하면 부정적 시각에 대해서도 일방적으로 부정적으로 볼 문제가 아닐 수는 있겠다.

> 부의 원천은 부유한 마음에 있다. 모든 인간은 풍요와 행복을 누리며 열반의 즐거움을 얻을 권리가 있다. 만약 이 세상의 참된 실상을 아는 사람이 있다면 그는 무한한 보고의 문을 열 수 있으리라. 부를 결코 증오하지 마라. 부조차 자연스러운 것이요, 남과 내가 한 몸임을 잊어버린 자, 헐뜯고 비난하는 자에게 부는 깃들지 않는다. 몸이 병들면 신체 기관 가운데 어딘가 나쁜 곳이 있듯이 생활 속에 부가 충분히 순환하지 않는다면 그것은 전적으로 스스로에게 잘못이 있다(지광 2007, 102).

지광 스님의 이러한 설법은 개인의 문제로 부의 문제를 환원하고 있다고 할 수 있겠다. 사회의 구조적 문제에 대한 주목이 보이지 않는다고 할 수 있다.

우리 불자들은 이 같은 가르침을 늘 염두에 두고 남을 시기하거나 질투하는 마음을 모조리 털어 내고, 건전하게 부를 쌓아 그것을 이 세상에 기꺼이 베풀 줄 알아야 한다. 부란 증오의 대상이 아니요, 이 사바세계는 약육강식의 세계가 아니다. 서로 살리고 번영의 길로 이끌어가는 화합의 세계요, 불이(不二)의 세계임을 믿어 의심치 말아야 한다. 이와 같이 믿고 실천하는 자는 진정 머지않은 미래에 저 수달다 장자 부럽지 않은 부를 누리게 될 것이다(지광 2007, 102).

"건전하게"라는 말로 "부를 쌓아"를 한정하고 있기는 하지만, 전자보다는 후자에 강조점이 있다고 할 수 있다. 이러한 맥락에서 지광 스님은「법(法)답게 돈을 벌어라」라는 글에서 서두에 다음과 같은 질문을 제시한다.

··· 재물을 부정한 것으로만 강조하고 멀리한다면 가난해질 도리밖에 없는데 모두가 가난하면 가정을 유지하는 일이 지극히 어려워질 것이고 또 스님들은 누가 공양할 수 있겠습니까?(지광 2007, 103).

사실 출가 수도자의 존재가 부의 잉여가 축적되지 않은 사회에서는 불가능하다고 할 것이다. 각자가 자기에게 소용되는 정도로만 돈을 벌면 재가자에게 의식주를 의존하여 살아가는 출가 수도자는 존재할 수 없다. 현실적으로 출가 수도자는 재가자에게 남에게 베풀 수 있을 정도의 부를 축적할 것을 강조하는 것이 당연하다고 하겠다. 이 질문에 대한 지광 스님의 답변은 다음과 같다.

결론부터 말하자면 불교는 결코 가난을 미덕으로 여기는 종교도 아니고 가난을 표방하는 종교도 아니다. 부처님은 〈아함경〉에서 이렇게 말씀하셨다.
"마땅히 일을 하고 인내심으로 노력하는 자, 재물을 얻으리. 정직으로써 명성을 얻고 보시함으로써 공덕을 쌓는다."
부처님은 근면성실하게 끊임없이 부를 축적해서 올바르게 활용하라고 가르치신다. 그것이 바로 보시행의 바라밀이다. 큰스님들의 말씀도 재물이 가져다주는 마음의 타락상을 강조하다 보니 그렇게 된 것뿐이지 결코 재물을 금기시하고 일방적으로 부정하는 내용은 아닐 것이다(지광 2007, 104).

지광 스님은 법답게 돈을 버는 것을 이야기하면서 돈의 성격을 구체적으로 다음과 같이 이야기한다.

돈의 성격은 무엇보다 사람의 성격과 많이 닮았다. 돈은 사람과 마찬가지로 외로움을 잘 타고, 무리가 많은 곳에 모이려고 하며, 자신을 중요하게 대해 주는 사람 곁에 있고 싶어 한다. 그리고 도리를 중시하는 사람을 좋아한다. 이렇게 본다면 마음을 크게 가지고 베푸는 마음을 쌓아 가는 것이 참으로 중요하다고 하리라. 적은 돈이라고 허술히 대할 것이 아니라 뭉쳐지도록 애써야 한다. 그러자면 늘 한 푼이라도 귀중히 여기고 소중히 아끼는 마음을 가져야 할 것이다(지광 2007, 105).

최근 불교계 베스트셀러 저자로도 명성이 높은 법륜 스님도 돈에 대하여 일반인의 상식 수준을 무시하지 않는 가르침을 편다. 법륜 스님은 『인간 붓다 그 위대한 삶과 사상』에서 「함께 행복할 수는 없는가」라는 제목 아래 다음과 같이 돈에 관련된 서술을 한다.

우리의 현실을 생각해 보아도 그렇습니다. 학교 교육은 경쟁 속에서 어떻게 출세할 것인가를 가르치지만 함께 행복할 수 있는 길에 대해서는 가르치지 않습니다. 어떻게 하면 다른 사람을 제치고 대학에 합격할 수 있는가를 가르치고, 어떻게 하면 남보다 적게 일하고 많은 돈을 벌 수 있는가를 가르칩니다. 다 함께 노력해서 같이 행복해지는 길은 가르치지 않습니다(법륜 2013c, 120/523).

돈을 버는 것이 함께 행복해지는 길이라기보다는 타인과의 비교 우위를 점하는 길로 교육되고 있는 세태에 대한 비판이 깃들어 있다고 하겠다. 붓다 당시의 노예제도에 대한 다음과 같은 서술은 각종 산업재해에 노출되어 있는 오늘날의 노동자의 현실을 연상시키기도 한다.

당시의 인도에서는 실제로 길이나 숲에서 늙고 병들고 죽은 사람을 흔히 볼 수 있었습니다. 노예제 사회에서는 노예는 한갓 두 발로 걷는 동물이나 말하는 도구에 불과했으므로 젊을 때는 노예로서 가치가 있지만 늙어 노동을 할 수 없게 되면 아무 쓸모가 없으므로 길에 내다 버렸습니다. 병이 든 노예도 마찬가지입니다. 노예가 병에 걸려 일할 수 없게 되면 병을 고쳐주느니 그 돈으로 새 노예를 사는 게 훨씬 이익이었습니다(법륜 2013c, 148/523).

병에 걸려서 고통받는 문제도 법륜 스님에게는 돈에 연결된 문제로 주목된다.

사람이 병들었다고 무조건 고통스럽기만 한 것은 아닙니다. 병에 걸려서 누워 있는 것 자체를 고통이라고 하지는 않습니다. 그런데 같은 병에 걸렸어도 치료비가 없어 치료받지 못하고 죽어가는 경우라면 다릅니다. 의술이 발달하지 못해서 못 고치는 것이 아니라 돈 때문에 병을 치료받지 못하는 것이 고통스러운 것입니다(법륜 2013c, 151/523).

붓다 당시의 왕권에 대해서도 돈과 관련하여 다음과 같이 이야기
한다.

당시 왕들은 영토를 확장하고 재물과 노예를 늘리려고 전쟁을 일삼았
으며, 돈이 많은 이는 왕에게 뇌물을 주고 여러 가지 이권을 차지했습
니다. 그 결과 빈부의 차이는 극심해져 상층민의 사치와 향락은 극도의
쾌락주의와 물질 만능주의를 낳았고, 하층민은 전쟁터에 끌려가거나
재산을 모두 빼앗겨 빈곤과 병고에 시달렸습니다. 그야말로 사는 것 자
체가 고통이었습니다(법륜 2013c, 152-153/523).

이러한 법륜 스님의 서술에서도 "사는 것 자체가 고통"이라는 표현
이 있지만, 그 표현의 원인이 되는 것은 사는 것 자체를 고통으로 만드
는 빈부의 차이다.

돈을 버는 것의 상대성에 대한 법륜 스님의 인식은 다음과 같은 글
에서 잘 나타난다.

그럼 무엇을 성공이라고 할까요. 먼저 자신이 원하는 것을 이루면 성공
이라고 할 수 있는데, 대부분의 사람은 돈을 많이 벌면 성공이라고 생
각합니다. 그리고 지위, 권력, 인기를 얻으면 성공이라고 생각해요. 그
런데 이와 같은 성공은 상대적인 가치입니다. 부자도 상대적이어서 재
산이 천만 원밖에 없는 사람들 속에서 재산이 1억 원인 사람은 부자
소리를 듣습니다. 그런데 재산이 10억 원인 사람들 속에서 1억 원이
있는 사람은 가난뱅이 소리를 들어요. 어떤 사람과 비교하느냐에 따라
서 상대적으로 부자다, 가난하다가 결정되는 겁니다(법륜 2013b, 19).

돈을 기준으로 하는 성공은 진정한 성공이라고 할 수 없다고 하면서 법륜 스님은 다음과 같이 이야기한다.

돈의 경우도 그렇습니다. 목표했던 돈을 다 모으면 소원이 없을 거라고 생각합니다. 그래서 돈이 없는 사람은 돈이 있는 사람들을 보면, '무슨 걱정이 있겠느냐'고 생각합니다. 그럼 돈 있는 사람들은 근심 걱정이 없을까요. 어쩌면 돈이 있는 사람들이 더 근심 걱정이 많을 수도 있습니다. 자기 돈을 지키느라 걱정하고 또 자기보다 더 많이 가진 사람과 비교해서 부족함을 느끼기 때문입니다(법륜 2013b, 19-20).

이러한 태도에서 법륜 스님은 "세상에서 추구하는 성공과 상관없이 자기가 만족하면 좋은 인생입니다"라는 주관적인 행복 기준을 제시한다. 법륜 스님은 돈을 벌지 않고 하는 일하는 것의 가치에도 주목한다.

자원봉사 같은 활동을 하면 우울하고 허전한 마음을 치유하는 데 큰 도움이 됩니다. 돈을 안 벌 뿐이지 자기 일이 있고, 자신의 봉사가 다른 사람에게 참 귀중하게 쓰이는 경험을 하면 우울증에 빠지지 않고 생기를 얻기 때문이에요. 그리고 시간과 열정을 세상을 위해서 아주 의미 있게 쓰다 보면 보람 있게 자기실현을 할 수도 있습니다.
한 주부는 아이가 초등학교에 들어가자 봉사활동을 하면서 생기를 찾았습니다. 직장보다 더한 열정을 갖고 일하니까 갱년기 장애나 우울증을 모르고 지냅니다. 남편들은 '돈도 안 되는 일을 왜 하느냐'고 생각할지 모르지만, 부인이 그런 활동을 하면 정신적으로 굉장히 건강하고, 자식에게도 덜 집착하게 됩니다. 그리고 남편에게도 좀 더 너그러워집니다(법륜 2013b, 37).

이처럼 돈을 벌지 않고 자원봉사활동을 하는 것의 가치에 주목하면서 남자보다 여자가 더 바람직한 삶을 사는 것으로 언급되기도 한다.

가정주부들은 돈을 벌지 않고 살아서 돈을 받지 않는 데 익숙합니다. 그러나 남자들은 늘 돈을 벌고 살았기 때문에 돈 버는 것에 관심이 많고 나이가 일흔이어도 '어디 돈 벌 데 없나' 하는 생각을 많이 합니다(법륜 2013b, 37).

돈에 대한 상대적 관점이 행복에 중요하다는 것이 가정주부의 역할에서 두드러지는 것이다.
그러나 돈이 상대적 가치를 지닌다는 것이 온전히 개인의 주관에만 달려 있다는 것은 아니다. 대인관계에서 타인의 견해도 무시할 수 없다.

자기 멋대로 결혼하면서 부모한테 승낙도 하고 돈도 내놔라 하는 건 잘못된 것입니다. 돈을 준 사람은 돈 준 대가로 권리를 가지려고 합니다. 돈을 준다고 해서 뭐든지 자기 마음대로 하는 것도 문제지만 돈 받는 사람도 돈 주는 사람에게 권리가 좀 있다는 걸 인정해야 해요. 근데 선택은 자기 마음대로 하고 부모한테 돈도 내놔라, 결혼식도 올려 달라, 승낙도 해라 하는 것은 옳지 않습니다. 내가 내 돈 내서 결혼식 치르고 내가 다 책임지고 해도, 부모 뜻을 존중해야 해요. 그런데 부모한테 다 얻어서 하려 하면서 부모의 뜻을 받아들이지 않는 것은 부모 자식을 떠나서 인간으로서 도리가 아니라고 저는 생각합니다(법륜 2013a, 45).

불교의 초점은 서로 의지하고 서로 도움을 주는 상의상자(相依相資) 관계를 강조하는 데 있다는 것이 이 법문에서도 잘 드러난다. 대인관계에서 일방적으로 자기 마음대로 취할 것만 취하려는 태도에 대하여 법륜 스님은 경계한다.

법륜 스님은 아도 화상에 대한 이야기를 다음과 같이 전한다.

신라에 불교를 처음 전한 아도 화상은 신라에서 불교를 금했기 때문에 불교를 공개적으로 전할 수가 없어서 변복을 하고 신라 땅 국경 변 선산 지역에 와서 머리를 기르고 종의 신분으로 촌장 집에서 머슴으로 살았어요. 그 집에서 양 떼를 키우면서 10년간 종노릇을 했어요. 그래서 그 집 재산을 열 배로 불려 줬어요. 그러니 주인이 얼마나 고맙겠어요? 그 당시에는 종을 돈 주고 사야 했는데 어디서 종이 하나 그냥 굴러 들어오더니 자기보다도 더 정성을 기울여서 재산을 불린 거니까요. 그렇게 10년이 지난 뒤에 아도 화상이 자기 신분을 밝혔어요. "나는 사실은 인도에서 온 승려다. 나라에서 국법으로 금지하고 있는 불교의 승려다." 그 주인이 종으로 부려먹기는 했어도 그 사람이 너무나 진실해서 마음속으로는 존경이 갔는데 사실은 스님이라니까 어떻게 했겠어요? 관가에 고발할 수가 없지요. 오히려 더 잘 받들었어요(법륜 2013a, 45).

법륜 스님은 남의 재산을 불려주는 노력을 10년간이나 아무런 불평 없이 오히려 더 정성을 기울여서 실행한 아도 화상의 이야기를 통해서 감동을 통한 교화를 이야기한다. 아도 화상의 사례가 일반적으로 적용되기는 쉽지 않을 것이다. 나의 노력과 무관하게 상대방은 행동할 수 있다. 세상이 아도 화상의 이야기에서처럼 전개되기만 한다면, 가령 햇

별정책은 동화책 속의 이야기에 불과하다는 비아냥거림이 우리 사회에 발붙이지 못했을 것이다.

내가 발전하고자 하면 상대방을 먼저 발전시킨다는 공자의 말씀도 아도 화상의 이야기와 일맥상통하는 이야기이다. 『부자들의 돈 버는 습관』이라는 책에는 다음과 같은 내용도 있다.

서울 강남에 있는 큰 절에도 이 같은 방식을 적용했다. 어느 날 그 스님이 설법 후에 단돈 1천 원을 놓고 가는 95%의 불자들이 많기 때문에 5%의 큰 불자가 와서 절이 운영된다는 생각을 했다는 것이다(김명규 2003, 166).

이러한 내용은 다음과 같은 일반적 생각의 사례로 제시된 것이다.

그는 평소 사회를 이끄는 것은 5%의 사람들이고 95%는 뒤따라가는 사람들이라고 믿고 있었다. 이런 신념을 가진 그는 장사를 해도 고객 95%는 큰 수입을 올리는 데는 직접적으로 별 도움이 안 되지만, 95%의 고객이 오면 5%의 큰 고객이 따라와 큰돈을 놓고 간다고 생각했다. 때문에 그는 마케팅 전략을 별로 돈이 안 되는 95%의 고객 유치에 집중하며 그들에게 최대한의 서비스를 제공하기 시작했다(김명규 2003, 166).

이러한 생각은 우리나라 사회에서 널리 회자되는 80대 20의 법칙에 따라 20%의 이른바 큰손 고객들을 위한 서비스에 집중하면서 나머지 80%의 고객은 오히려 홀대하는 은행 등 서비스업종의 일부 현실과 대조를 이룬다. 어느 쪽이 더 현실적인 태도인가에 대하여는 각자 입장과 견해가 다를 것이다. 지옥과 천국에 물리적으로는 다 똑같은 아주 긴 수저가 있는데, 천국에 있는 사람들은 그 수저를 이용해서 서로를 먹여주어 모두가 잘 먹고 잘사는데, 지옥에 있는 사람들은 그 수저로 자기 입에만 넣으려는 욕심이 있어서 모두가 굶고 있다는 이야기도 있다.

이런 것은 이야기만이 아니라, 경제학에서 죄수의 딜레마(prisoner's dilemma)라는 유명한 실험을 통해서도 연구되고 있다. 현실에서는 도덕 교과서와 달리 기대대로 행동하지 않는 사람이 있기 마련이고, 그러한 반칙이 일어나는 현실에서 각자는 언제나 선택의 고민에 빠지게 된다. 남들이 다 반칙을 일삼고 있는데 혼자서 이타적 행동을 지속한다는 것은 쉽지 않은 일일 것이다. 개인 간의 갈등만이 아니라 국가 간의 갈등 상황도 마찬가지일 것이다.

IV. 미국과 태국에서의 돈 담론

우리나라 스님들의 돈 담론에 비해서 서구와 타 불교권 국가 스님들의 돈 담론은 돈의 문제를 개인의 문제보다는 사회구조적 문제에서 바라보는 시각이 강화되고 있다는 특징이 있다. 우리나라는 사회구조적 문제를 해결해야 한다는 의식이 자리 잡지 못하고 있다고 할 수 있겠다.

에선 니히턴(Ethan Nichtern)은 로이터 인터뷰에서 우선 돈의 긍정적 함의에 대하여 다음과 같이 말한다.

우리는 우리가 소비하고 생산하고 나누는 방식을 점검하기 위한 모종의 시스템을 가질 필요가 있다. 언제든 복합적인 사회라면 어떤 사회에나 돈이 존재할 것이다. 집세를 낼 필요가 있는 사람은 돈을 계획적으로 다룰 줄 알아야 한다. 돈은 단순히 필요악이 아니다. 돈은 우리가 참여하고자 하는 활동이 무엇이든지 그 활동에 적극적으로 힘을 부여할 수 있다는 점에서 영적 내지 신적인 것이 될 수도 있다(Ethan Nichtern 2015).

니히턴은 돈의 추상성에 관하여 우선 긍정적으로 이야기한다.

최초의 돈은 금화였다. 그 다음은 종이였다. 그리고 어느 시점에서 돈은 단순히 컴퓨터 파일이 되었다. 돈은 점점 더 추상화되어 왔다. 우리는 기본적으로 이러한 사태를 그냥 있는 그대로 받아들이고 있다. 추상화된다고 해서 돈의 힘이 줄어들지 않는다. 돈이 추상적이라고 하더라도, 우리는 우리의 정체성의 일부로서 돈에 집착한다(Ethan Nichtern 2015).

니히턴은 은퇴 자금 마련의 불안이라는 구체적 불안에 대해서 다음과 같은 해법을 제시한다.

불교는 원인과 결과를 가르친다. 그러므로 온갖 노력을 해서 은퇴자금을 준비하라. 이러한 준비는 전혀 잘못이 아니다. 다만 다른 방향에서 볼 때, 마음이 불안하다면 아무리 돈이 많아도 안정감을 느낄 수 없다. 가령 5,000만 달러를 저축하고 있다고 하더라도, 암에 걸린다든가 자동차 사고를 당할 것을 염려할 수 있다. 다만 지구상의 다른 모든 사람들도 유사한 불안을 갖고 있다는 것을 기억할 필요가 있다. 그러면 우리는 그렇게 혼자라는 느낌을 갖지 않게 될 것이다. 다시 말해서, 계획을 잘 짜고, 그다음은 마음의 평안을 찾아라(Ethan Nichtern 2015).

니히턴은 돈을 하나의 긍정적 도구로 사용하는 법에 대하여 다음과 같이 이야기한다.

우리는 우리를 고립시키는 방식으로 돈을 사용하도록 교육받고 있다. 그러나 돈은 교류이다. 이 세상에 단 한 사람만 있다면, 그 사람은 억만장자일 수도 있다. 그러나 그 모든 돈은 가치가 없을 것이기에 전혀 의미가 없다. 돈이 우리를 다른 사람과 어떻게 연결시켜주는지에 대해서 생각해보라. 불교적 입장에서 볼 때, 그 돈을 사용해서 다른 사람들을 힘차게 할 수 있는 방법에 대해서 생각하는 것이 중요하다(Ethan Nichtern 2015).

곧, 니히턴은 우리가 스스로를 고립시키는 방식으로 돈을 사용하도록 교육받고 있는 것의 문제점을 지적하면서, 돈의 교류적 차원이 강조되어야 한다고 역설한다. 이 세상에 한 사람만 있다면 그 사람은 억만장자일 수도 있겠지만 그 돈은 쓸모가 없다는 것이다. 이러한 맥락에서 그는 돈이 우리를 다른 사람과 어떻게 연관시키는가에 대해서 숙고하고 그 관계를 바람직한 방향으로 이끌어가기 위해서는 돈을 어떻게 사용해야 할까를 고려해야 한다는 입장을 제시한다.

니히턴은 돈의 사용이 함의하는 영적 중요성을 다음과 같이 강조한다.

누구든 깨달은 사람이라고 하더라도 생계를 꾸려나가야 한다. 돈이 더럽다고 하는 사람들은 그냥 영적 수행이나 가치를 전혀 모르는 사람들에게 돈을 다 맡겨 버리는 것이다. 그것은 우리의 책임을 방기하는 것이다. 자비심이 있는 사람들은 실질적으로 이 문제를 보다 깊이 살펴볼 필요가 있다. 우리는 돈으로 이 세상에서 매우 의미 있는 일들에 힘을 부여할 수 있다(Ethan Nichtern 2015).

이 말은 우리가 정치에 무관심할 때 우리보다 어리석은 자의 지배를 받게 된다는 플라톤의 말을 떠올리게 한다. 문제가 있을 때 문제를 도외시하고 싶은 생각이 있더라도 달려들어 해결해야 하는 것이다.

태국의 타비밧 푼타릭비밧(Tavivat Puntarigvivat)은 우선 불교의 창시자 붓다가 살았던 시대적 상황이 유대교, 그리스도교, 그리고 이슬람과 달랐다는 점을 인정한다.

인도에서 붓다의 시대에 종교 지도자나 철학자들의 주된 관심은 사회적 조건으로부터 정치적으로 해방되는 것이 아니라 생로병사의 순환으로부터 야기되는 심리적 고통으로부터 개인적으로 해방되는 것이었다(Tavivat Puntarigvivat 1998, 359).

이러한 시대적 상황에서도 붓다가 사람들의 사회적, 경제적, 그리고 정치적 안녕에 관한 윤리적 원칙들을 가르치기는 했지만, 불교에서 당시의 주된 관심은 심리적 고통으로부터 개인적으로 해방되는 것이었다는 점은 부인할 수 없다고 타비밧은 인정한다. 그러나 그는 오늘날의 타일랜드에서 사회적이고 정치적인 조건이 당시와는 엄청나게 다르다는 점에서 불교가 구조적 시야와 더불어 사회적 해방을 새롭게 강조할 필요가 있다고 주장한다(Tavivat Puntarigvivat 1998, 360). 타비밧은 구조적 문제에 대하여 다음과 같이 말한다.

기저의 구조를 변화시킴이 없이 형태의 변화를 주장하는 것은 핵심을 놓치는 것이다. 사회가 이전의 형태의 불교 사회로 돌아가야 한다고 주장하는 것은 불가능한 것을 주장하는 것이고 현대적 문제(불교적 용어로 苦)의 체제적 본질을 무시하는 우를 범하는 것이다. 부정의하고 불평등하며 폭력적인 경제적이고 정치적인 구조를 변화시킴이 없이는, 법왕(法王, dhammaraja)의 독재는 오늘날의 맥락에서 절대 권력을 쥔 독재자의 독재와 그다지 다를 것이 없다(Tavivat Puntarigvivat 1998, 359).

타비밧은 이러한 차원에서 불교의 사회 윤리는 마음 챙김과 소박함의 이상을 주장하는 것을 넘어서야 한다고 역설한다. 그는 탐, 진, 치의 구조적 문제를 다음과 같이 이야기한다.

보다 폭넓은 맥락에서 현대 타이 사회에 대한 불교의 사회 윤리를 고려할 때, 오늘날 온갖 해로운 악의 뿌리로서 불교가 인식하는 탐(탐욕), 진(증오), 치(망상)가 창궐하고 있음을 인정할 수밖에 없다. 체제적이고 구조적인 탐욕이 현재의 경제 체제에서 발견될 수 있다. … 중앙 집권화를 이루고 있는 정치권력과 의존적 경제 체제는 소수의 엘리트가 더 부유해지는 반면 절대다수의 민중들이 더 심각한 가난으로 몰리는 상황에서 집단적 증오를 야기해 왔다. 대중 매체에서 상업적인 광고의 영향력이 확산되면서 구조적 망상이 창출되고, 이는 각 지역의 민중들에게 자신들의 문화적 가치를 포기하고 소비지향주의를 받아들이게 이끌고 있다(Tavivat Puntarigvivat 1998, 360-361).

이러한 구조적 문제 앞에서 타비밧은 개인적 품행이나 생활방식만이 아니라, 그러한 문제를 창출하는 체제를 변화시키는 것이 중요하다고 이야기한다. 이러한 맥락에서 불교의 오계(五戒)에 대하여 타비밧은 다음과 같이 이야기한다.

불교 윤리, 예컨대 오계(五戒)는 이러한 구조적 변화를 보다 적극적으로 접근할 필요가 있다. 예컨대, 첫 번째 계율은 살생과 살아 있는 것에 해를 입히는 것을 금하는 것인데, 타일랜드와 같이 가난한 나라에 이 계율을 적용하면, GNP의 커다란 부분을 차지하는 군사 예산을 축소해야 한다는 것이 자명해진다(Tavivat Puntarigvivat 1998, 361).

타비밧의 이러한 관점은 불살생이라는 계율이 개인적으로 실천하는 것에서 끝나는 것이 아님을 선명하게 보여준다. 돈의 문제가 개인적으로 돈을 어떻게 쓸 것이냐의 문제를 넘어서 국가 예산을 어떻게 활용할 것이냐의 문제에 관심을 가져야 하는 차원으로 확대된다. 타비밧은 두 번째 계율인 불투도(不偸盜)에 대하여 다음과 같이 이야기한다.

오계의 두 번째는 훔치는 것을 삼가는 것이다. 타일랜드의 상황을 바라보면, 보다 정의로운 사회 구조가 이루어져야 정치가, 군인, 경찰, 공무원, 그리고 사업가들이 부패에 관여하고 체계적으로 일반 서민들을 착취하고 강탈하는 것이 방지된다는 것을 간파하게 된다. 더 나아가 열대 우림의 파괴와 환경 및 지구 생태계의 훼손은 우리의 자녀와 손자 손녀들의 미래를 훔치고 있는 것이다(Tavivat Puntarigvivat 1998, 361).

이러한 타비밧의 비전은 훔치는 것이 단순히 현금이나 물건을 도둑질하는 차원에 그치는 것이 아니라, 공시적이고 통시적인 차원에서 거시적으로 바라보고 대처해야 하는 문제로 조망될 수 있도록 해준다. '돈'이라는 단어가 구체적으로 명시되지는 않고 있지만, 물자의 유통을 상징하는 것이 '돈'이라고 할 때, 우리가 물자를 어떻게 소비하는가의 문제로 돈의 문제는 조망되는 것이다.

타비밧의 시야는 음행(淫行)을 삼가라는 세 번째 계율에 대하여서도 빛을 발한다.

세 번째 계율은 성적인 잘못을 삼가라는 것이다. 매음(賣淫) 제도는 이 계율의 체계적 위반이다. 이 문제를 불자들은 보다 심각하게 간주할 필요가 있다. 무엇보다도 농촌 지역의 경제적 안정에서 실질적인 개선과 더불어 매음 사업에서 이득을 챙기는 자들을 벌하는 법의 엄격한 집행이 이루어져야 농촌의 젊은 여성들이 매음에 종사하도록 압력을 받는 상황이 개선될 수 있다(Tavivat Puntarigvivat 1998, 361).

매음에 종사하는 여성들에 대하여 도덕적 질타를 하는 단순한 차원을 넘어서서 타비밧은 사회 구조적 차원에서 이 문제를 바라본다. 불사음(不邪婬)은 단순히 개인적인 품행의 문제가 아닌 것이다. 타비밧의 관점에 따르면 혼자서 청정한 삶을 산다고 해서 불사음의 계율을 어기고 있지 않다고 할 수 없게 된다. 매음에 종사하는 여성이 도덕적으로 타락해서 매음에 종사하는 것이 아니라 돈이 없어서 매음에 종사한다는 점에 타비밧은 주목한다. 불사음이라는 계율의 문제도 중요한 차원에서 결국 돈의 문제인 것이다.

타비밧은 네 번째 계율인 불망어(不妄語)에 대해서 다음과 같이 이야기한다.

오계 중 네 번째 계율은 거짓말을 삼가는 것이다. 불자들은 진실을 옹호해야 한다. 이 계율을 지키려면 심지어 기존 질서에 도전하고 흔히 진실을 위배하는 부패한 체제에 도전해야 할 때가 있다. 정치 개혁과 관료제 개혁, 자유 언론, 다당제, 풀뿌리 민주주의 참여를 보장하는 입법이 이루어져야 이 계율을 구조적 차원에서 확립하고 유지할 수 있다 (Tavivat Puntarigvivat 1998, 361-362).

곧 타비밧의 관점에서 거짓말의 문제도 단순히 개인적 정직성의 문제에 그치는 것이 아니다. 돈과 관련하여 거짓말이 문제가 되는 것은 부패의 차원에서 접근되어야 하는 것이다. 타비밧에 의하면 불음주(不飲酒)의 계율도 거시적으로 조망된다.

다섯 번째 계율은 취하는 것을 삼가는 것이다. 이 계율의 위반은 마약 매매의 세계적 만연에서 체계적으로 이루어진다. 타일랜드의 마약 밀수출은 전 세계적인 마약 문제에 기여해 왔고, 따라서 반드시 중단되어야 한다(Tavivat Puntarigvivat 1998, 362).

타비밧의 관점에 따르면 불음주의 계율이 단순히 술을 마시느냐 마시지 않느냐의 차원이 아니다. 모든 취하게 하는 것의 문제로 확대되며, 여기에는 다시 돈의 문제로 마약 매매와 마약 밀수출의 문제가 개입되는 것이다.

타비밧은 마음의 문제가 몸의 문제이고 사회의 문제이고 경제의 문제라는 점을 확언한다.

마음은 독립적 실체가 아니다. 인간은 몸도 갖고 있다. 몸이 있는 곳에 마음이 있다. 몸과 마음은 상호의존적이다. 마음이 없다면 몸은 다른 무생물과 차이가 없지만, 몸이 없이 마음은 존재할 수 없다. 신체적 활동이 마음의 계발과 자질에 영향을 준다. 동시에 마음의 자질 또한 신체의 안녕에 영향을 준다.

우리는 진공에서가 아니라 구체적인 사회와 문화 속에서 태어났다. 우리의 생활은 음식, 건강의 돌봄, 그리고 물리적 환경과 더불어 자신의 사회적, 문화적, 경제적, 그리고 정치적 환경의 질적 특성에 의하여 영향을 받는다. 우리는 혼자 살지 않는다. 우리는 복합적인 사회적 관계의 망 속에서 산다. 이러한 진실은 반복해서 강조할 가치가 있는데, 왜냐하면 많은 불자들이 심리적 고통에서 내면적으로 해방됨으로써 사회적이고 정치적인 문제들을 자동적으로 극복할 수 있다고 믿고 있기 때문이다. 그러한 불교관은 구조적 조망을 결여하고 있고, 따라서 현대 세계의 사회적, 경제적, 그리고 정치적 문제들을 다룰 수 없다(Tavivat Puntarigvivat 1998, 362).

타비밧은 개인주의적 불교관이 세상을 포기한 은수자에게는 효과

가 있을지 모르겠다고 다소 양보하면서도 대부분의 불자는 은수자가
아니라는 점을 역설한다.

> 대부분의 불자는 은수자가 아니다. 그들은 복합적인 상호 연계되어 있
> 는 세상에서 살고 있다. 실로 오늘날에는 은수자조차도 이러한 복합적
> 인 연계를 벗어날 수 없다. 타일랜드의 불교 승가는 19세기 이래 정부
> 의 통제를 받아 왔다. 타일랜드 전국에서 불교 승려들은 매일 타일랜드
> 사람들이 보시하는 음식을 먹고 있는데, 그 사람들의 대다수는 가난하
> 고 억압받는 사람들이며, 그 사람들의 아들들은 건설현장과 공장에서
> 빈약한 급여를 받는 노동자들이 되고, 딸들은 착취당하는 노동자들이
> 거나 심지어 창녀들이기도 하다. 이러한 상황에서 불자들이 어떻게 사
> 회적 책임을 벗어날 수 있는가?(Tavivat Puntarigvivat 1998, 362).

남방불교권의 국가임에도 불구하고 타이의 승려 타비밧은 매우 전
향적인 관점을 제시하고 있다. 단순히 현물로서 돈을 사용하지 않는다
고 해서 자신이 돈의 문제와 무관하다고 생각하는 것은 어리석은 것이
다. 지구촌 전체의 유기적 맥락에서 자신이 소비하는 모든 것이 자신
밖의 모든 것과 상호 연계되어 서로 영향을 미치고 있는 것이다.

타비밧(Tavivat Puntarigvivat)은 어떤 한 사람이 탐, 진, 치를 극복
하려고 할 때 개인적 품행이나 생활방식만을 바꿀 것이 아니라 그러한
품행이나 생활방식을 창출하는 시스템적 구조를 바꿀 필요가 있다는
점을 강조한다. 예컨대, 불살생의 계율을 지키기 위해서는 GNP의 큰
몫을 차지하는 군사비 예산을 축소해야 한다.

이들의 담론은 돈의 담론이 개인적 선택의 담론이 아니라 우리가 사

는 사회를 어떻게 구조화할 것이냐의 차원에서 거시적으로 조망되어야 할 필요가 있다는 점을 시사한다.

V. 나가는 말: 한국불교 돈 담론의 한계와 나아갈 방향

지금까지 불교에서 돈 담론을 대략적으로 살펴보았다. 오늘날 돈은 사람들의 의식세계에서 매우 큰 위치를 차지하고 있다. 우리나라는 전에 없던 물질적 풍요를 누리고 있음에도 불구하고, 세계에서 제일 높은 자살률을 기록하고 있으며, 그 자살의 큰 요인으로 거론되는 것이 경제적 문제 곧 돈의 문제이다. 돈의 절대적 부족보다는 상대적 부족이 이처럼 심각한 문제를 야기하고 있다는 점에서 그 상대성을 어떻게 파악해서 해결점을 찾아야 할 것인가의 문제가 중요한 화두로 등장하고 있다. 상대성이라고 해서 그러니까 당사자의 주관적 문제에 불과하다고 할 수는 없다. 상대적 빈곤의 문제라고 하더라도 당사자의 주변을 둘러싸고 있는 사회 구조적 차원에서의 접근이 필요하다고 할 수 있는 것이다.

우리나라의 스님들의 설법의 사례로서 지광 스님과 법륜 스님 두 분만을 들기는 했지만, 가장 주목받는 스님들에 해당한다는 점에서 현대한국 불교의 트렌드를 읽을 수 있다고 생각하는데, 이 두 분 사이에 상대적 차이는 있지만, 모두 서구 및 태국의 불자의 입장에 비하여 거시적 구조에 대한 접근이 아쉽다고 할 수 있다.

요컨대, 비교연구를 통하여 우리나라 불교계에서의 돈 담론이 지니는 특성 내지 한계의 좌표를 비교적 선명하게 드러낼 수 있었다고 하겠다. 법륜 스님과 지광 스님 모두 공동체적 의식이 있으나 주관적이고 개인적인 차원에서의 노력을 강조하는 데 초점이 있다고 할 수 있고, 그러한 면에서, 특히 태국의 타비밧의 경우에서 보다 공동체적이고 실질적인 구조의 개선에 초점을 맞추는 것과 대조된다고 하겠다. 물론 어느 한쪽이 무조건 옳다고 하기는 어려울 것이다. 각자의 사회 조건에 따라서 돈의 문제를 접근하고 해결해가는 길이 다를 수도 있다. 그러나 돈이 공동체의 재화라는 인식이 보다 확산될 필요가 있다고 할 수도 있겠다.

오늘날 특히 서구와의 만남은 소승과 대승에 이어서 참여승(參與乘)이라는 새로운 불교의 출현을 시사하기에 이르렀다. 개인적 불교에서 보다 적극적인 공동체적 불교로 발전하는 데에 불교의 미래가 있다고 할 수 있다. 한국 불교가 불교의 세계적 발전 추세에 주목하고, 나아가 타 종교의 발전 추세 및 일반 시민 사회에서의 공동체적 지향에 대하여 주목하고 함께 노력해나가는 가운데 한국 불교의 밝은 미래가 있을 것이고, 그만큼 한국 사회의 발전도 기대할 수 있을 것이다.

참고문헌

김명규. 2003. 『부자들의 돈 버는 습관』. 서울: 이지북.

박경준. 2009. "돈에 대한 불교의 가르침과 역사적 전개." 『불교평론』 38: 8-30.

법륜. 2013a. 『스님 마음이 불편해요』. 서울: 정토출판. (전자책)

_____. 2013b. 『인생 수업』. 서울: 휴.

_____. 2013c. "함께 행복할 수는 없는가." 『인간 붓다 그 위대한 삶과 사상』. 서울: 정토출판. (전자책)

    * 전자책의 쪽수 표시는 화면 크기에 따라 달라지는데, "/" 뒤의 숫자로 보이는 화면 크기에서의 전체 쪽수가 표시되어 비교적 위치를 알 수 있다. 전자책의 검색 기능으로 해당 단락을 찾을 수도 있다.

지광. 2007. 『행복을 부르는 힘: 정진』. 서울: 랜덤하우스코리아.

Nichtern, Ethan. 2015. "What Buddhism Can Teach us About Money." *Reuters*, August 25. Accessed July 4, 2016. http://time.com/money/4009735/buddhism-money-lessons

Puntarigvivat, Tavivat. "Toward a Buddhist Social Ethics: The Case of Thailand." *Cross Currents*, 48(3): 347-365.

원불교의 '물질개벽'을 통해 본 '돈'의 논리*

김 명 희

성공회대학교

I. 들어가는 말

원불교는 근대 한국에서 소태산 대종사 박중빈(少太山 大宗師 朴重彬, 1891년 5월 5일-1943년 6월 1일, 이하 소태산)에 의해 개창된 종교다. 100년의 역사밖에 되지 않는 원불교는 한국의 4대 종교에 꼽힐 정도로 한국의 민족종교로서의 역할을 꾸준히 해내고 있다. "물질이 개벽되니 정신을 개벽하자"란 표어로 세워진 원불교는 물질을 금기시하는 다른 종교와 달리 창교 시부터 '물질'의 중요성을 부각시켜왔다. 원불교의 출

---

* 본 논문은 원광대학교 원불교사상연구원 『원불교사상과 종교문화』 69집(2016.09)에 실린 글임.

발과 함께 추진해 온 저축조합운동과 방언공사와 같은 자립경제의 사업들은 원불교의 100년 성업에 동력이 되었다. 소태산은 구한말 일제 초기 사회적 약자와 가난한 백성들에게 '물질개벽과 정신개벽'을 통해 자유와 평등, 인권을 되찾아 주려 했다. 뿐만 아니라 재단법인 '원불교'는 교화 및 교육, 자선(의료 포함) 등 공익사업을 목적으로 1948년 1월 16일에 설립된 문화체육관광부 소관의 재단법인으로 알려져 있다. '공익사업'이 종교의 주목적이 되었다는 점에서도 원불교의 '생활종교'로서의 면모를 알 수 있다.

소태산과 동시대를 살았던 독일의 사회학자 게오르그 짐멜(Georg Simmel, 1858-1918)과 막스 베버(Max Weber, 1864-1920)도 자본주의 시대의 '돈/물질'의 의미와 역할에 대해 지대한 관심을 가졌다.[1] 짐멜과 베버, 소태산이 제시한 자본주의 시대의 '돈의 논리'는 상호 비교할 만하다. 셋 모두 돈의 기능을 긍정적으로 평가하고 있으며, 돈의 부정적 기능을 극복하는 방법으로 '자발적 빈곤'(짐멜)이나 '프로테스탄트적 금욕'(베버), 혹은 '이타행'(소태산)을 제기하고 있다.

본 논문에서는 원불교의 물질개벽의 돈의 논리를 주로 게오르그 짐멜의 '돈의 논리'의 시각에서 고찰하고자 한다. 이후 원불교의 물질개벽에서 말하는 '돈의 논리'를 탐구하고자 한다. 짐멜이 제시하는 '수단으로서의 돈'과 '소유로서의 돈'이 가져다주는 인간의 자유와 평등, 존엄성, 그리고 개인성과 자율성은 소태산이 주창한 물질개벽의 목표와도

---

1 Simmel, Georg, *Philosophie des Geldes*, 2014,『돈이란 무엇인가』, 김덕영 역, 서울: 도서출판 길; Simmel, G., *Philosophie des Geldes*, 1983,『돈의 철학』, 안준섭 외 공역, 서울: 한길사; Weber, Max, *Die protestantische Ethik und der Geist des Kapitalismus*, 2004,『프로테스탄티즘의 윤리와 자본주의 정신』, 박성수 역, 서울: 문예출판사.

일치한다. 그리고 원불교의 '돈' 혹은 '물질'에 대한 강조가 종교의 윤리에서 벗어나 어떻게 자유로울 수 있는지 짐멜의 돈의 논리를 통해서 밝히고자 한다. 끝으로 원불교의 '물질개벽의 돈의 논리'가 '이타적 가치 창출'에 있다는 것을 짐멜과 베버의 돈의 논리와 비교를 통해 고찰하고자 한다.

II. 원불교의 물질개벽

1. 개교 동기: 물질개벽과 정신개벽

원불교의 창시자 소태산 박중빈 대종사(이하 소태산)는 1891년 3월 27일 전라남도 영광군 백수면 길용리 영촌 마을에서 태어났다. 소태산이 태어나서 자란 때는 한국 자본주의가 태동하던 시기였다. 당시 한국은 안으로는 봉건 사회질서가 무너지고, 밖으로는 세계질서의 재편에 따른 혼란이 극에 달하던 때였다. 이러한 혼란의 시기를 지켜본 소태산은 새로운 시대의 도래를 기대했다(이성전 2008, 98). 그는 가난과 불평등 속에 힘들어하는 민중들을 위해 희망찬 후천개벽의 시대가 와야 한다고 믿었다. 마침내 그는 새 시대 새로운 역사를 책임질 종교로 '원불교'를 창시하였다. 소태산은 인간의 자유와 평등, 존엄성을 되찾기 위한 길을 '물질개벽과 정신개벽'에서 발견했다. 『대종경』에서 밝히듯, 소태산은 당시의 시국을 살펴본 후 그 지도 강령을 "물질이 개벽되니 정신을 개벽하자"라는 표어에 담아냈다(『대종경』, 10). 그리고 이 표어는 원불교의 개교 동기가 되었다. 이처럼 창교(創敎) 시부터 "물질이 개벽되니 정신을 개벽하자"라는 자본주의적 패러다임 하에 출현한 원불교는 100년의 세월을 지나는 동안 한국의 민족종교이자 생활종교로서 자리매김하게 되었다.

용(用)의 종교로서 출발한 원불교는 물질과 정신의 조화를 표방한 '개벽종교'가 되었다. 소태산에게 있어서 물질과 정신은 모두 '개벽' 대상이다. '개벽'이란 '새로운 사태가 열린다' 혹은 '세상이 처음으로 생긴다'는 의미를 지니고 있다(민중서림 편집국 2007, 90). 한 마디로 '개벽'이란 '새롭게 연다'는 뜻이다. 소태산에게 물질과 정신은 모두 인간을 위해 '새롭게 여는' 대상이다. 그리고 그는 이 물질과 정신의 개벽을 원불교 개교의 표어로 삼았다.[2] 하지만 소태산이 보기에 물질과 정신은 모두 개벽의 대상이지만, 현실은 그렇지 않았다. 물질이 개벽되었음에도 불구하고 정신개벽은 그에 미치지 못했다. 그 때문에 사람들은 물질의 지배를 받게 되었고, 물질의 노예가 되어 고통에 처하게 되었다.[3] 그래서 소태산은 물질개벽에 준하는 정신을 개벽하자고 주창했다.[4]

소태산에게 있어서 정신개벽이 따르지 않는 물질개벽은 인간소외·인권유린을 초래한다. 그리고 물질에 지배되는 인간은 기계적 존재로 전락하게 되며, 불평등·자유박탈 같은 비인권적 삶의 부조화가 발생하게 된다. 자본주의가 생산한 비인권적 부(不)정의한 위기의 사회에 직

---

2 개벽은 선천(先天)과 후천(後天)을 가르는 우주론적 시간의 일대 전환점이며, 동시에 인간이 이제까지 선천에서 경험한 온갖 고통과 혼돈을 극복하고, 다가올 후천에서 신선선경(神仙仙境)의 이상사회에서 살기를 원하는 희망이 합쳐진 우주론적 시간관의 표현이기도 하다("개벽", 『한국민족문화대백과』, 한국학중앙연구원).
3 『정전』제1총서편, 제1장 개교의 동기
4 위의 책 참조.

면해 소태산은 정신과 물질이 조화된 세상이야말로 참 문명의 세계라고 확신했다. 소태산에게 '물질개벽과 정신개벽'은 인간다운 삶의 중심에 서 있는 두 개의 기둥과 같다. 이러한 '물질개벽과 정신개벽'의 표어는 타종교에서는 보기 드문 원불교만의 정체성이 되었다. 원불교 경전인『원불교전서』를 열면 첫 번째로 접하는 문구가 "물질(物質)이 개벽(開闢)되니 정신(精神)을 개벽(開闢)하자"란 표어다(『원불교전서』1987). 이렇듯 정신개벽과 더불어 물질개벽의 중요성을 종교의 표어로 삼는 종교는 원불교뿐이다. 원불교를 현실적·실용적·대중적 종교로 특징짓는 이유가 바로 이 '물질개벽' 때문이다. 정신개벽 이후에 물질개벽이 오는 것이 아니다. 물질개벽 때문에 정신개벽이 오는 것이다. 마치 우주의 혼돈(카오스) 때문에 질서(노모스)가 존재하게 되는 이치와 같다. 더욱이 주목할 만한 것은 혼돈과 질서는 병존(並存)한다는 것이다. 소태산의 "물질이 개벽되니 정신을 개벽하자"란 표어에서도 물질과 정신의 상호연관성이 작용한다. 물질과 정신, 어느 것 하나만으로 다른 하나가 가능하지 않을 뿐 아니라, 둘은 일원적 상생관계를 갖는다.

한마디로 자본주의 사회에서 물질과 정신의 간극으로 초래된 인간소외 현상을 물질과 정신의 조화로 극복하고자 하는 시도가 원불교 개교의 동기가 되었다. 원불교는 종교의 가르침이 생활과 괴리되어서는 안 된다는 원칙하에 인간의 의무와 책임, 물질생활까지 포함한 총체적 인간의 삶을 일원(一圓)의 정의(正義)를 통해 일깨우려 하였다. 그리고 그것을 인간구원으로 연결시켰다.

2. 물질개벽의 목적

소태산이 제시하는 '물질개벽'의 목적은 현세에서 '신낙원(身樂園)
을 건설'하는 것이다. 즉, 물질개벽을 통해 빈곤·질병·무지를 물리치
고 의식주의 생활을 개선하여 일생에 신낙원을 실현하는 것이다. 죽음
이후 혹은 초월 공간에 세우는 '낙원'이 아닌 인간 실존의 현장에 실현
되는 낙원세계다. 신낙원 건설을 위해 물질개벽이 있어야 하는데, 그와
동시에 요청되는 것이 정신개벽이다. 정신개벽은 도덕이 완성된 일원
(一圓)의 세계로서, 정신의 힘을 잘 갖추어 물질을 바르게 사용할 때 진
정한 행복을 얻게 된다(이진수 2013, 76). 소태산은 『대종경』에서 정신
이 물질에 속박되어서는 안 된다고 강조한다. 그에게 있어서 인간은 물
질의 '노예'가 아닌 '주체'다. 따라서 물질 사용의 주체로서 인간은 '바른
정신'(정신개벽)을 통해 물질의 '바른 사용'(물질개벽)을 추구해야 하며,
이를 통해 개인·가정·사회·국가를 도탄에서 구해내야 한다(대종경,
16). 소태산에게 물질은 일원상 진리의 세계를 이루는 '방편'이다. 그래
서 그는 물질을 터부시하지 않는다.

물질개벽을 통해 성취되는 '신(身)낙원'은 인권과 인간 주체성이 회
복되는 '인간 존엄의 세계'다. 그런데 소태산은 물질의 세력이 커감에
따라 사람의 정신은 점점 물질의 노예가 되어가고 있다고 지탄한다. 그
래서 그는 인간의 주체성이 회복되어야 함을 강조한다. 신낙원은 인간
의 주체성과 인권이 회복되며, 인간존엄을 통해 '평등'이 실현되는 세상
이다. 즉 빈곤과 가난, 불평등과 억압이 극복되는 평등세계다. 신낙원
은 현실의 세계이며, 물질이 아닌 인간이 중심이 되는 세계다.

물질개벽의 또 다른 목적은 '정신개벽'이다. 물질개벽을 통해 정신

개벽이 실현된 세계는 법신불 일원상의 진리가 표준이 되는 '도덕세계'다. 물질이 개벽되어야 정신도 개벽될 수 있기에 소태산은 금주 금연과 보은미(報恩米), 저축, 방언공사를 추진하였고, 직업과 일의 중요성도 제시하였다. 소태산은 노동과 배움이 별개가 아니라고 한다. 세상의 일을 잘하는 것이 곧 불법(佛法)을 공부하는 것과 다르지 않다는 것이다. 이러한 소태산의 노동과 불법(佛法)에 대한 일원적(一元的 혹은 一圓的) 견해는 기독교 종교개혁자 칼뱅이 직업과 신(神)의 소명을 일치시키는 것과 같은 맥락이다(대종경, 18 참조). '영육쌍전'과 '불법시생활(佛法是生活) 생활시불법(生活是佛法)'이라는 『정전』의 표어가 이를 잘 반영하고 있다. 이렇듯 원불교는 정신과 물질의 상호연관성을 강조하는 교리들을 토대로 종교의 '시대화 · 대중화 · 생활화'를 표방한다.

3. 물질개벽의 구체적 방안들

원불교 초기 소태산은 물질개벽을 위해 저축조합과 방언공사의 구체적 방안들을 제시했다. 소태산이 가장 먼저 추진한 저축조합은 원불교 창립의 시발점이 되었다. 그는 "생활이 모두 가난한 처지"에 놓여 있는 민중들을 위해 저축사업을 실시한다고 밝혔다(대종경, 12). 교단 창립을 위해서는 많은 자금이 필요한데 대부분의 사람들이 무산자들로서 한 번에 큰돈을 마련하기가 쉽지 않았다. 그래서 소태산은 모두가 술과 담배를 끊고 근검절약해 모은 돈을 조합에 저축할 것을 장려했다(원불교전서, 1040). 또한 조합원인 제자들에게 노동에 의한 수입과 절약, 금주 단연뿐 아니라 허례허식 금지, 미신타파, 근검절약 등을 시행하도록 하였다. 이렇게 모은 자금으로 숯을 샀고,[5] 사재를 추가해 교단 창립에 필요한 자본을 마련하였다(원불교 교사, 1048-1051).

물질개벽을 위한 두 번째 사업은 방언공사였다. 소태산은 영촌마을6 앞에 있는 갯벌을 농토화하는 데 성공했다. 이를 통해 주민들은 일심 합력의 힘을 깨닫게 되었고, 종교 공동체의 초석을 마련하는 계기가 되었으며, 본격적인 종교 활동을 전개하는 데 필요한 경제적 토대가 되었다(박상권 1999, 147).

소태산의 경제 자립의 원칙은 허례허식 폐지, 저축, 노동과 같이 자본주의 사회에서 발생하는 현실적 방안들을 통해 수립되었다. 경제 가치는 노동과 저축에 의한 자본축적과 허례허식 폐지 등과 같은 비효율을 제거함으로써 창출되었다(이진수 2013, 78). 원불교 초기에 실시한 노동과 직업, 저축, 허례허식폐지, 근검절약에 대한 장려와 강조는 소태산과 동시대의 인물인 막스 베버가 『프로테스탄티즘의 윤리와 자본주의 정신』(1920년)에서 직업과 노동, 근검절약의 중요성을 표방한 바와 크게 다르지 않았다.

이상과 같이 원불교는 "물질이 개벽되니 정신을 개벽하자"라는 자본주의적 패러다임을 표어 삼아 창교 되었다. 원불교가 '물질개벽'을 출발점으로 삼았고, '물질'이 원불교 창립에 주요 자원이 되었다는 점은 주목할 만하다. 어떻게 원불교는 대부분의 종교들이 금기시하는 '물질'을 개교 동기의 소재로 삼을 수 있었을까? '물질개벽'이 어떻게 원불교의 교리에 들어올 수 있었을까? 원불교는 '물질', 즉 '돈'과 '신앙'을 어떻

---

5 소태산은 조합을 통해 저축한 자금(200여 원)으로 숯을 사게 했다. 당시 숯 무역은 제1차 세계 대전으로 숯 시세의 일대 변동이 일어나던 터였다. 그리하여 7,8개월 후에는 산값의 10배를 받고 되팔아 큰 이득을 보게 됐다(『원불교 교사』, 1048-1051).
6 소태산이 대각을 이룬 전라남도 영광군 백수면 길룡리 일대를 지칭하는 이름이다.

게 조화시킬 수 있었을까? 이러한 물음들에 대한 해답을 원불교의 창시자 소태산과 같은 시대를 살았던 독일의 사회학자 게오르그 짐멜(Georg Simmel, 1858-1958)의 '돈의 논리'를 통해 탐색하고자 한다.

III. 짐멜의 돈의 논리를 통해 본 원불교의 물질개벽

『돈의 철학』의 저자 게오르그 짐멜은 돈에 대해 가장 방대하고 체계적인 연구를 한 사회학자로서 널리 알려져 있다(Simmel 2014, 7). 짐멜은 『돈이란 무엇인가』에 수록된 단편 논문들에서 '돈'의 역할과 기능, 그 의미에 대해 집중 분석하고 있다. 본 논문에서는 원불교의 '물질개벽'을 짐멜의 '돈의 논리'를 통해 분석·고찰하고자 한다.

1. 수단으로서의 '돈'

짐멜은 '화폐'로서의 돈은 가치 척도의 수단으로서, 돈 자체는 가치를 가지지 않는다고 주장한다. 돈은 가치 척도의 수단으로서만 기능할 뿐이다. 세상에는 절대적 의미에서의 객관적 가치란 존재하지 않는다. 오직 인간의 의지가 특정한 대상을 욕망함으로써만 그 대상이 가치를 갖게 된다(Simmel 2014, 35). 따라서 돈 자체가 절대적 의미에서의 객관적 가치를 갖지 않는다. 모든 대상들이 그 가치를 평가받는 심리학적 과정을 거쳐 비로소 가치가 되는 것처럼 돈도 금이나 은과 똑같이 가치 측정과 교환의 수단으로서만 기능하게 된다. 더욱이 돈은 심리학적 과정을 통해 다수의 목적을 달성하기 위한 최고의 '수단'이 될 수 있다

(Simmel 2014, 35).

이렇듯 오직 심리적 가치판단에 의해 가치척도의 '수단'으로서 기능하는 돈은 몇 가지 부가적 특성을 지니게 된다. 수단으로서의 돈이 갖는 이러한 특성들 때문에 원불교의 '물질개벽'이 종교의 도덕적·윤리적 판단으로부터 자유로울 수 있었다. '수단으로서의 돈'이 갖는 몇 가지 특성들을 소개하면 다음과 같다.

① 돈의 가치는 '양'에 좌우된다. 즉, 돈의 가치는 양으로 판단하게 되고, 돈은 양이 집중할 때 힘이 생긴다(Simmel 2014, 39).
② 돈은 모든 것에 대한 등가물이기 때문에 '비천한' 것이고, 오직 개별적인 것만이 '고귀한' 것이다(Simmel 2014, 40).
③ 돈은 비인격적이다. 돈의 비인격적 성격은 모든 가치를 돈으로 환원함으로써 거래의 무한한 확장과 증가를 촉진하는 또 다른 심리학적 결과를 가져온다(Simmel 2014, 44). 돈은 절대로 객관적인 것이기 때문에 모든 인격적인 것이 사라진다(Simmel 2014, 45).
④ 돈은 무특성을 갖는다. 돈의 무특성은 돈을 주는 사람과 돈을 받는 사람으로서의 인간의 무특성을 야기한다. 돈과 교환되는 것은 구매자의 직업 및 신분과는 아무런 상관없이 그것을 위해 가장 많은 돈을 지불하는 사람의 차지가 된다.

돈의 이러한 특성들 때문에 사회적 지위로 인해 개인적으로 추구하는 온갖 목표가 처음부터 봉쇄된 계급들이 '돈' 혹은 '돈의 양'을 통하여 개인이 원하는 바의 목표를 달성할 수 있었다. 로마의 해방 노예들, 프랑스의 위그노 교도들, 전 세계에 퍼져 있는 유대인들이 대표적 예다.

돈은 중립적인 영역으로서 다른 그 어떤 영역보다 그들의 사회적 성공을 덜 가로막을 수 있었다. 돈은 무특성적인 성격으로 인해 성공을 위한 다른 통로가 막혀 있을 때라도 여전히 많은 통로를 그들에게 제공해 줄 수 있었다. 사회적으로 억압받는 계급들은 모든 에너지를 돈 버는 일에 집중하게 되었고, 돈의 중립적인 지위에 힘입어 그들은 획득 불가능한 것들을 향유할 수 있었다(Simmel 2014, 47-48).

이처럼 '수단으로서 돈'이 갖는 객관적이고 중립적이고 비인격적인 특성 때문에 직업과 신분이 낮은 소외계층들이 돈의 양적 소유를 통해 그들의 권리를 회복할 수 있게 되었다. 다시 말해 돈의 '양'에 따라 누구나 원하는 것을 소유할 수 있게 된 것이다. 과거 신분사회에서는 불가능한 일이 화폐(돈)의 도입으로 누구나 자기 권리(인권)를 차별 없이 언제나 어디서나 누릴 수 있게 되었다. 이것이 소태산이 원불교를 창교하면서 당당히 '물질개벽'을 주창할 수 있었던 이유다. 소태산에게는 소외된 사회계층, 즉 민중들이 박탈당한 '자유'와 '평등'을 되찾아 주는 데 '돈'만큼 신속하고 정의로운 것이 없었다. 돈 자체는 무가치하고 비인격적이며 객관적이기 때문에, 그리고 가치판단을 위한 '수단'에 불과한 것이기 때문에, '돈'의 소유 자체가 문제되지 않았다. 누구나 정당한 노동과 직업을 통해 벌은 '돈'이라면, 원불교가 지향하는 정의(正義)와 진리(眞理)에 전혀 상충하지 않았다. '물질개벽'의 '물질' 즉 '돈'은 개별자의 '자유와 평등'을 지켜 주기 위해 '방편적' 기능을 할 뿐이다.

한편 돈의 비인격성(무인격성)과 무특성(무색채성)은 개인의 독립성과 자율성을 고양시켜주며, 개인화를 보장해준다(Simmel 2014, 66). 그리고 무인격성과 무색채성의 특성으로 돈은 점점 더 많은, 그리고 더 다양한 사물들을 대체하게 됨으로써 돈은 문화발전에 수많은 기여를 하게 된다. 또한 돈의 무인격성과 무색채성 때문에 돈이 이해관계의 결합과 분리를 가능케 한다. 여기서 짐멜은 예로 구스타프-아돌프 협회나 노동조합의 성공을 든다. 즉, 돈의 무인격성과 무색채성 때문에 개인들을 결합할 수 있다는 것이다(Simmel 2014, 60). 소태산이 원불교 창교 시 저축조합과 방언공사의 사업을 벌일 수 있었던 이유가 바로 이 때문이다. 돈의 무인격성과 무색채성으로 인간의 자유와 자율, 인격의 독립성이 보장되기 때문에 소태산은 '정신개벽'에 앞서 '물질개벽'을 인정하였다. '돈' 자체는 도덕 및 윤리와 무관하다. 돈을 '수단'으로서 사용하는 '사람'이 문제가 되는 것이다.

2. 양적 소유로서의 '돈'

돈 자체는 중립적 가치를 갖기 때문에 돈은 '양'으로 '소유'될 때 그 가치를 발휘한다. '소유로서의 돈'은 크게 세 가지 특성을 지닌다. 첫째는 개인의 자유를 확대하는 것이고, 둘째는 소유자의 삶을 결정하는 것이고, 셋째는 소유와 인격은 상호 무관하다는 것이다.

1) 개인의 자유 확대

짐멜은 소유는 인간의 적극적인 행위로서 사물에 자아를 각인함으로써 인격을 확장하며, 그 결과 개인의 자유를 확대한다고 말한다. 그는 소유로서의 자유는 무엇보다도 돈에 의해 가장 확실하고 광범위하게 달성될 수 있다고 주장한다(Simmel 2014, 11). 돈은 인간의 개인성과 내적 독립성의 폭을 매우 크게 넓힌다는 것이다(Simmel 2014, 64).

짐멜은 돈이 소유를 존재로부터 보다 독립적인 것으로 만들 뿐만 아니라, 존재를 소유로부터 보다 독립적인 것으로 만들기도 한다고 말한다. 다시 말해서, 소유물이 실제로 근본적이고 효과적으로 소유되면 될수록, 즉 생산적이 되면 될수록, 그리고 향유되면 향유될수록, 그 소유는 주체의 내면적, 외면적 본질에 더욱더 확실하고 결정적인 영향을 끼치게 된다. 그리하여 존재로부터 소유에 이르고 소유로부터 다시 존재에 이르는 사슬이 형성된다(Simmel 2014, 153-154). 인간의 존재와 소유 사이에서 돈은 둘을 철저히 분리시킨다.

누구든 돈을 소유하면 공동체의 제도에 의해서 그 돈의 소유뿐만 아니라 다른 수많은 사물의 소유도 보장받는다. 돈의 소유는 무수히 많은 대상들을 용익(用益)할 수 있는 가능성을 의미한다(Simmel 2014, 162). 짐멜은 오직 돈을 소유함으로써 지극히 높은 수준의 자유를 획득하게 된다고 주장한다(Simmel 2014, 167).

2) 소유자의 삶과 인격 결정

짐멜은 엄청난 양의 돈의 소유만이 그 소유자의 삶을 바꾸어놓을 수 있다고 주장한다. 이때 소유와 인격 사이의 관계는 돈의 많고 적음에서 볼 수 있을 뿐, 돈의 질적 특성에서 볼 수 있는 것이 아니다(Simmel 2014, 164).

개인의 차이는 돈의 많고 적음에서 비롯된다. 돈의 순수하게 양적인 성격은 그 액수가 엄청나게 커지면 질적인 특성을 낳는다. 사실 돈의 본질과 인간의 본질 사이에는 서로 관련성이 없다. 그럼에도 불구하고 돈과 인격 사이에 내적 윤리관계가 존재한다면 그것은 돈의 양적 차이와 결부된다. 돈과 인격 사이에는 상호 관련성이 없지만, 돈의 양이 많아지면 인격에 영향을 준다. 따라서 인간과 돈의 소유 사이에 어떤 결정적인 관계가 존재한다면, 그것은 돈의 순수한 양이다(Simmel 2014, 165-167). 짐멜은 우리가 온전하게 무조건적으로 소유하는 것은 오직 돈뿐이며, 우리가 의도하는 기능에 완전히 동화되는 것은 오직 돈뿐이라고 밝힌다(Simmel 2014, 190).

3) 돈은 소유와 존재를 분리

돈은 소유와 존재를 서로 분리하고 독립시킨다.7 소유로부터 존재의 분리, 존재로부터 소유의 분리가 일어난다. 개인의 사회적 지위는 더 이상 토지 소유에 의해서 결정되지 않으며, 토지 소유는 더 이상 귀족계급에 소속되는지 여부에 의해서 결정되지 않는다(Simmel 2014, 173). 토지를 대신해 경제적 객체인 돈이 등장하게 된 것이다. 돈은 존재와 소유의 분리를 철저히 표현하기에 가장 적합한 실체다(Simmel 2014, 175).

원불교의 소태산이 토지를 소유하지 못한 소작농이나 하층민들에게 직업을 가지고 돈을 벌 것을 권유한 이유가 '소유로서의 돈'이 갖는 특성 때문이다. 여기서는 돈의 양이 인간의 자유와 삶, 인격을 보장한다. 즉 돈은 존재와 소유를 분리하기 때문에 돈을 소유하는데 과거의 '신분'이 장애가 되지 않는다. '하층민'이라는 낮은 계급의 '존재'로부터

---

7 예로 씨족 사회에서 개인은 토지에 확고부동하게 결합되어 있었다. 씨족은 개인의 존재를 아직은 개인주의적인 것이 아닌 소유와 결합 시켜주는 끈이 되었다. 그러나 화폐경제는 토지와 소유자의 인격을 완전히 분리시켰다(Simmel 2014, 173).

돈은 '소유'를 분리해준다. 오히려 돈의 거대한 양적 소유가 존재와 인격을 결정한다. 돈의 양이 인간의 존엄과 인격을 회복시켜준다는 것이다. 소태산은 무지와 가난 속에서 가진 것 없는 백성들을 살려내는 길은 직업과 저축, 노동을 통해 돈을 '많이' 소유하는 것이라고 확신했다. 돈의 양적 소유가 가져다주는 개인의 '자유'와 '인격', '평등권'은 소태산에게는 실존의 문제를 해결할 최상의 방책이었다. 그래서 그는 '물질개벽'의 표어 아래 노동과 저축, 근검절약을 요구했던 것이다.

3. 목적으로서의 '돈': 신적 존재로 등극

짐멜은 수단 중의 수단에 불과한 돈이 최종 목적이 되고 절대적인 가치가 되며 또한 돈이 우리 시대의 신이 되는 현상이 나타날 수 있다고 말한다. 이 현상은 금전욕, 인색, 낭비, 둔감함 등을 통해 발견할 수 있다고 한다(Simmel 2014, 10). 이때 돈은 단순한 수단으로서의 돈이 아닌, 최종 목적으로서의 돈으로 작용한다. 돈은 단지 궁극적 가치인 달(月)에 이르게 해주는 다리(橋)에 불과할 뿐인데, 그 다리가 목적이 되어버린 것이다(Simmel 2014, 72). 또한 돈은 신처럼 개별적인 것을 초월하도록 해준다. 그것은 자신의 전능을 마치 최고 원리의 전능인 것처럼 신뢰하도록 만든다(Simmel 2014, 77).

앞서 살펴본바 '수단으로서의 돈'과 '양적 소유로서의 돈'이 돈의 긍정적 기능이었다고 한다면, '목적으로서의 돈'은 돈의 부정적 기능에 해당된다. 짐멜이 말하는 본래적 의미의 '돈'은 심리적 가치로서만 기능하는 중립적, 비인격적, 무특성적 속성을 가지고 있을 뿐 아니라, 개인의 자유와 평등을 확보하고 바램을 실현시켜주는 순기능으로서의 '돈'이기도 하다. 그런데 '목적으로서의 돈'에서는 짐멜이 우려했던바 돈 자체에 '절대적 가치'를 부여하며 신과 대등한 존재로서 기능하는 돈의 부정적 모습을 보게 된다.

돈이 어떻게 기능할 것인가 하는 것은 돈을 소유하고 사용하는 인간에게 달려있다. 종교의 역할은 돈이 긍정적 기능을 할 수 있도록 인간을 계몽시키는 것이다. 그러므로 원불교는 '물질개벽의 돈의 논리'를 통해 돈의 부정적 기능을 억제하고 긍정적 기능을 발휘하도록 하면서, 이를 위해 물질개벽의 중심 원리들을 제시하고자 한다.

IV. 원불교의 물질개벽을 통해 본 돈의 논리

1. 자발적 가난 및 프로테스탄트의 금욕을 넘어 이타적 가치 창출로서의 돈

짐멜은 그의 논문 「인색, 낭비 그리고 빈곤에 대하여」에서 돈이 수단에서 최종 목적, 절대적 가치로 고양되는 과정과 역으로 가난이 절대적 가치로 승화되는 과정을 논하고 있다(Simmel 2014, 281-304). 그는 프란체스코 수도회의 예를 들면서 종교에서 '가난'이 오히려 영혼 구원을 위한 수단으로 추앙되고, 돈을 소유하는 것은 최악의 유혹, 근원적인 악으로 혐오를 받게 됐다고 소개한다. 일반적으로 금욕주의에서는 돈을 무해성과 공평무사성의 가면을 쓰고 우리를 유혹하는 악마의 진정한 상징으로 여겼는데, 그렇지 않은 경우가 있다. 프란체스코회의 '가난'이 그 좋은 예다(Simmel 2014, 297-298). 짐멜은 인색한 사람은 사물의 정수를 돈에서 얻지만, 프란체스코회는 오히려 가난 속에서 사물의 가장 순수하고 정련된 정수를 소유하게 된다고 한다(Simmel 2014, 302). 이것은 수단으로서의 돈이 더 이상 인간 가치 회복의 수단이 되지 않고, 수단으로서의 돈을 포기할 때 오히려 돈의 가치가 승화된다는 역설적 주장이다. 즉 돈의 의미를 부정할 때 돈의 궁극적 가치가 고양된다는 것이다(Simmel 2014, 304). 짐멜은 '자발적 가난'이야 말로 돈의 절대적 가치를 실현시킨다고 역설한다.

막스 베버는 짐멜의 '자발적 가난'을 수도회가 아닌 청교도의 직업관과 금욕적 생활방식을 통해 설명하고 있다(Weber [1920]2004, 148). 베버는 짐멜과 달리 프로테스탄트의 '금욕'으로부터 '이익추구'가 달성된다고 한다. 이 이익추구는 신의 뜻이므로 재산(돈)을 오히려 유용하게 사용하라고 권장한다. 그렇지만 베버는 사경제적 부의 생산이 오히려 지나친 소유욕(탐욕)을 불러와 '배금주의'를 낳을 수 있다고 경고한다(Weber [1920]2004, 153). 짐멜이 말하는 '소유로서의 돈'이 갖는 부정적 기능에 대한 우려다. 베버에게 있어서 돈의 부정적 기능을 억제할 최고의 금욕적 수단은 '세속적 직업 노동'이다. 종교는 근면과 절약을 통해 부의 지나친 증대에서 오는 부작용을 억제하도록 하는 역할을 맡았다. 이러한 종교적 금욕의 힘은 성실하고 양심적이며 탁월한 노동 능력을 가진 노동자들을 양산해냈다. 이들은 신의 뜻에 따라 삶의 목적을 노동에 두며 일하는 자들로서 기업가들에게는 신이 보낸 최고의 노동력이었다(Weber [1920]2004, 158). 종교적 금욕의 힘이 뛰어난 노동력과 성실한 노동자들을 낳았다. 마침내 프로테스탄트의 '금욕'은 노동을 직업(소명)으로 만들었다.

이상에서 본 바와 같이 짐멜의 '자발적 가난'과 베버의 '프로테스탄트의 금욕', 신의 소명으로서의 '노동과 직업'은 돈의 긍정적 기능을 가능케 하는, 그리고 돈의 절대적 가치를 발휘케 하는 최상의 방안이다.

원불교에서는 물질개벽의 표어 아래 돈의 순기능과 긍정적 기능을 위해 근검절약을 통한 '자발적 가난'과 '직업과 노동'을 통한 돈의 긍정적 기능을 추구한다. 베버의 프로테스탄트의 직업소명과 원불교의 직업관에 차이가 있다면 프로테스탄트의 직업소명은 신 중심적인 데 반해 원불교의 직업관은 인간 중심에서 출발한다는 점이다. 한편, 짐멜과 베버를 넘어 원불교의 물질개벽이 추구하는 게 있다면 돈의 '이타적 가치' 창출이다. 소태산은 물질개벽을 주창하면서 돈의 이타적 가치 창출 기능을 강조한다. 자기만을 위한 노동(직업)이 될 때 거기에는 돈이 부정적으로 기능하게 된다. '수단으로서의 돈'이 아닌 '절대적 가치로서의 돈'이 되어 배금주의를 생산한다는 것이다. 그래서 원불교에서는 사요(四要)와 사은(四恩) 교리를 통해 '돈'의 기능이 공공선을 목표로 철저히 이타적이어야 함을 역설한다. 그럴 때 돈이 인간의 자유와 평등, 공공선을 위한 '수단'으로서 작동할 수 있다는 것이다.

다음은 구체적으로 원불교에서 제시하는 물질개벽의 중심 원리들을 통해 '이타적 기능'으로서의 돈의 논리를 살펴보도록 하겠다.

2. 물질개벽의 중심 원리

물질개벽의 중심원리로 '사요(四要)교리'와 '은(恩)사상'이 있다. 불평등의 문제를 해결하고, 자력과 타력의 조화로운 평등세계 실현을 위해 원불교는 사요교리와 은사상을 제시한다. 즉 원불교는 자본주의 사회에서 물질만능주의로 인한 인간소외와 공동체·공동선의 붕괴위험을 사요와 은사상을 통해 극복하고자 한다. 다음은 사요와 은사상이 어떻게 물질개벽의 원리로 작용하는지 고찰한다.

1) 상생의 원리로서 은(恩) 사상

은(恩)사상은 일원상진리와 함께 원불교의 중심사상이다. 소태산은 "일원상의 내역을 말하자면 곧 사은이요, 사은의 내역을 말하자면 곧 우주만유"라고 하여 일원상의 현현이 사은(四恩)이고, 사은의 현현이 우주만유임을 설파한다(원광대학교 종교문제연구소 1981, 424). 일원상의 진리가 체(體)라면, 사은은 상(相)이다. 일원상 진리의 구체화가 곧 사은이다. 나아가 은(恩)은 상생의 원리이며, 은사상은 상생의 사상이기도 하다(최건풍[정풍] 1989, 159). 세계와 인류가 상생할 수 있는 원리가 은사상인 것이다. 은사상은 만물의 윤리관계이며, 존재 방식을 가리킨다. 모든 존재가 '천지은, 부모은, 동포은, 법률은'의 사은(四恩)에 입각해 서로에게 없어서는 안 되는 상호상생(相互相生)의 관계가 된다. 이처럼 은의 관계는 '연기의 원리'가 작동한다. 이 원리에 따르면, 이것이 있어 저것이 존재하고 상대가 있어 내가 존재한다. 연기의 원리는 경제 원리에도 적용된다. 개별경제 주체의 이익이 경제 공동체의 이익으로 전환되는 데 연기의 원리가 작용한다. 원불교에서는 이 원리를 '사은(四恩)'을 통해 제시한다. 사은을 통한 공생공존(共生共存)의 상생관계는 이기주의적 부의 축적이 아닌, 물질의 부정적 기능이 아닌, 사회의 공동선을 위한 물질의 선(善) 순환적 기능을 가능케 하는 원리로 작용한다. 이러한 물질개벽의 원리로서 사은(四恩)은 다음과 같다:

첫째, 천지은(天地恩)이다. 이것은 천지로부터 받은 덕에 대한 보은으로 서로에게 무념보시하면 세계가 하나가 될 수 있다는 것이다. 천지은에서는 상호 이타행이 강조된다.

둘째, 부모은(父母恩)이다. 즉 부모은을 본받아 무자력한 약자를 보호하자는 것이다. 부모의 사랑과 은혜는 절대적이고 무조건적이다. 따라서 모두가 사회의 배제자와 약자에 대해 절대적 사랑과 무조건적 은혜를 베풀어야 한다.

셋째, 동포은(同胞恩)이다. 인류는 모두가 한 가족이자 동포로서 자리이타의 정신을 가지고 협동해야 한다. 이기주의와 개인주의를 버리고 상호 은혜를 나누면서 일체 동포가 공생공영을 위해 힘써야 한다. 소태산은 동포은의 강령으로 '자리이타(自利利他)'를 제시한다. 자리이타의 원리에 따라 사농공상(士農工商)이 자기 역할을 수행할 때 정의롭고 공정한 사회가 보장된다. 소태산에게 있어서 '자리이타'는 자본주의 경쟁사회에서 정의 구축의 핵심원리로 작용한다(정전, 33). 더욱이 자리이타의 상생관계는 강자(强者)와 약자(弱者)를 경쟁과 대립이 아닌 협력자로 이해하게 만든다(정전, 85-86 참조).

넷째, 법률은(法律恩)이다. 법률은을 통해 세계가 정의로운 사회가 된다. 법률은은 법질서를 통한 세계평화구축을 목표로 삼는다. 소태산은 국가·사회의 제도와 법률에 의하여 모든 경제활동의 기반이 되는 사농공상의 기관을 설치하여 생활을 보장하고 사회의 정의를 세우는데 힘쓰자고 역설한다(정전, 36-46 참조). 이때 법률은의 핵심강령은 불의제거(不義除去)와 정의실현(正義實現)이다.

원불교의 사은(四恩), 즉 천지은(天地恩), 부모은(父母恩), 동포은(同胞恩), 법률은(法律恩)은 모든 개체들이 서로에게 은적(恩的) 존재

가 된다는 것을 알려준다. 모두가 서로에게 없어서는 안 되는 연기적
존재들이다. 배제자, 주변인 그리고 약자 한 명까지도 품게 만드는 은
사상은 화해(和解)와 상생(相生)의 원리로 작용한다. 은사상이 이타행
과 사회의 공동선을 위한 물질개벽의 중심원리가 될 수 있는 이유다.
제2대 종사 정산(宋奎, 1900-1962)도 은(恩)의 원리에 입각해 공(公)
을 존중하는 것이 자기를 존중하는 것이고, 공을 유익하게 하는 것이
곧 자기를 이롭게 하는 원리라고 설명한다(세전, 909-910). 이러한 보
은을 통한 공(公)의 실현 목적이 물질의 순기능을 구축하는데 토대원리
가 될 수 있다.

2) 사회개혁원리로서 사요교리

소태산은 평등세계를 위하여 상대적 빈곤을 해결할 사회개혁의 중
심원리로 '사요실천론'(四要實踐論)을 제시한다(정전, 39-46). 사요란
평등한 사회건설을 목표로 개인이 사회적 존재로 성숙해가는 과정을
뜻하는 것으로서(이진수 2013, 82), 소태산은 사요교리(四要教理)를 통
해 불평등의 문제를 해결하고자 하였다. 인권평등을 위한 자력양성(自
力養成)과 지식평등을 위한 지자본위(智者本位), 교육평등을 위한 타자
녀교육(他子女教育), 그리고 생활평등을 위한 공도자숭배(公道者崇拜)
의 사회개혁의 원리들은 이상사회의 건설을 위한 것이다(심대섭 1998,
153-154).
제3대 대산 김대거(金大擧, 1914-1998) 종사도 원기 65년(1980)
연두법설에서 "이 시대가 요구하는 지상과제는 전 인류가 평등한 자유
와 권익을 누리고 정신과 육신에 무지·질병·빈곤이 없는 복지 세계의

건설"이라고 강조하면서, 사요 실천으로 자력과 타력이 조화로운 평등세계를 건설하자고 설파하였다(원불교 법무실 편찬 2006, 135-138). 물질개벽의 원리로서 사요(四要)의 내용은 다음과 같다.

첫째, 자력양성(自力養成)이다. 평등사회의 수립을 위해서는 인간의 주체성·자율성이 토대가 되는데, 이를 위해 개인의 '자력양성'이 중요하다. 그래서 사요는 자력양성에서 시작된다(정전, 39-41 참조). 자력양성은 불평등과 차별 척결에 근본이 되는 원리로써 경제적 자립과 밀접한 연관이 있다. 한 마디로 개인의 자력이란 경제적 자립을 의미하며, 사회참여의 통로가 된다. 따라서 소태산은 자력양성을 위해 직업의 중요성을 강조하며, 직업을 통해 생활 속에서 영육쌍전을 실현할 것을 권고한다(이진수 2013, 83; 조정제 1980, 207-208 참조). 출가자나 재가자나 모두가 직업을 가져야 할 것을 역설한다(대종경, 24). 그런 의미에서 그는 불교의 출세간적 생활을 비판한다. 종교란 인간을 상대로 하는 것인데, 불교는 인간이 없는 산간에 교당을 두고 있어 세간의 사람들이 가르침을 받기 위해 범접할 수 없는 곳이 되어 버렸다는 것이다(대종경, 23). 나아가 소태산은 불교의 승려들이 사농공상의 직업을 갖지 않고 시주나 동령으로써 생활하고 독신으로 산다고 비판한다. 그는 재가와 출가, 사업과 공부 등 주객의 차별을 두는 것에 대해 반대한다(대종경, 24). 오히려 진리를 탐구하고 실천함에 있어서 '모두'가 '어디서'나 차별 없이 참여할 수 있어야 한다고 역설한다. 재가자와 출가자, 세간과 출세간의 이원론적 구분과 그에 따른 차별 및 불평등은 존재해서는 안 된다. 누구나 자기의 힘(자력양성)으로 진리를 깨닫고 생활을 윤택하게 할 권리가 있다. 진리와 삶/세상은 결코 분리할 수 있는 것이 아니다. 때문에 소태산에게 '직업'은 출가자의 '수행'만큼이나 중요하다. 직업을 통해 성취되는 '자력양성'은 '인권평등'의 기반이 된다. 그래서 소태산은 남녀 모두가 직업을 가질 것을 권한다. 직업은 인간에게 평등뿐 아니라 생활의 자유까지 보장해 주기 때문이다. 직업이야말로 인간의 자유와 평등의 토대 수단이 된다(원불교전서, 41). 나아가 그는 자력양성을 위해 실업과 의식주 문제를 해결할 것과 근검절약을 통해 저축을 해야 할 것을 제안한다(정전, 84-85).

둘째, 지자본위(智者本位)로서, 지혜로운 사람과 어리석은 사람 간에 근본적 차별은 없지만, 배움을 위해서는 지혜로운 자를 지도자로 내세우자는 것이다(원불교 법무실 편찬 2006, 136). 소태산은 배움에 있어서는 불합리한 차별 제도에 이끌리지 말고 배움의 목적 달성에만 집중하자고 강조한다. 그래서 그는 과거의 불합리한 차별 제도를 조목조목 지적한다. 즉 배움에 있어서 양반과 상민, 적자와 서자, 노인과 아이, 남자와 여자 그리고 종족 간의 차별을 없애야 한다고 강조한다. 소태산은 사람에 따라 차별해 가르칠 것이 아니라, 구하는 것에 따라 다양하게 가르치자고 주장한다(정전, 41-42). 이러한 평등한 가르침의 기회를 통해 누구에게나 지식 평등이 주어지게 된다. 배제자와 약자가 사회에서 인정받을 수 있는 선결 요건이 교육이다. 지자(智者)만이 정의로운 사회를 구축하고 자유와 평등을 누릴 수 있다. 그래서 지자본위는 타자녀교육으로 이어진다.

셋째, '타자녀교육'이다. 소태산은 누구나 교육을 받아야 할 것을 제안한다. 교육의 일반화 · 보편화는 '타자녀교육'을 통해 달성되며, 이로인해 세상의 문명이 촉진되고, 마침내 모두가 낙원 같은 세상에서 살수 있게 된다는 것이 소태산의 논리다(정전, 42-44). 타자녀교육은 교육을 개인 차원에서 사회 차원으로 재인식하여 사회 자본화하는 것이다. 즉 나의 자녀만이 아닌 타 자녀의 교육까지 모두가 책임을 지는 교육방식이다. 타자녀교육을 통해 교육의 보편성과 평등화가 구축된다. 더 이상 '여자와 하천한 사람'에게 교육의 기회를 빼앗지 못하게 되고, 유산자만 교육의 혜택을 받고 무산자는 받지 못하는 교육의 불평등도 허락되지 않는다. 소태산은 자녀가 있고 없음에 상관없이 모두가 타자녀교육에 참여할 것을 당부한다. 이를 위해 국가나 사회에서 운영하는 교육기관이 필요하다고 주장한다(정전, 43). 원불교는 소태산 대종사의 종지를 받들어 원광대학교를 비롯한 많은 교육기관을 가지고 타자녀교육을 통한 '교육 평등화'에 매진하고 있다.

넷째, 공도자숭배다.『정전』에서는 세계와 국가, 사회 혹은 교단을 위해 공헌한 사람들을 마치 자녀가 부모를 공경하듯 숭배하자고 제안한다. 공도자숭배의 목적은 누구나 다 공도자처럼 '공평하고 바른 도리(公道)'에 따라 사는 것이다. 소태산은 공동체의 주인은 공도자로서, 모두를 위해 헌신하는 공도자가 많이 있을 때 세상은 평화롭게 될 것이라고 강조한다(정전, 44-46). 그동안 공도사업이 없었던 것은 공익의 기초인 사·농·공·상이 전문교육을 받지 못해서고, 종교의 교리와 제도가 대중적이지 못해서이며, 정부나 사회에서 공도자의 표창이 적었기 때문이라고 소태산은 지적한다. 그러면서 그는 무엇보다도 모두가 자타의 구분을 벗어나 공도사업에 참여할 것을 권고한다(정전, 45). 공도사업을 통해 '생활평등'이 성취되기 때문이다.

이상에서 살펴본 대로 상생의 원리로서 은사상과 사회개혁의 원리로서 사요교리 모두 인간이 자유와 평등을 확립하기 위한 공공선의 지표들이다. 온 인류가 연기의 원리로 보은의 관계에 놓여 있기 때문에 돈의 기능은 이타행의 가치 추구를 위한 것이 되어야 한다. 나아가 돈은 사회의 배제자와 약자를 보호하고 은혜를 베푸는 수단으로 사용되어야 한다. 보은과 상생의 연기적 관계를 강조하는 원불교는 인류가 한 동포임을 강조한다. 제3대 종사 대산 김대거는 '진리는 하나, 세계도 하나, 인류는 한 가족, 세상은 한 일터, 개척하자 하나의 세계'라는 사대진리를 통해 '세상이 한 일터'이고 '인류는 한 가족'임을 선포한다.8 '세상이 한 일터'라는 것은 곧 노동 현장을 의미한다. 그 터에서 한 가족인 인류가 자유와 평등의 공공선을 위해 땀 흘려 일한다. 여기서 돈은 공공선을 가능케 하는 수단일 뿐이다. 사요는 인권평등, 지식평등, 교육평등, 생활평등과 같은 인간의 평등권 회복을 위한 원칙들이다. 이러한 평등권은 수단으로서의 돈, 소유로서의 돈이 정의롭게 작동할 때 실현된다. 네 가지 평등은 이타적 평등으로서 타자에 대한 배려에서 오는 평등이다. 그러므로 원불교의 물질개벽에 있어서의 돈의 논리를 정의한다면 '이타적 기능으로서의 돈'이라고 할 수 있다.

V. 나가는 말

이상 원불교의 물질개벽을 통해 나타난 돈의 논리를 살펴보았다. 소태산은 신식교육을 전혀 받은 적이 없고 새로운 서양문명에 접한 적이 없었는데도, 그의 물질개벽에 대한 견해는 독일의 두 학자 짐멜과 베버가 주장한 '돈의 논리' 및 '프로테스탄트의 윤리'와 상당부분 유사점을

---

8 김명희, "대산 김대거 종사의 종교간 대화-원효의 체상용(體相用) 대화원리를 중심으로-", 『원불교사상과 종교문화』 61집, 2014, 149-197에서 김대거 종사의 사대진리를 자세히 다루었다.

보이고 있다. 19세기 말에서 20세기 초 세계는 계속되는 전쟁으로 피폐해 있었고, 새롭게 태동한 자본주의는 인권유린과 인간소외라는 부정적 결과를 초래했다. 이 무렵 동서양의 거목들은 민중의 자유와 평등, 인간답게 살 권리를 회복할 통로를 '물질' 즉 '돈'에서 찾았다. 짐멜의 '수단으로서의 돈', '양적 소유로서 돈'과 베버의 신의 소명으로서의 '직업과 노동', 소태산의 '물질개벽'은 인간의 존엄성을 회복시켜 줄 '통로'였다.

사요와 사은의 교리는 원불교의 '물질개벽'이 이타행의 가치를 추구하는데 중심원리가 되었다. 인간에게 자유와 평등을 찾아 주기 위해 출현한 '물질개벽'이 오늘날 삶의 현장에서 얼마나 실천되고 있는지 점검해 볼 만하다. '물질개벽을 통해 본 돈의 논리'에 대한 현장 연구는 다음 과제로 남겨 두기로 한다. 원불교 창교 100주년을 맞아 창시자 소태산의 "물질이 개벽되니 정신을 개벽하자"란 표어가 21세기 신자유주의 시대를 사는 사회적 약자와 배제자들에게도 희망이 될 수 있길 바란다.

참고문헌

〈1차 자료〉

『대종경』

『세전』

『원불교 교사』

『원불교전서』

『정전』

〈2차 자료〉

김명희. 2014. "대산 김대거 종사의 종교간 대화-원효의 체상용(體相用) 대화원리를 중심으로-", 『원불교사상과 종교문화』 61:149-197.

민중서림 편집국 편. 2007. 『엣센스 국어사전』. 경기도 파주시: 민중서림.

박상권. 1999. "원불교 교법이 지향하는 종교의 중심기능에 대한 연구." 『圓佛教學』 4: 137-159.

심대섭. 1998. "圓佛教 四要의 基本性格과 現代的 照明." 『원불교학』 3: 153-185.

원광대학교 종교문제연구소. 1981. 『圓佛教事典』. 이리: 원광대학교출판국.

원불교 법무실 편찬. 2006. 『大山宗法師 法門集 第Ⅱ輯』. 익산: 원불교 출판사.

이성전. 2008. "원불교 개교정신과 생명질서." 『원불교사상과 종교문화』 39: 95-125.

이진수. 2013. "자본주의의 새로운 패러다임과 원불교 경제관." 『원불교사상과 종교문화』 56: 73-109.

조정제. 1980. "원불교 경제관에 대한 소고." 『원불교사상과 종교문화』 4: 204-217.

최건풍(정풍). 1989. "圓佛教 宗教聯合運動의 思想的 背景", 『圓佛教學研究』 19: 153-180.

Simmel, Georg. 2014. *Philosophie des Geldes*. 『돈이란 무엇인가』, 김덕영(역). 서울: 도서출판 길.

_____. [1920]1983. *Philosophie des Geldes*, München und Leipzig: Verlag von Dunker & Humlot. 『돈의 철학』, 안준섭 외(공역). 서울: 한길사.

Weber, Max. [1920]2004. *Die protestantische Ethik und der Geist des Kapitalismus*. Tübingen: J.C.B.Mohr. 『프로테스탄티즘의 윤리와 자본주의 정신』, 박성수(역). 서울: 문예출판사.

유교와 돈

김 태 완

광주지혜학교철학교육연구소

I. 들어가는 말: 돈이란 무엇인가

'돈'이라는 우리말은 화폐를 통칭하는 말이다. 한자 말과 순우리말 사이의 미묘한 권력관계를 생각할 때 돈과 화폐 또한 용어의 구조적 권력체계를 내함(內含)하고 있지만 화폐가 가치를 띤 물건으로서 일상생활을 움직여나가는 가장 강력한 매개물이라는 성질을 생각하면 돌고 도는 것이 돈이라는 속설을 연상하게 하는 돈이라는 이름이야말로 돈이 지닌 유통의 속성을 가장 잘 드러낸다.

얼씨구나 절씨구! 어얼씨구나 절씨구! 돈 봐라, 돈 봐라! 잘난 사람은 더 잘난 돈 못난 사람도 잘난 돈! 맹상군(孟嘗君)의 수레바퀴처럼 둥

글둥글 생긴 돈, 생살지권을 가진 돈, 부귀공명이 붙은 돈! 이놈의 돈
아! 아나, 돈아! 어디를 갔다가 이제 오느냐? 얼씨구 돈 봐라! 어화! 세
상 여러분들! 이내 한말을 들어 보오! 부자라고 자세(藉勢)를 말고, 가
난타고 한을 마소! 마음씨만 잘 먹으면 이런 좋은 일을 보리로다! 엊그
저께까지 박흥보가 문전걸식을 일삼더니 오늘날 부자가 되었으니 이
런 경사가 또 있느냐! 얼씨구나 절씨구!……흥보 마누라 나온다. 우리
집이 가난키로 삼남의(에) 유명터(하더)니 오늘날 부자가 되었으니,
석숭(石崇)이를 부러(워)허리! 얼씨구나 절씨구! 불쌍하고 가난한 사
람들! 우리 집으로 찾아오소. 나도 오늘부터 기미(飢米)를 줄란다. 얼
씨구나 절씨구!…1

돈(화폐)의 속성, 본질, 정의에 관해서는 동서고금을 막론하고 일찍
부터 백가쟁명으로 담론이 이루어졌지만 여전히 돈에 관한 규정은 추
상적이고 복잡하다(피에르 발라르 2000, 24; 김봉하 2004, 27; 김이한·김
희재 2014, 20).2 다른 어떤 인간 삶의 여러 매개물 가운데에서도 돈은

---

1 판소리『흥보가』중의 돈타령
2 오랫동안 경제학자들은 돈(화폐)을 직접 정의하기보다 그 역할을 통해 간접적으로 정의
하려고 시도하였다. 그리하여 대체로 첫째, 교환의 매개물, 곧 지불수단, 둘째, 교환되는
두 항목 간의 비교항, 곧 가치척도, 셋째, 가치저장 수단으로 정의하였다. 이런 정의에
대해 지불수단을 갖는 모든 물건을 화폐라고 부르자는 주장도 있으며, 화폐의 유동성(대
가를 지불할 때의 편리성)을 화폐의 중요한 역할로 보기도 하고, 심지어 경제적 주체에
부여된 구매력, 정부 정책의 도구로서 화폐를 정의하는 예도 있다.『금과 화폐의 역사,
1450-1920』, 피에르 발라르, 김현일 옮김. 까치, 2000, p. 24. 참조. 더 나아가 화폐의
기능을 1차적 기능과 2차적 기능으로 크게 둘로 나누기도 한다. 1차적 기능은 화폐의 단
독적인 기능이라 할 수 있는데 가치척도, 교환매개, 지불수단, 가치저장의 일반적으로 규
정하는 화폐의 기본적인 기능이다. 2차적 기능은 화폐가 다른 수단으로 곧 화폐가 가격,
자본, 통화량 또는 부(재산) 등으로 전환하여서 수행하는 기능이다. 1차적 기능은 화폐의

실체를 가장 알 수가 없다. 그리하여 돈은 간접적으로 또는 추상적으로만 자기를 드러낸다.

위의 인용문은 돈에 관한 전통사회 민간의 관념을 여실하게 보여준다. 돈은 부모형제의 천륜도 왜곡시키거나 부정하게 만들며, 사람의 사회적 지위나 품격을 물질적으로 반영하며, 인간의 생활세계 어디에나 침투하여서 영향을 미치며, 심지어 사람을 살리거나 죽일 수도 있다고 여겨졌다.[3] 그러나 돈은 사람의 품격을 고상하게 만들거나 인품을 탁월하게 만드는 것이 아니라 거의 언제나 사람을 천박하고 몰인정하고 인성을 타락시키는 것으로 여겨졌기 때문에 돈에 대한 이중적인 관념을 형성하였다. 돈은 인간을 물화(物化)하는 가장 근본적인 수단이며, 한 사람이 지닌 힘의 총량을 수로 표시하여서 계량화하는 지표이다. 또한 돈은 인간세(人間世)에서 흔히 일어나는 목적과 수단의 가치전도 현상을 가장 잘 드러낸다.[4] 돈을 추구하여서 획득하고 돈을 축적하는 일은

개별적 기능, 2차적 기능은 화폐의 집합적 기능이라 할 수 있다.『화폐, 그 보이지 않는 힘』, 김봉하, 문학과청년, 2004, p. 27. 이에 더하여 화폐의 기능에 투자수단까지 덧붙이기도 한다.『화폐이야기』, 김이한 외, 부·키, 2014, p. 20 참조.

3 司馬遷은『史記』에서 돈이 대표하는 부의 위력을 다음과 같이 상징적으로 묘사하였다. "일반 인민은 상대방의 부가 열배이면 이를 낮춰서 헐뜯고, 백 배이면 이를 두려워하여서 꺼리고, 천 배이면 부림을 당하고, 만 배이면 종이 된다. 이는 만물의 이치이다."『史記』「貨殖列傳」. 凡編戶之民, 富相什則卑下之, 伯則畏憚之, 千則役, 萬則僕, 物之理也.

4 돈이면 귀신도 부린다는 우리 속담을 실증이라도 하는 듯한 돈의 위력에 굴복할 수밖에 없는 인간성의 나약함에 관한 일화는 인간이 돈에 관해 보편적으로 갖는 관념을 상징적으로 보여준다. 唐 때 張固가 쓴『幽閑鼓吹』에 다음과 같은 사례가 전한다. 재상인 張延賞이 탁지(국가의 재정담당)의 일을 겸하게 되었다. 큰 옥사 한 건이 있었는데 매우 억울한 사건이라 늘 이 생각을 하면 탄식하였다. 마침 탁지의 일을 맡게 되자 옥리를 소환하여 엄격하게 다그치면서 말하였다. "이 옥사는 이미 오래 되었으니 열흘 안에 반드시 처리해야 한다." 다음날 공무를 보려고 하니 책상에 작은 쪽지가 있었는데, '돈 3만 관이니 이 옥사를 묻지 마시라'고 쓰여 있었다. 장연상이 크게 노하여서 곧 안건을 처리하라고 다그

인간의 이기적 성정으로서 타고난 성향 가운데 하나이다.5 이기적이라는 표현을 긍정적으로 보든 부정적으로 보든 인간은 자기보존의 욕구를 본능적으로 지니고 있으며, 자기를 남으로부터 인정받고자 하기 때문에 자기 존재의 역량을 물화하여서 물질과 재산을 통해 이를 나타내려고 한다.

고대 동아시아 유교 사회에서도6 돈은 일찍부터 재산의 축적, 매매

쳤다. 다음날 다시 쪽지 하나가 있었는데 '돈 5만 관'이라고 쓰여 있었다. 장연상이 더욱 노하여서 이틀 내로 사건을 반드시 해결하라고 하였다. 다음날 다시 쪽지 하나가 있었는데 '돈 10만 관'이라고 쓰여 있었다. 장연상은 마침내 옥사를 중지하고서 묻지 않았다. 수하가 틈을 내어서 까닭을 물었다. 장연상이 이렇게 말하였다. "돈이 10만에 이르면 귀신과도 통할 수 있으니 돌이킬 수 없는 일이 없다. 나는 재앙이 미칠까 두려우니 받지 않을 수 없다." 『幽閑鼓吹』권52. 相國張延賞將判度支. 知有一大獄, 頗有冤濫, 每甚扼腕. 及判使即召獄吏嚴懲之. 且曰, 此獄已久, 旬日須了. 明日視事, 案上有一小帖子. 曰, 錢三萬貫, 乞不問此獄. 公大怒, 更促之. 明日復見一帖子來. 曰, 錢五萬貫. 公益怒, 命兩日須畢. 明日復見貼子來. 曰, 錢十萬貫. 公遂止不問. 子弟乘間偵之. 公曰, 錢至十萬, 可通神矣. 無不可回之事. 吾懼及禍, 不得不受也.

5 『史記』「貨殖列傳」. 富者人之情性, 所不學而俱欲者也.

6 중국을 비롯한 동북아시아를, 특히 그 고대 사회를, 유교 사회로 통칭하면 개념을 엄밀하게 사용해야 하는 학술 분야에서는 자못 문제가 있다. 한 이전까지 유가 사상은 아무리 유력한 사상이었다 하더라도 본질적으로는 제자백가의 여러 사상 가운데 하나였다. 또한 동북아시아를 유교 사회라고 하더라도 유교는 서양을 기독교 사회라고 할 때 기독교가 서양 사회에서 차지한 만큼의 위상을 차지하지 않는다. 국가의 공식 이념이 유교였고, 유교 의례가 인민의 일상생활의 규범을 지배하고 국가를 지탱하고 운영하는 가장 중요한 제도적 장치였지만 여전히 다른 이념이나 사상이 유교의 상대적인 호교론적 폭력에도 불구하고 유교와 나란히 자기 위상을 지켜왔다. 그러므로 동북아시아에서는 유불선(儒佛仙), 또는 유불도(儒佛道)라는 용어가 아주 일상으로 쓰였고, 학자나 사상가가 삼교회통(三敎會通)이니 삼교합일(三敎合一)을 지향하는 일은 전혀 문제가 없었으며 오히려 사상과 정신세계의 폭을 넓히는 일로서 또는 원만하고 원융(圓融)한 정신적 수준을 나타내는 지표로 여겨지기도 했다. 여기서 특히 중국을 유교 사회라고 할 때의 유교는 중국의 전통문화를 대표하는 차원으로 그 의미가 제한된다. 또한 우리가 유교라는 용어를 수식어로 사용하여 우리나라나 동아시아 전통사회를 지칭할 때, 유교라는 용어가 담고 있는 이미지는 거의 대부분 송대 이후 형성된 신유학(이학)의 내면적 도덕주의, 내성화한 유

와 교역, 가치척도 등 돈이 일반적으로 수행하는 기능을 지니고서 널리 유통하였다(김봉하 2004, 28-55; 피에르 발라르 2000, 31).[7] 다만 유교 사회는 농경을 생산의 기본 양식으로 삼은 사회였기 때문에 농경 생산을 장려하고 농민을 보호하는 방향으로 정책의 초점을 맞추었으며, 농민의 삶을 유지하고 농민의 조세부담을 덜어주는 데 유효한 정책이 바람직한 정치로 제시되었다. 따라서 역대 왕조의 통치자와 관료는 농민을 덜 착취하고 인민과 사적 이익을 다투지 않는 데서 그 덕목이 나타나는 것으로 보았으므로 자연 통치자와 귀족관료가 물질이나 돈을 축적하지 않는 일을 미덕으로 여겼다.

II. 동아시아 고전 텍스트에서 보이는 돈에 관한 담론

중국의 고대사회에서, 돈으로서 화폐는 매우 일찍부터 발달하였다. 실제 인민의 일상생활에서는 물물교환이 성행하고 교역에서 중요한 부분을 차지했다 하더라도 돈으로 가치를 환산하고 매기는 일 또한 매우 일찍부터 시작되었다. 기원전 524년 주경왕(周景王) 때 동전 주조에 관한 논란이 있었다. 『국어(國語)』「주어(周語)·하」에 다음과 같은 기록이 있다.

학에 의해 형성된 것이다.

7 김봉하, 앞의 책, p. 28-55에서 돈의 출현은 인간 사회의 발전과 함께 그 궤적을 같이 한 것으로 보인다. 농경과 목축 시작, 사회의 분업과 분화, 잉여생산, 사적 소유 확대, 물물교환 시장의 출현, 물품 화폐의 발명으로 교환경제의 출현과 함께 화폐 발명을 논술하고 있다. 물론 화폐의 진화와 발전은 보편적인 형태를 띠지 않았으며, 역사의 전 시기에서 화폐의 유통에 저항한 지역을 발견할 수 있다. 피에르 발라르, 앞의 책, p. 31. 참조.

장차 대전(大錢)을 주조하려고 하였다. 선 목공(單穆公)이 말했다. "안 됩니다. 옛날에 하늘이 재앙을 내리면 그제야 재화와 화폐의 많고 적음을 헤아려서 값의 경중을 조절하여서 (화폐를 이용한 상거래의 편의를 도모하여서) 인민을 구제하였습니다. 인민이 (화폐 액면가의) 낮음을 걱정하면 액면가가 높은 화폐를 주조하여서 유통시켰는데 이에 고액화폐를 주로 하고 저액화폐를 보조로 삼아서 유통시킴으로써 인민이 모두 이득을 얻었습니다. 만약 인민이 화폐의 액면가가 높음을 견디지 못하면 액면가가 낮은 화폐를 많이 만들어서 유통시키고 액면가가 높은 화폐도 폐기하지 않았습니다. 이에 저액화폐를 주로 하고 고액화폐를 보조로 삼아 통용시킴으로써 액면가가 크든 적든 잘 이용하였습니다. 지금 왕께서 저액화폐를 폐지하고 고액화폐를 만들어서 유통시키면 인민이 가진 저액화폐는 가치를 잃어서 궁핍해지지 않겠습니까? 만약 인민이 궁핍해지면 왕의 재정은 장차 결핍이 있을 것이고 결핍이 있으면 인민에게서 세금을 후하게 거둬야 할 것입니다. 인민이 세금을 내지 못하면 인민의 마음이 멀어지게 되고 이는 인민을 떠나게 하는 것입니다.…" 왕이 듣지 않고서 끝내 대전을 주조하였다.[8]

주의 경왕과 선의 목공 사이의 대화를 통해 우리는 이미 주 경왕 이전에 금속으로 주조한 화폐가 통용되었음을 알 수 있다. 또한 춘추시대에도 이미 동전이 유통됨에 따라 액면가가 실제 물건의 가치를 반영하

---

[8] 『國語』「周語·下」. 景王二十一年, 將鑄大錢. 單穆公曰, 不可. 古者, 天災降戾, 於是乎量資幣, 權輕重, 以振救民. 民患輕, 則爲作重幣以行之. 於是乎有母權子而行, 民皆得焉. 若不堪重, 則多作輕而行之, 亦不廢重, 於是乎有子權母而行, 小大利之. 今王廢輕而作重, 民失其資. 能无匱乎? 若匱王用將有所乏, 乏則將厚取於民. 民不給, 將有遠志, 是離民也.…王弗聽, 卒鑄大錢.

지 못하는 일이 생겨서 새로 동전을 주조하거나 화폐의 가치를 절상 또는 절하하는 일이 생겼음을 볼 때 화폐는 매우 일찍부터 상거래와 물가 조절 및 재정의 중요 수단으로 쓰였음을 알 수 있다.

동아시아 고전 텍스트에서 돈을 지칭하는 용어는 여러 가지가 있다. 천(泉), 포(布), 전(錢), 화(貨), 금(金), 백(帛), 재(財) 등 축적된 재물을 가리키는 말이나 돈 대신 거래할 수 있는 물건, 물건의 거래를 통해 획득한 재화, 돈의 역할을 할 수 있는 교환수단이 모두 돈을 직간접적으로 가리키는 말로 쓰였다. 이른바 한자문화권에서 돈을 가리키는 한자어 가운데 가장 흔히 쓰이는 글자인 전(錢)은 金(금)과 戔(전)으로 이루어진 글자이다. 이 가운데 戔은 원래 흙을 일구거나 건축에 쓰이는 농기구의 일종인 가래를 가리키는 글자이다. 상고시대에는 농기구도 교역이나 매매에 이용하였는데, 나중에 금속을 주조하여서 화폐를 만들면서 매매에 쓰이던 물건의 형상을 본떠 만들었기 때문에 화폐가 만들어지고서도 그 이름이 그대로 붙었다. 그리고 전이 화폐로서 점점 매매와 교역의 중요한 수단이 되면서 돈 일반이나 재물 일반을 상징하는 말이 되었다.

재화의 총칭으로서 돈에 치환되는 대표적인 용어는 천과 포이다. 『주례』「천관·외부」에서는 다음과 같이 말한다.9 "외부(外府)가 맡은

---

9 원래 제호가『周官』인『周禮』는 전통적으로 周公 姬旦이 지은 저작으로서 주(周) 때의 관직 제도를 서술한 책으로 알려져 있지만 이 텍스트에서 논한 관직 제도가 실제 周의 제도와 일치하지 않은 것이 많고 성립 과정이나 내용의 사실성 여부에 의문과 논란의 여지가 많다. 다만『周禮』는 後漢과 新 때 劉歆이 중시하여서 편집하고 연구하였으며, 新의 제도를 마련하는 데 이용하였고, 王安石이 新法의 이론적 토대로 이용하였다. 또한 조선 건국 뒤 鄭道傳이 조선의 국가제도의 초안으로서『朝鮮經國典』을 지었을 때『周禮』의 체제를 따랐다. 이런 몇 가지 사실을 참조하여 생각할 때『周禮』는 실제 周의 국가제도를 증언하는 텍스트가 아니라 유교적 이상 국가를 구상한 텍스트로 보인다. 조선 후기에도

일은 나라의 포(布)를 출납하여서 온갖 물건을 제공하여 나라의 용도에
공급하되 법도에 따라서 하는 것이다."10 이에 대한 주석은 다음과 같다.

> 포는 천(泉, 샘)이다. 포는 선포하다는 뜻의 포로 읽는다. 갈무리한 것
> 을 천이라 하고 유통되는 것을 포라고 한다. 샘물이 막힘없이 두루 흐
> 르는 데서 이름을 따왔다.…천은 본래는 한 종류였는데, 주 경왕 때 대
> 천(大泉)을 주조하여서 두 종류가 되었다. 나중에 여러 차례 변하여서
> 다시는 본래의 제도를 알 수 없게 되었다. 한에 이르러서는 오직 오수
> 전(五銖錢)이 오래도록 통용되었다. 왕망(王莽)이 화폐를 개조하여
> 서 다른 종류를 만들어서 천포가 많게는 열 종류에 이르렀으며, 지금도
> 민간에는 화폐가 여러 종류 남아 있는데, 화포(貨布), 대천, 화천(貨
> 泉) 같은 것들이다. …11

천이란 말은 샘처럼 흘러 유통되면서 물건을 매매하거나 교환하는
수단으로 쓰이는 돈의 속성을 가리키는 말이다. 이에 견주어 포布는 유
포된다, 선포된다는 뜻을 나타내는 말로서 원래는 직물을 대표하는 베

유교 지식인과 관료들은『周禮』의 국가체제를 염두에 두고서 사회의 구조를 개혁하고 재
건하거나 국가경영의 이념을 성찰하였다.
10 『周禮』「天官·外府」. 掌邦布之入出, 以共百物, 而待邦之用, 凡有灋者.
11 『周禮注疏』「天官·外府」. 布, 泉也. 布讀爲宣布之布. 其藏曰泉, 其行曰布, 取名於水
泉, 其流行無不徧.…泉始蓋一品, 周景王鑄大泉而有二品. 後數變易, 不復識本制. 至
漢, 惟有五銖久行. 王莽改貨而異作, 泉布多至十品, 今存於民間多者, 有貨布·大泉·
貨泉.… 물론『周禮』는 역사상 실재했던 국가의 실제 제도가 아니라 이상 국가의 구상을
서술한 텍스트로 여겨지기 때문에 외부의 역할을 그대로 사실로서 인정할 수는 없다 하
더라도, 적어도 한 대에 이루어진 주석으로 볼 때 돈이 고대 사회에서도 국가재용의 출납
을 가치로 환산하는 역할을 하였음을 알 수 있다.

를 가리키는 말이다.『시경』에는 "어리숙한 사내, 베를 안고 실을 바꾸러 왔네. 실을 바꾸러 온 게 아니라 나를 꾀러 온 게지"[12]라는 구절이 있다. 포는 물물교환에 가장 일반적인 매매 또는 매개의 수단이 되는 물건이었다. 뿐만 아니라 포는 우리나라의 경우 조선시대까지 국방의 의무로서 부과한 조세의 한 과목이었다. 장정은 정해진 군역을 져야 하는데 군역에 나아가지 않는 대신 포를 대납할 수 있었다.

　화(貨)도 재물이나 돈을 일컫는 말로 많이 쓰이는 글자이다. 글자 모양은 조개를 나타내는 貝(패)에서 따왔고 소리는 化(화)를 따랐다.[13] 『설문해자(說文解字)』에서는 貨(화)의 뜻을 재물로 설명하였다.[14] 또한『서경(書經)』「홍범(洪範)」에서는 셋째 여덟 가지 정사(八政)의 둘째 항목에 재화를 말하고 있다.[15]『한서』「식화지」에서는 화를 다음과 같이 풀이한다. "삼베나 비단과 같이 옷을 만들어 입을 수 있는 것과 쇠붙이(金)·돈(刀)·거북껍데기(龜)·조가비(貝)와 같이 재물을 분배하고 이익을 퍼뜨려서 없는 것과 있는 것을 소통하게 하는 수단을 말한다."[16]

---

12 『詩經』「衛風·氓」. 氓之蚩蚩, 抱布貿絲. 匪來貿絲, 來卽我謀.
13 조개껍데기는 상고시대부터 화폐의 구실을 하였기 때문에 貝 자가 밑글자로 붙는 글자는 거의 대부분 재물이나 재산의 가치와 관련된 글자이다. 시중에 통행하는 대표적인 자전에는 貝 부에 100여 글자를 수록하고 있는데 이 글자들은 거의 모두 재물을 나타내거나 재물의 유통, 多寡, 授受, 구체적인 물건이나 추상적인 대상의 가치 등을 가리킨다.『漢語大字典』, 民衆書林, 2007.
14 『說文解字』. 貨, 財也.
15 『書經』「洪範」. 三八政. 一曰食, 二曰貨, 三曰祀… 孔安國은 여덟 가지 정사에서 재화를 거론한 것에 대해 국가의 재용을 아낀다는 뜻으로 풀이하였다.『尙書傳』「洪範」. 寶用物.
16 『漢書』「食貨志」. 貨謂布帛可衣, 及金刀龜貝, 所以分財布利通有無者也. 주석에서는 다음과 같이 풀이한다. "쇠붙이는 다섯 종류인데, 누런 것을 금, 흰 것을 은, 붉은 것을 구리, 푸른 것을 납, 검은 것을 쇠라 한다. 돈이란 돈과 비단 따위이다. 거북껍데기는 점을 치는 데 쓰이고 조가비는 장식을 하는 데 쓰인다. 그러므로 모두 보화가 된다." 注.

『주례』「천관·태재」에서는 태재(太宰)가 하는 일 가운데 아홉 가지 직분을 만민에게 맡겨서 일을 하게 한다고 하고 그 가운데 여섯 째 직분에서 상업을 말한다. 곧 행상이나 점포를 가진 상인은 화회(貨賄)를 성대하게 유통시킨다고 하였다. 이 가운데 화는 금과 옥 따위 귀금속을 말하고 회는 포나 비단과 같은 직물, 곧 물물교환에 이용되는 물건을 말한다.[17] 물건을 통한 교환은 매우 일찍부터 이루어졌다.『주역』「계사·하」에서는 다음과 같이 말한다. "낮에 저자를 열어서 천하의 인민을 오게 하고 천하의 재화를 모아서 교역한 뒤 물러가게 함으로써 저마다 자기가 필요한 것을 얻게 하였다."[18]

폐(幣) 또한 물물교환이나 매매에서 중요한 수단이 된 물건이다. 폐는 삼베나 비단 따위 직물의 총칭인 巾(건)의 뜻을 따르며 敝(폐)로 소리가 나는 글자이다. 본래는 고대 사회에 예물로 쓰이던 직물을 가리키는 글자로 쓰였다. 敝는 또한 끄트머리, 끝이라는 뜻이 있다. 그러므로 敝와 巾이 합쳐서 이루어진 幣는 원래 비단을 가리키는 글자이며, 또한 비단의 쓰고 남은 끄트머리 자락, 남은 동강을 가리키는 말로 쓰였는데, 이 남은 동강을, 귀한 물건을 낭비하지 않고 절약하여서 예물로 썼으므로 폐는 나중에 폐백(幣帛) 따위 예물의 총칭이 되었다.[19] 또한 비단은

金謂五色之金. 黃者曰金, 白者曰銀, 赤者曰銅, 靑者曰鉛, 黑者曰鐵. 刀謂錢幣. 龜以卜占, 貝以表飾. 故皆爲寶貨.

17 『周禮』「天官·大宰」. 以九職任萬民.……六曰商賈, 阜通貨賄. 鄭玄의 注. 行曰商, 處曰賈. 阜, 盛也. 金玉曰貨, 布帛曰賄.

18 『周易』「繫辭·下」. 日中爲市, 致天下之民, 聚天下之貨, 交易而退, 各得其所.

19 『孟子』에 강대한 외부세력을 가죽과 비단으로 섬긴다는 말이 나온다.『孟子』「梁惠王·下」. 昔者大王居邠, 狄人侵之. 事之以皮幣, 不得免焉.…. 그리하여 나중에는 예물로 쓰이는 귀한 물건, 예컨대 옥, 말, 가죽, 각종 보석, 비단 따위를 총칭하여 폐라고 하였다. 『儀禮』「士相見禮」. 凡執幣者不趨. 「疏」. 玉馬皮圭璧帛, 皆稱幣

예물이나 교역에 쓰이는 대표적인 물건이 되었으므로 교환가치의 대표인 화폐를 가리키는 말이 되었다.『관자』에는 화폐의 종류에 따라 비교가치가 부여되어 있음을 말하고 있다.[20]

貝(패)의 뜻을 따르고 才(재) 소리 나는 재(財)는 일상생활에서 쓰이는 생필품을 가리키는 말로서 재물, 재산을 의미하는 데 광범위하게 쓰였다.『설문해자』에서는 재를 사람이 귀중하게 여기는 것이라고 풀이하였다.[21] 또한『광아』,『주례』,『예기』 등에서도 재화, 돈이나 곡식, 비단, 귀중품을 가리키는 말로 쓰였다.[22]『주역』에서는 재물을 두고 인민을 모아들이는 수단으로 삼았다. 인간이 땅에 정착하여서 공동체를 지켜나가고 이어가려면 사람이 모여 들어야 하는데 사람을 모으는 수단은 바로 생계를 유지하는 물질적 수단이다.[23]

돈을 가리키는 전이나 화폐를 대신하여서 쓰이는 말이 이처럼 많다는 것은 고래로 재산의 가치를 매기고 물건과 물건을 교역할 때 다양한 수단을 이용하였음을 의미한다. 이런 여러 귀중품이나 생필품이 교환가치를 가지면서 돈의 역할을 하였다.

또한 돈에 대한 별칭도 매우 많은데 그 가운데 대표가 되는 이름을 들어보면 공방(孔方), 아도물(阿堵物)이 있다. 공방이란 고대 동아시아 사회에서 통용되었던 돈의 일반적인 형태, 곧 둥근 원형에 가운데 네모

20『管子』「國蓄」. 先王……以珠玉爲上幣, 以黃金爲中幣, 以刀布爲下幣. 三幣…先王以守財物, 以御民事, 而平天下也.
21『說文解字』. 財, 人所寶也.
22『廣雅』. 財, 貨也.『周禮』「天官·大宰」. 以九賦斂財賄. 注, 財, 泉穀也.『禮記』「坊記」. 先財而後禮, 則民利. 注, 財, 幣帛也.『禮記』「聘義」. 諸侯相厲以輕財重禮, 則民作讓矣. 注, 財, 謂璧琮享幣也.
23『周易』「繫辭·下」. 何以守位, 曰仁. 何以聚人, 曰財. 理財正辭, 禁民爲非, 曰義.

난 구멍이 뚫린 모양을 비유로 나타내는 말이다. 진(晉) 때의 노포(魯
褒)는「전신론(錢神論)」에서 다음과 같이 말한다.

돈이라는 물건은 모양이 하늘과 땅을 상징한다. 안은 (땅이) 모남을 나
타내고 밖은 (하늘이) 둥긂을 나타낸다. 쌓으면 산과 같고 유통시키면
내와 같다. 돈을 사용하고 하지 않음에 때가 있고, 유통되고 저장됨에
절도가 있으며, 시장에서 편리하게 교역이 되며 다 없어질까 걱정할 나
위가 없다. (돈이) 장수를 상징함에 훼손할 수 없으며 도의를 상징함에
결손이 없으니 (돈은 그 수명이) 오래간다. 그래서 세상에서는 신령한
보배로 여기고 이를 형처럼 친하게 여겨서 '공방'이라고 부른다. 돈을
잃어버리면 가난하고 약해지며 돈을 얻으면 부유하고 창대해진다. (돈
은) 날개가 없으나 날며 발이 없으나 달린다. 딱딱하게 굳은 얼굴을 펴
주며 떼기 어려운 입을 열어준다. 돈이 많은 사람은 앞자리에 처하고
돈이 적은 사람은 뒷자리에 거한다. 앞자리에 처한 사람은 임금이나 우
두머리이고 뒷자리에 있는 사람은 신하나 종이 된다. 임금과 우두머리
는 풍요하고 넉넉하여서 여유가 있고 신하와 종은 궁핍하고 고갈하며
부족하다. 그래서『시경』에서 '부유한 사람은 살만하나 불쌍하다 이 쓸
쓸하고 외로운 사람은'이라 하였다.24

아도물이란 돈이라는 말을 직접 입에 올리기가 꺼림칙하여서 제삼

24『晉書』「隱逸傳・魯褒」. 錢之爲體, 有乾坤之象, 內則其方, 外則其圓. 其積如山, 其流
如川. 動靜有時, 行藏有節, 市井便易, 不患耗折. 難折象壽, 不匱象道, 故能長久, 爲世
神寶. 親之如兄, 字曰孔方. 失之則貧弱, 得之則富昌. 無翼而飛, 無足而走, 解嚴毅之
顏, 開難發之口. 錢多者處前, 錢少者居後. 處前者爲君長, 在後者爲臣僕. 君長者豐衍
而有餘, 臣僕者窮竭而不足. 詩云, 哿矣富人, 哀此煢獨.

자화하여서 대신 부른 말이다. 중국 남조 송 때 유의경(劉義慶)이 편찬한『세설신어』「규잠」에 나오는 말이다.

> 왕이보(王夷甫)는 평소에 현묘하고 고원한 것을 숭상하여서 늘 부인이 탐욕스럽고 더럽다고 싫어하였으며, '돈(錢)'이라는 글자를 입에 올린 적이 없었다. 부인이 시험을 하려고 몸종을 시켜서 돈으로 침상을 둘러싸서 (왕이보가) 나가지 못하게 하였다. 왕이보가 새벽에 일어나서 돈이 통행을 막은 것을 보고서 몸종을 불러서 '아도물을 치워라!' 하였다. '아도'란 당시 방언으로 '저것'이라는 뜻이다. 그러니까 왕이보가 몸종에게 한 말은 '저것을 치워라!'는 말인데, 돈이라는 말을 입에 담기 싫어서 저것이라고 하였던 것이다.[25]

돈에 관한 속어는 대부분 돈에 관한 사회적 관념의 이중성을 드러낸다. 귀신도 부릴 만큼 막강한 힘을 가진 돈은 누구나 밝히고 추구하지만 한편으로 돈을 추구하는 일은 천박한 일로 여겨졌기 때문이다.

III. 유교의 돈과 상업에 대한 관념 및 경제사상

유교 텍스트에서 돈이나 경제에 관한 담론은 거의 대부분 사회의 정

25『世說新語』「規箴」. 王夷甫雅尚玄遠, 常嫉其婦貪濁, 口未嘗言錢字. 婦欲試之, 令婢以錢繞床, 不得行. 夷甫晨起, 見錢閣行, 呼婢曰, 舉却阿堵物. 孔方이나 阿堵物과 같이 돈에 관한 별칭이 발달하였다는 사실은 돈에 관한 문화가 그 역사가 오래고 내용이 풍부함을 나타내지만 한편으로 돈에 관한 사람의 관념이 얼마나 복잡하고 다양한지를 잘 드러낸다.

의실현을 추구하는 것과 관련이 있다.[26] 유교에서는 물질생산, 교환, 유통의 공간으로서 시장의 역할을 긍정하며 시장에서 이루어지는 물질교환이 인민의 생활, 농민의 농경생산에 필수불가결한 요소로 인식하고 있다. 사실 어떤 종교적 이념이나 사상적 이데올로기가 시장의 기능, 시장경제의 정책이나 경제활동에 영향을 미칠 수는 있지만, 사람이 생필품을 마련하고 교환하기 위해서 지역의 중심지에 모여서 물물교환이나 매매, 교역을 하는 장시(場市)가 형성되는 것은 자연스러운 현상이기 때문에 시장의 기능을 인위적으로 억제할 수는 없다. 그러나 또한 상업이란 본질적으로 의식주를 위한 생필품을 생산하는 업종이 아니라 1차 생산물 또는 1차 생산물을 가공한 공산품을 교역함으로써 이득을 취하는 업종이다. 따라서 농경을 생산의 기반으로 한 문화에서는 상업을 통해 획득할 수 있는 막대한 이익은 농업생산에 부정적 영향을 미칠 수도 있다. 농업을 생산기반으로 한 공동체에서는 농민의 삶을 보호하고 농업생산의 수단을 확보하고 유지하는 것이 공동체 존속에서 가장

---

26 유교의 돈과 경제에 관한 관념을 밝힘을 주제로 한 이 논문에서는 논지의 전개를 위해 다루는 文獻의 범위로는 특히 『論語』와 『孟子』를 비롯한 四書와 五經 등 先秦 유가의 정통 경전으로 한정한다. 문헌의 편찬이나 전승의 맥락에서 공자-맹자 계열의 유가 문헌은 전통적으로는 중국의 서책 분류인 經史子集 가운데에서 經으로 분류된다. 따라서 荀子나 다른 유가 문헌은 諸子書의 하나로 취급되어서 子로 분류된다. 이 논문에서 공자-맹자 계열의 문헌을 중심으로 삼은 까닭은 이들 문헌이 우리나라 유학 사상과 직접 관련이 있고, 유가를 동아시아의 다른 사상과 구별할 수 있는 사상적 判明性을 지니고 있기 때문이다. 또한 근세의 이른 바 實學으로 분류되는 유학자들의 문헌도 배제한다. 실학자의 사상이나 학술활동은 순수한 유교적 세계관을 탐구하기보다는 '유교적' 지식인의 현실인식과 현실의 문제에 대한 이론적 대응을 드러내고 있는데, 실학의 사상은 이미 유가만의 독자성이나 고유성을 벗어나 있다. 실학의 담론은 사회현실에 대한 민감한 의식을 유가적 용어를 통해 표현하고 있을 뿐이다. 따라서 돈이든 경제관이든 유가의 고유한 사상을 탐색하려면 先秦 孔孟儒學의 문헌으로 한정해야 한다.

중요한 요건이기 때문에 사회의 안정을 위해 농업을 장려하고 상업을 억제하는 정책을 취할 수밖에 없다.

동아시아의 유교적 세계관에 의하면 인간은 하늘(시간)과 땅(공간) 사이에서 하늘과 땅이 만들어놓은 온갖 잠재태(潛在態)로서 존재하는 물건(사물)에 의식적 노동을 투여하여서 문화를 창조함으로써 세계와 우주가 의미를 갖도록 하는 문화 창조의 주체이다.27 곧 하늘-땅-사람 이 삼위일체로 협력을 함으로써 세계는 존재하는 의미를 가지며, 존재 자의 세계가 완벽해진다. 하늘과 땅이 마련해놓은 세계에서 사람이 창 조 작업의 완성을 이루는 데 하는 역할은 생명계를 이어가는 일이다. 생명체는 세계에 던져진 존재로서 자기 삶을 이어감은 물론 자기를 닮 은 후세를 낳아서 유전자를 이어가야 한다. 사람은 이렇게 영속하고 연 속하는 생명계를 대표하는 존재이다.

사람이 생명계에서 창조해내는 문화의 가장 원초적인 행위는 농경 생산이다. 농경은 삶을 영위하는 데 필요한 물질을 생산하는 일련의 의 식적 행위라는 점에서 인간의 주체적 노동이지만 생명체인 식물의 생 장주기를 따라 이루어지며 식물의 생장을 보조해주는 행위라는 점에서 객체적인 노동이라 할 수 있다. 곧 농경은 주체적이면서 동시에 객체적

---

27 이를 동아시아 고전 텍스트에서는 하늘, 땅과 더불어 셋이 된다, 또는 하늘과 땅이 하는 일에 동참한다고 한다. 『중용』에는 다음과 같이 말한다. "오직 천하의 가장 성실함이라 야 자기 본성을 다 발휘할 수 있다. 자기 본성을 다 발휘하면 다른 사람이 본성을 다 발휘 하게끔 할 수 있다. 다른 사람이 본성을 다 발휘할 수 있게끔 할 수 있으면 사물이 본성을 다 발휘할 수 있게끔 할 수 있다. 사물이 본성을 다 발휘할 수 있게끔 할 수 있으면 하늘과 땅이 만물을 만들어내고 길러내는 일을 도울 수 있다. 하늘과 땅이 만물을 만들어내고 길러내는 일을 도울 수 있으면 하늘, 땅과 더불어 나란히 함께할 수 있다."『中庸』. 22章. 唯天下至誠, 爲能盡其性. 能盡其性則能盡人之性. 能盡人之性, 則能盡物之性. 能盡 物之性, 則可以贊天地之化育. 可以贊天地之化育, 則可以與天地參矣.

인 노동이라 하겠다. 뿐만 아니라 동아시아 전통사회에서 농경은 공업과 상업을 견인하는 1차적이며, 본질적이며, 원초적인 노동이다. 농경은 원활한 노동을 위한 기계와 기술의 발전을 유도하여서 공업을 일으키며, 지역별 농작물의 상이와 생산자와 소비자 사이의 유통을 위한 상업을 일으킨다. 그리하여 전통사회에서는 농업과 상업을 본말의 관계로 이해하였다.[28]

상고시대부터 상인은 사회를 구성하는 네 부류 인민 가운데 하나였으며, 상업은 인간의 경제사회를 구성하는 중요한 직업이었다.[29] "옛날부터 인민은 네 부류가 있다. 첫째, 덕이 있어서 (다스리는) 지위에 오를 수 있는 자를 선비(士)라 한다. 둘째, 땅을 개간하고 곡식을 심어서 가꾸는 자를 농사꾼(農)이라 한다. 셋째, 마음을 쓰고 손을 놀려서 기물을 만드는 자를 장인(工)이라 한다. 재물을 유통시키고 재화를 파는 자를 장사꾼(商)이라 한다. 이 네 부류 인민이 서로 하는 일을 뒤섞지 않아야 재용이 넉넉해진다."[30] 우리가 전통사회의 계급구성이나 직업 분류를 말할 때 흔히 일컫는 사농공상의 구조는 원래 차별하는 의미를 지닌 말은 아니었다. 상업은 재화를 유통시키고 없는 것과 있는 것을 교역하여

---

28 농업은 1차 생산물을 만들어낸다는 점에서 본(本)이고 상업은 농업생산의 결과물을 마지막으로 유통시킨다는 점에서 말(末)이다. 조선에서도 역대로 농업생산을 장려하고 상업의 이익을 억제하는 정책을 펼쳐서 농업생산의 안정을 추구하기 위해 국가적으로 숭본식말(崇本息末)을 정책의 지표로 내세웠다.

29 "농민이 먹을거리를 생산하지 않으면 먹을거리가 결핍하고, 장인이 연장을 생산하지 않으면 농업생산에 어려움을 겪고, 장사치가 장사를 하지 않으면 세 가지 보화(식량, 기물, 재화)가 끊어지고, 산림과 못을 관리하는 자가 이를 관리하지 않으면 자재가 부족해진다."『逸周書』. 農不出則乏其食, 工不出則乏其事, 商不出則三寶絶, 虞不出則財匱少

30 『春秋公羊解詁』「成公 · 元年」. 古者有四民. 一曰, 德能居位曰士. 二曰, 辟土殖穀曰農. 三曰, 巧心勞手人以成器物曰工. 四曰, 通財粥貨曰商.

서 인민의 삶을 윤택하게 하고 국가 경제를 움직여나가는 동력이다. 또한 원래 상업은 영리를 목적으로 하는 직업이며 상업의 이익은 고대사회에서도 농업이나 공업을 능가하였으며, 가난한 사람이 부를 추구하는 가장 일반적이고 효과적인 수단이었다.[31] 그러므로 인민이 다투어 상업에 종사하게 되면 국가를 경영하는 관점에서는 1차 생산에 지장을 초래할 우려가 있으며, 사람에게 영리의 의식을 열어놓으면 이기적 욕망을 제어할 수 없어서 이익투쟁의 혼란을 야기할 것을 우려하여서 농업을 권장하고 상업을 억제하려고 하였던 것이다.

상인이 거대한 부를 축적하면 부의 힘으로 거대한 권력을 갖게 된다. 그러나 상인은 사적인 개인이기 때문에 부를 이룬 상인의 사적 권력이 공권력에 필적하거나 능가하면 국가 경영에 심각한 지장을 초래하고 왜곡시키며 국가의 기강을 마비시키거나 혼란하게 만들 수도 있다. 실제로 춘추시대에는 심지어 지역 국가와 상인 사이에 협정을 맺고 상호 협력하는 사례도 있었다. 『춘추좌씨전』 소공(昭公) 16년 조에 정나라 환공(鄭桓公)이 상인들과 다음과 같이 맹서하였다. "너희들이 나에게 반역을 하지 않으면 나도 너희들에게 강압으로 물건을 요구하지 않겠으며, 혹시라도 탈취하는 일이 없을 것이다. 너희들이 시장에서 이익을 얻고 재물을 획득하더라도 나는 아랑곳지 않겠다."[32] 한 지역 국가의 제후가 상인과 협정을 맺을 정도로 상업의 규모와 이익이 막대하였으며 상인의 영향력 또한 막대하였다.[33] 실제로 춘추전국(春秋戰國)

---

31 위의 책. 夫用貧求富, 農不如工, 工不如商, 刺繡文, 不如倚市門. 此言末業, 貧者之資也.
32 『春秋左氏傳』昭公 16年. 爾無我叛, 我無强賈, 無或丐奪. 爾有利市寶賄, 我勿與知.
33 전국시대 말의 呂不韋는 趙나라에 볼모로 와 있던 秦나라의 공자 子楚를 귀국시켜서 권력을 차지할 수 있게 하고, 마침내 子楚의 아들 秦始皇이 천하를 통일하는 데 밑거름

시대에 이미 거만(巨萬)의 부를 이루어서 한 나라의 권력에 심각한 영향을 미칠 수 있는 역량을 갖춘 상인이 출현한 사례를 보면 동아시아 전통사회에서 줄곧 농본상말(農本商末)의 이데올로기를 국가의 정책으로 표방해온 까닭을 충분히 이해할 수 있다.

유교는 지식인 귀족의 지배를 사회의 분업적 구성의 요소로 보고 있다. 맹자는 생산자와 통치자(관리자)의 분업적 관계를 효율적이며 또한 당연한 사회구조로 여긴다. 통치자가 없으면 생산자를 다스릴 수 없고 생산자가 없으면 통치자를 먹여 살릴 수 없으므로34 어떤 사회든 "정신노동을 하는 사람이 있고 육체노동을 하는 사람이 있다. 정신노동을 하는 사람은 남을 다스리고 육체노동을 하는 사람은 남의 다스림을 받는다. 남의 다스림을 받는 사람은 남을 먹이고, 남을 다스리는 사람은 남에게 얻어먹는다. 이것이 온 세상의 공통된 원칙이다."35

유교의 정치관은 왕토(王土) 사상에 입각해 있다. "드넓은 하늘 아래 왕의 땅 아닌 곳이 없고, 땅끝까지 이르도록 왕의 신하 아닌 이가 없다"고36 하여서 하늘 아래, 곧 인민과 뭇 생명이 사는 천하(天下)는 하늘로부터 뭇 생명을 관리하도록 위임받은 왕의 땅이다. 그리고 모든 인민은 왕의 신하이다. 왕은 자기 직할지를 제외한 땅을 획정하여서 그 지역의 권력을 승인해주는데 이를 땅에 표시를 하고 나라를 세워준다(封土建國)는 뜻에서 봉건(封建)이라고 하고 그 봉건 영지를 국(國)이라고 하며 국의 수장을 제후(諸侯)라고 한다. 봉건 제후들은 역시 자기

이 되었다. 『史記』「呂不韋列傳」 참조.

34 『孟子』「滕文公 · 上」. 無君子, 莫治野人, 無野人, 莫養君子.

35 『孟子』「滕文公 · 上」. 故曰, 或勞心, 或勞力. 勞心者治人, 勞力者治於人. 治於人者食人, 治人者食於人, 天下之通義也.

36 『詩經』「小雅 · 北山」. 普天之下, 莫非王土, 率土之濱, 莫非王臣.

직할 영지를 제외하고 경내의 나머지 땅을, 거의 대부분 제후의 혈통을 이은 대부(大夫)들에게 영지로 나누어주어서 나라의 한 지역을 담당하고 관리하게 하였다. 이를 가(家)라고 한다. 대부 아래 사(士)는 영지를 갖지 못하여서 대부나 제후의 영지를 관리하는 공무원으로 봉사함으로써 생계를 꾸렸다.[37]

　　사람은 누구나 이익을 추구하려고 하기 때문에[38] 실제로 인민과 권력이 조화를 이루어서 순박하고 순수한 공동체를 이루는 일이 현실에서는 불가능한 유토피아인 한, 이익으로 인민을 이끌어서 국가의 정책에 순치시키는 것은 현실정치에서는 차선책으로서 당연히 선택할 수 있다.[39] 그러나 유교 사회에서는 적어도 이념적으로는 영리추구와 이익산출을 정책의 목표로 지향하지는 않았다.[40] 왜냐하면 왕이 자기 영지의 수입에 만족하지 않고 널리 이익을 추구하면 제후, 대부, 사와 서인에 이르기까지 이익 추구의 욕망이 걷잡을 수 없어지게 되기 때문이다.[41] 그리하여 왕으로부터 대부에 이르기까지 땅을 소유한 군주는 인민과 이익을 다투어서는 안 된다.[42] 영주의 권력과 재정은 모두 생산자

---

37 『大學』에서 기획한 修身-齊家-治國-平天下의 통치구조는 이를 반영한다.
38 『史記』「貨殖列傳」. 富者人之情性, 所不學而俱欲者也.
39 『史記』「貨殖列傳」. 老子曰, 至治之極, 鄰國相望……雖戶說而眇論, 終不能化. 故善者因之, 其次利道之, 其次敎誨之, 其次整齊之, 最下者與之爭.
40 이익추구는 농민생산자와 일반 인민의 몫이었다. 통치자나 귀족관료는 이익을 염두에 두어서는 안 된다. 이들은 공공에 복무하는 대가로 영지를 소유하기 때문이다. 유교적 이상은 농민이 농업 생산을 늘리고 기술자가 기물을 만들고 상인이 유통하여서 인민의 살림살이가 윤택해지게 한 뒤 교육을 통해 인민에게 윤리의식을 갖게 함으로써 상하계층이 조화를 이루는 사회를 만들려는 것이다.
41 『春秋公羊解詁』「桓公·15年」. 王者千里, 畿內租稅, 足以共費……當以至廉無爲率先天下, 不當求. 求則諸侯貪, 大夫鄙, 士庶盜竊.
42 『春秋繁露』「度制」. 故已有大者, 不得有小者, 天數也. 夫已有大者, 又兼小者, 天不能足之, 況人乎? 故明聖者象天所爲, 爲制度. 使諸有大俸祿, 亦皆不得兼小利, 與民爭利

농민이 바친 것으로 이루어진 것이기 때문에 과도한 사치와 낭비는 필연적으로 농민에 대한 착취를 유발한다.[43]

맹자는 전국시대의 사상가로서 인민의 실제 생활을 예리하게 들여다보고 사회 혼란의 원인을 심각하게 분석하여서 이상적인 정치를 이루기 위해서는 경제적 토대를 쌓는 것이 무엇보다도 중요하다는 점을 인식하였다. 맹자는 자유로운 무역, 가격의 자연스러운 변동(보이지 않는 손), 신용, 독과점의 제재 등 현대 시장경제의 여러 중요한 요소를 언급하고 있다. "시장에서 점포세는 받고 물품세는 거두지 않으며, 법에 따라 점포를 관리하여서 (점포가 지나치게 많아지거나 점포를 장기 점유하는 것을) 조절하면 온 세상의 상인이 모두 기뻐하면서 그 시장에서 장사를 하려고 할 것이다. 관문에서는 기찰만 하고 통행세를 물리지 않으면 온 세상의 나그네가 모두 기뻐하면서 그 도로를 이용할 것이다."[44] 이는 분명 인민의 경제생활에서 상업이 차지하는 역할과 가치를 인정하는 것이다. 자유롭고 공정한 상업 활동의 기회를 제공하고 상거래의 질서를 유지하며 지역 간의 물자와 사람의 원활한 소통을 보장하는 것은 좋은 사회를 이루기 위한 토대이다.

맹자는 시장의 순기능을 인정하였다. 농가(農家)의 사상을 따르는 허행(許行)의 제자 진상(陳相)은 농경을 중심으로 한 극단적인 자급자족을 이상으로 삼고 상거래에서 일어나는 거래상의 가격 변동을 부정적으로 보았다. 그러나 맹자는 수요와 공급의 차이로 인해, 또는 상품

業, 乃天理也.

43 『後漢書』「王符傳」注. 空府藏則傷財力, 役繁則害民. 二者奢泰之所致.

44 『孟子』「公孫丑‧上」. 市, 廛而不征, 法而不廛, 則天下之商, 皆悅而願藏於其市矣. 關, 譏而不征, 則天下之旅, 皆悅而願出於其路矣.

의 품질의 차이에 따라 같은 물품이라도 가격이 변동하는 것을 자연스러운 현상으로 보았다.

> 허 선생의 가르침을 따르면 시장의 가격이 (하나로 고정되고) 다르지 않아서 나라 안에 거짓이 없어진다. 비록 어린아이가 시장에 간다 하더라도 아무도 속이지 않을 것이다. 베와 비단의 길이가 같으면 값이 같고, 삼과 명주실, 솜의 무게가 같으면 값이 같다. 오곡의 양이 같으면 값이 같다. 신발 치수가 같으면 값이 같다.
>
> (맹자가) 말하였다. 물건의 품질이 다른 것은 물건의 본질이다. 같은 물건의 값이 두 배, 다섯 배 차이가 나기도 하고 열 배, 백 배 혹은 천 배, 만 배 차이가 나기도 한다. 그대는 이를 나란히 같은 값을 매기면 이는 온 세상을 혼란에 빠뜨릴 것이다. 고운 짚신과 거친 짚신의 값이 같다면 사람은 누가 고운 짚신을 만들겠는가? 허 선생의 가르침을 따르면 서로 이끌어서 거짓을 저지르게 할 것이다.[45]

물건을 교환하고 교역하고 매매하는 시장의 출현은 인간의 사회 공동체가 출현한 것과 거의 동시에 이루어진 것으로 보인다. 농경을 통한 극단적인 자급자족을 추구하는 농가 학파들조차 그들이 만들어내지 못하는 생필품이나 농기구는 농산물을 통해 물물교환 또는 교역으로 구득한다고 실토하였다.[46] 시장에서 매매와 교역을 하는 사이에 아무리

---

45 『孟子』「滕文公·上」. 從許子之道, 則市賈不貳, 國中無僞, 雖使五尺之童適市, 莫之或欺. 布帛長短同, 則賈相若, 麻縷絲絮輕重同, 則賈相若, 五穀多寡同, 則賈相若, 屨大小同, 則賈相若. 曰, 夫物之不齊, 物之情也. 或相倍蓰, 或相什百, 或相千萬. 子比而同之, 是亂天下也. 巨屨小屨同賈, 人豈爲之哉? 從許子之道, 相率而爲僞者也.
46 『孟子』「滕文公·上」. 百工之事固不可耕且爲也.

사기와 속임수가 판을 친다 하더라도 시장 자체의 기능을 무시한다거나 인위적으로 가격을 고정시킨다든지, 영리를 추구하려는 사람의 속성 그 자체를 부정하는 것은 지나치게 단순한 발상이다. 시장을 형성하여서 잉여생산물을 교환하고 생필품이나 소비물건을 교역하는 것은 인간의 문명사회를 유지하기 위한 필수불가결한 행위이다.

시장의 기능은 이른 바 보이지 않는 손에 의해 굴러가도록 자율성에 맡기되 이익을 독점하거나 상거래의 부정행위에 대해서는 공권력이 개입해야 한다.

> 옛날에 시장에서 교역하는 사람은 자기가 가진 것으로 갖지 않은 것을 바꾸었고 담당 관리는 감독만 할 뿐이었다. 그런데 어떤 천한 남자가 있어서 반드시 높은 언덕(龍斷)을 찾아 올라가서 좌우를 살펴보고 (기회를 노려서) 시장의 이익을 독차지하려 하였다. 사람이 모두 그를 천시하였다. 그로부터 세금을 거두게 되었다. 상인에게 세금을 물리는 일은 이 천한 남자로부터 시작된 것이다.47

이익이나 권력을 교묘한 방법으로 독점하는 것을 가리키는 농단이라는 말은 맹자의 이 말에서 유래하였다. 맹자를 비롯한 유가 사상가들은 이익추구를 부정하지는 않았다. 맹자가 문제로 삼은 것은 거래질서를 혼란시키는 독과점이나 이익의 독점이었다. 욕망은 절제하거나 제어하지 않으면 극단으로 치닫게 된다. 또한 이익추구는 한계가 없다.

---

47 『孟子』「公孫丑·下」. 古之爲市者, 以其所有, 易其所無者, 有司者治之耳. 有賤丈夫焉, 必求龍斷而登之, 以左右望而罔市利. 人皆以爲賤, 故從而征之. 征商自此賤丈夫始矣.

그러므로 자유로운 시장의 기능과 상거래는 보호하되 시장의 질서를 유지하고 이익이 어느 한쪽에 집중되지 않도록 분배하고 순환을 시켜야 한다. 정치의 역할은 바로 여기에 있다.

유교 사회라 하더라도 국가의 기본 목표는 국가 전체의 부를 늘리고 인민의 생계를 확보해주고 인민의 삶을 지켜주어야 한다. 맹자는 비록 국가경영의 근본이념이 인의(仁義)의 도덕에 있다고 하였지만[48] 국가의 이익을 배제하지는 않았다. 맹자는 인민의 생계를 먼저 확보해주어야 하며 그러기 위해서는 군주가 인의를 지향해야지 이익을 지향해서는 안 된다고 경고한 것이다.

『대학』에서는 덕과 재물의 가치를 분명히 구별한다. 덕과 재물이 국가를 운영하고 유지하는 데 필수불가결한 요소이지만 덕의 가치를 우위에 두고 있다. 특히 권력에 가까운 자가 부를 함께 추구하면 필연적으로 사회의 혼란과 붕괴를 야기할 수밖에 없다고 보았다.

재물을 생산하는 데는 방법이 있다. 생산하는 자가 많고 소비하는 자가 적으며, 일을 하는 자가 때맞춰서 일을 하고 사용하는 자가 천천히 사용하면 재물은 늘 족할 것이다. 어진 사람은 재물을 (흩어서 민심을 얻음으로써) 자기를 일으키고, 어질지 않은 사람은 자기 몸을 위해 재물을 일으킨다. 위에서 어짊을 좋아하는데 아래에서 의로움을 좋아하지 않는 경우는 없다. 아래 사람이 의를 좋아하는데 일이 이루어지지 않는 경우는 없다. 나라의 창고에 쌓인 재물에 자기 재물 아닌 것이 없다.[49]

---

48 『孟子』「梁惠王·上」. 王何必曰利? 亦有人義而已矣.
49 『大學』11章. 生財有大道. 生之者衆, 食之者寡, 爲之者疾, 用之者舒, 則財恒足矣. 仁者以財發身, 不仁者以身發財. 未有上好仁而下不好義者也, 未有好義其事不終者也.

국가 전체의 부를 늘리고 인민의 생계를 윤택하게 하는 방법은 생산을 장려하고 소비를 절제하여서 국가의 재정을 늘리고, 인민에게 재화를 분배함으로써 자기 삶의 조건에 안심하고 정치를 신뢰하도록 하는 것이다. 그러자면 군주가 자기를 사적 개인으로 여겨서 재물을 축적하거나 국가의 부를 개인의 사적 소유물로 여겨서는 안 된다. 나라의 창고에 쌓인 재물이 곧 자기 재물이라는 말은 국가의 재정이 군주 개인의 사적 소유물이라는 뜻이 아니다. 군주는 국가와 동일시되는 공적 존재이므로 국가의 재물이 곧 군주의 재물이라는 말이다. 그러므로 군주는 자기를 사적 개인으로 여겨서 다른 귀족이나 인민들과 같은 반열에 두고서 이익을 추구하거나 쟁탈해서는 안 되며,50 국가의 대표로서 군주는 이익을 이익으로 삼지 않고 정의를 이익으로 삼아야 한다.51 그리하여 극단적으로는 세금 징수에 유능한 관리를 두느니 차라리 국가의 재정을 축내는 관리를 두라고까지 말한다. 이 말의 의미는 인민의 생계가 붕괴되면 나라가 지탱할 수 없으므로 국가권력에 복무하여서 군주나 지배자를 위해 악착같이 세금을 징수함으로써 인민의 생산력과 생계의 역량을 고갈시키는 관리를 두는 것보다는 차라리 나라의 재정을 축내는 관리가 낫다는 말이다. 물론 나라의 재정을 축내는 관리는 징계의 대상이기는 하지만 나라의 재정을 축내더라도 어느 정도로는 재분배의 효과가 있다. 이렇게 극단적이고 역설적인 말을 하는 까닭은 국가는 사

未有府庫財非其財者也.

50 송대 신유학자들이나 조선 성리학자들의 천리와 인욕, 도심과 인심의 긴장과 길항, 갈등, 모순에 관한 논쟁과 담론은 땅을 소유한 지주로서 지주의 이익을 산출하는 생산자 인민의 보호, 개인의 욕망과 공공의 원망 사이의 긴장을 나타낸다.

51 『大學』11章. 長國家而務財用者, 必自小人矣. 彼爲善之, 小人之使爲國家, 菑害並至. 雖有善者, 亦無如之何矣. 此謂國不以利爲利, 以義爲利也.

적 개인과 달라서 이익을 이익으로 삼아서는 안 되고 사회정의를 이익으로 삼아야 하기 때문이다.[52]

Ⅳ. 나가는 말

사람은 알몸뚱이로 자연에 내던져졌다. 따라서 삶을 영위하려면 모든 생필품을 직접 만들거나 교역을 하여야 한다. 인류가 단지 생물종의 수준에서 벗어나 문화를 영위하게 되면서부터 생산과 교역은 병행했을 터이다. 교역은 시장경제가 발달하지 않은 상태에서는 물물교환이 일반적이지만 교환 과정에서 점차 가치가 발생한다는 점을 의식하게 되고, 이로써 물건의 값을 표현하는 상관물, 또는 매개물을 화폐로서 사용하게 된 것이다. 초기의 화폐는 그 자체 실제 가격을 지니고 있었지만 한편으로 원시 부족에서도 특정한 물건에 가치를 부여할 경우 그것이 일반적인 물건임에도 불구하고 소유의 가치로서 인식하는 사례가 있는 것을 보면 상당히 일찍부터 추상적인 가치를 띠고 있었다.

유교 텍스트에서는 돈을 구체적으로 언급한 예가 많지 않다. 일반적으로 재물을 뜻하는 화(貨), 화회(貨賄) 등은 원래 국가나 공적 기구에서 사용하는 재화를 가리켰는데 점점 사회의 재화를 가리키는 말로 발전하였다. 또한 금(金)이나 은(銀) 또는 금백(金帛) 등으로 역시 물질적 부나 재화를 표현하기도 한다. 유교 사회는 근본적으로 농경생산을 생

---

52 『大學』20章. 孟獻子曰, 畜馬乘, 不察於雞豚, 伐氷之家, 不畜牛羊, 百乘之家, 不畜聚斂之臣. 與其有聚斂之臣, 寧有盜臣. 此謂國不以利爲利, 以義爲利也.

산의 토대로 삼은 사회이기 때문에 돈을 이용한 물자의 거래는 일상생활에서는 물질교환의 여러 수단 가운데 하나였다. 물론 대도시를 중심으로 상업이 발달한 지역에서는 화폐를 경제적 활동이나 유통의 수단으로 삼았지만 농촌공동체의 생활세계에서는 대체로 돈은 거래의 보조수단이었다.

유교는 돈 그 자체를 부정하거나 돈의 기능을 경시하지는 않는다. 다만 유교는 위정자, 통치자, 관료의 공적 윤리를 추구하는 이념이기 때문에 통치계층에게 돈으로 매개되는 개인의 이익추구를 넘어서 공리를 추구하며 사회의 보편적 경제정의를 추구할 것을 촉구한다.[53] 유교 텍스트는 모두 이상적인 사회공동체를 구성하는 방식에 관한 이념을 제시하고 있다. 구체적인 사회 시스템에서부터 국가와 사회를 이끌어가는 지배층의 도덕적 각성을 촉구하며, 국가와 사회가 표방하는 도덕적 명분과 이념을 천착한다. 그리하여 군주나 귀족 지주의 덕성을 국가와 사회공동체의 존속과 발전의 근간으로 삼는다. 그러므로 유가 사상가들은 언필칭 군주의 덕성을 요구하며, 군주의 (이익을 추구하려는 본능과 욕망을 누르고 도덕을 지향하도록) 수양을 강조한다. 따라서 돈이나 금, 재화, 재물, 부를 직접 일컫지 않는다. 경제적 이익은 국가 전체의 이익을 근간으로 해야 하며, 사적 개인은 이익과 부를 추구하는 게 당연한 일이라 하더라도 공적 존재로서 군주나 귀족관료들은 이익을 앞세워서는 안 된다.

돈은 없어서는 안 되지만 마치 돈을 솟아 나와 흘러가는 샘(泉)과 같은 것으로 인식했던 고대 동아시아 사람들의 의식처럼 소수의 특정

---

53 『論語』「憲問」. 見利思義.

개인이나 집단에 고여서는 안 된다. 돈은 모든 인민의 경제생활을 움직여가는 동력이며 동맥이기 때문에 돈이 고이거나 막히지 않도록, 잘 흐르도록 사회든, 공동체든 책임을 져야 한다. 재산권 행사는 시민의 권리이기는 하지만 사회의 공공복리에 적합하게 행사해야 한다. 유가의 사회이념은 재화가 특정한 소수의 개인이나 집단에게 과도하게 귀속되는 것을 바람직하게 여기지 않는다. 귀족이든 관료든 사적 개인으로서는 당연히 이익을 추구할 수 있겠지만 공적인 영역에서는 이익의 분배, 자기 이익의 사회정의에 부합 여부를 세밀하게 살펴야 한다. 유가의 교육과 유교 지식인의 수양론은 개인의 이익을 앞에 두고서 사회정의에 부합하는가를 날카롭게 인식하도록 이끌어가는 것이라 해도 지나친 말이 아니라 하겠다. 그러므로 유교 사회에서는 국가자산의 총액을 증대시키는 것보다 재화의 분배 및 이로 인한 사회공동체의 존속과 최소한의 복지를 국가권력이나 사회공동체가 책임지는 것을 이념으로 삼고 있다.

참고문헌

『管子』

『廣雅』

『國語』

『論語』

『大學』

『孟子』

『史記』

『尙書傳』

『書經』

『說文解字』

『世說新語』

『詩經』

『幽閑鼓吹』

『儀禮』

『周禮』

『周禮注疏』

『周易』

『中庸』

『晉書』

『春秋公羊解詁』

『春秋繁露』

『春秋左氏傳』

『漢書』

『後漢書』

피에르 발라르. 2000.『금과 화폐의 역사. 1450-1920』, 김현일(역). 서울: 까치.

김봉하. 2004.『화폐, 그 보이지 않는 힘』. 서울: 문학과청년.

김이한·김희재. 2014.『화폐이야기』. 서울: 부·키.

무속 의례의 소비와 종교적 특성

김 동 규

서강대학교

I. 들어가는 말

이 글은 한국적 기복신앙의 전형으로 알려진 무속 의례에서 사용되는 '돈'이 어떤 의미를 가지는지 고찰하고자 기획되었다. 한국 사회의 공적인 문화 영역에서 묘사되는 무속의 대표적인 이미지는 '비생산적'이고 '무가치한' 영역에 돈과 재물을 탕진하도록 조장하는 미신이라 해도 과언이 아니다. 무당과 무당을 찾는 손님들의 의례적 실천에 대한 비난 가득 한 공적인 담론들은, 지난 100여 년간 한국 사회의 지배적인 담론구조를 구성해 왔으며 한국인의 생활양식을 형성해 왔던 개신교의 윤리와 근대적 자본주의 정신과 깊은 관련이 있다. 또한 근대 이전으로 역사를 거슬러 올라간다면 조선시대의 신유학적 세계관 영향 역시 고려되어야 할 정도로 뿌리 깊은 이미지라 할 수 있다. 자본주의의 윤리와 신유학적 세계관의 영향을 동일한 준거점으로 간주할 수는 없을 테지만, 신유학자들이나 현대사회의 '합리적' 지식인들에 의해서 이루어진 무속 행위자들의 과소비에 대한 비판은 무속의례에 대한 공식적인 이미지를 구축하는데 여전히 힘을 발휘하고 있다. 그렇다면, 이처럼 지속적인 비판과 비난에도 불구하고 현대사회에서까지 발견되는 많은 비용이 드는 굿 의례가 지속되는 이유는 무엇일까? 필자는 이 원고에서 굿의 전통성이나 지속성에 대한 관심으로 특징지을 수 있는 한국의 주류 민속학계의 입장을 채택하기보다는, 굿이라는 의례에 사용되는 비용의 과중함 혹은 의례 활동에서 사용되는 돈의 종교적 의미에 초점을 두고서 무속 의례인 굿이 가지는 종교적 특성을 조망해보고자 한다.

자본주의를 배경으로 실천되는 무속을 다루는 최근 몇몇 논의들에서는 무속적 기복신앙이 가진 독특한 도덕성(morality)[1]에 대한 새로운 해석이 이루어지기도 하며, 자본주의 시장경제의 합리성에 대하여 민중적 저항과 무속적 도덕성의 관련성에 대한 재평가가 이루어지고 있다(김성례 2002).[2] 또한 현대인들의 삶에서 가장 강한 지배력을 지니고 있는 '돈'의 상징적 치환으로서 무속 실천자들이 바라는 '재수'가 교육적인 차원에서는 어떤 의미를 지니고 있는지를 설명하고자 하는 시도 역시 발견된다(박일영 2009). 한편으로는, 한국적 자본주의의 특성인 '불

---

1 필자가 생각하는 '도덕성'은 사람들로 하여금 특정한 행동을 허용하거나 조장하는 일종의 규율이다. 즉, 사회적·문화적·종교적으로 한정된 특정한 행동규범으로서, 하나의 가설 혹은 이념적으로만 존재 가능한 '보편적인 윤리'의 의미를 가지진 않는다.
2 김성례는 이 논문에서 무속적 도덕성의 논리를 '호혜성의 논리'로 파악한다. 이 도덕성은 신령과 인간 사이에서만 발생하고 작용하는 것이 아니라, 인간 사이에서의 '품앗이' 형태로 재현된다는 특징을 가진다고 분석한다.

투명성', '예측 불가능성', '비합리성'이 어떻게 무속적 실천에서 반영되고 있는지에 대한 서술을 통해서, 무속이 '지금 여기' 살아있는 현재의 종교적 실천임을 밝히는 연구도 발견된다(Kendall 2009). 이와 같은 연구들이 가지는 특징 중 하나는 무속 실천을 한국인의 종교지형에서 주변적이거나 하위문화적인 것으로 이해하는 것이 아니라 한국인의 종교적 생활을 구성하는 필수불가결한 요소라는 점을 강조하고 있다는 점이다. 아울러 '종교'의 영역에서 이루어지는 다양한 활동들을 삶의 다른 영역으로 환원하지 않으려 한다는 점, 그리고 더욱 구체적으로는 무속이라는 종교전통에서 발견되는 독특한 상징체계와 실천의 구조를 타종교의 논리에 환원하지 않는다는 점 역시 공통적이다. 필자 역시 이 글에서 이러한 점들을 따르고 있음을 밝힌다.

앞서 언급했던 '비생산적'이고 '무가치한' 영역에 돈과 재물을 탕진한다는 무속 이미지는, 만약 합리적이고 자본주의적인 경제관념에 의한 비난의 화살을 잠깐 내려놓고 이해한다고 했을 때, 조르쥬 바타이유(Georges Bataille)의 '일반 경제(general economy)'라는 개념을 연상시킨다. 이 개념은 원시사회 경제의 특성을 정의하기 위해 사용된 개념으로써, 자본주의 경제의 공리주의적 원리와 다르게 자본 및 생산의 축적보다는 비생산적인 소비를 함께 고려해왔던 원시사회 경제를 특징짓는다.3 그리고 '일반 경제'가 추구하는 것은 재물의 소비가 아니라 자기-

---

3 바타이유는 『저주의 몫』에서 기존의 생산과 축적을 중심으로 형성된 고전경제학과는 다른 방식의 경제개념을 소개한다. 그의 경제이론의 출발점은 '희소성'에 바탕을 둔 기존 개별 경제학의 전제가 아닌 과잉에서 비롯된다. 그의 주장에 따르면, 지구는 무한정한 에너지를 태양으로부터 받기 때문에 생물들은 그 에너지를 소모 혹은 소비하기만 하면 된다. 그러나 죽음과 같은 에너지의 파괴 혹은 생산물의 파괴에 대한 두려움으로 인해서 인류의 생산과 축적활동이 비롯되었다. 하지만, 생장의 한계점에 다다르면 과잉 생산은

희생과 소진을 통한 종교적 승화라는 것이다. 바타이유의 '일반 경제' 개념은 자본주의적 이성이 주관하는 일상의 영역에서보다는 의례적 영역에서의 실천을 통해서 훨씬 명확하게 설명될 수 있는 개념이다. 이런 맥락에서, 무속 의례에서 '돈'을 중심으로 형성된 인간 행위를 분석하는 데 사용될 수 있는 해석 틀을 '의례적 경제(ritual economy)'라는 개념으로 구축할 수 있다고 생각된다.

무속 의례를 진행하는 데 사용되는 과대 비용은 단순히 자본주의 사회에서 경제적 논리에 의해 규정된 '돈'의 의미를 넘어서 종교적인 의미를 진하게 함유하는 상징적 실천으로 이해될 수 있다. 이 논문에서 필자는 무속 의례의 맥락 내에서 돈이 가지는 다양한 의미와 가치를 고찰하고, 이러한 의례가 신령과 인간의 관계를 어떻게 강화하는지 그리고 어떻게 무속의 지속성을 가능하게 하는지를 살펴볼 것이다.

II. 무속의례와 소비문화

굿당의 한 벽면을 가득 채울 정도로 켜켜이 쌓인 과일, 몇 층으로 쌓아 올린 떡시루와 떡시루 안에 놓인 오만 원권 지폐들, 다른 쪽 벽에

조건 없이 소모되어야 한다. 현대인들이 생각하는 생산과 무한 축적의 욕망은 자본주의적 경제 논리에 의한 최근의 경제적 행위에서 비롯된 것일 뿐이다. 이른바 원시사회의 경제는 생산과 소비의 균형을 통해서 이루어지고 있었다는 사실에서 그의 '일반 경제' 개념이 비롯되었다고 할 수 있다. 그의 '일반 경제' 개념은 자본주의적 사유와 행동방식에 따른 문제를 극복하는 데 효과적인 대안논리이며, 보다 상술되어야 할 필요가 있지만, 본고에서는 무속 행위자의 의례적인 '소비'를 이해하기 위한 기본적인 이념만을 다룬다. 조르주 바타이유/조한경 역,『저주의 몫』(문학동네, 2000).

걸려 있는 수놓은 비단 신복(神服)과 놋으로 만들어진 무구(巫具)들, 마당 한쪽에 박스로 쌓여 있는 소주와 막걸리는 굿판에서 흔히 발견될 수 있는 풍경이다. 이와 같은 굿판의 묘사는 굿이 잔치이자 축제임을 드러내는 것이기도 하지만 동시에 무속의례가 과도한 지출을 요구하는 소비 의례임을 드러낸다.

무녀 J씨는 2016년 4월 18일부터 20일까지 사흘에 걸쳐 자신이 모신 신령을 대접하고 '대운'을 받는 진적굿을 서울 시내의 한 굿당을 빌려 거행했다. 일반적으로 진적굿은 무당의 개인적 전통에 따라서 매해 가을에 개최하거나 혹은 2년에 한 번 하는 경우도 있다고 알려져 있다. 또한 굿이 거행되는 시기에 따라서 꽃맞이굿, 단풍맞이굿, 햇곡맞이굿, 신곡맞이굿 등으로 불리기도 하며, 단골들을 모두 초청하여 함께 즐기는 축제적 성격이 강한 굿으로 알려져 있다. 이처럼 일반적으로 알려진 진적굿의 성격에 비추어 볼 때, 2016년에 있었던 무녀 J씨의 진적굿은 단순히 자신의 신령을 대접하는 성격도 있었지만 동시에 재수굿의 성격을 함께 갖고 있다는 특징을 찾아볼 수 있었다. 이는 진적굿과 함께 사용된 '운맞이 재수굿'이라는 명칭에서도 확인된다. 이처럼 자기 가정의 재수굿의 성격을 지니는 그녀의 봄 진적굿은 단골들을 거의 초대하지 않는다는 점에서 일반적인 진적굿과 차별화되기도 한다.

그녀의 설명에 따르면, 이번 진적굿은 "신령님께 보다 더 집중하기 위해서" 그리고 "우리 집안의 대운을 맞이하기 위해서" 다른 단골을 초대하지 않았다. 물론 미리 굿을 한다는 사실을 알고 있는 가까운 단골들 몇 명이 왔지만, 이들의 역할은 굿에 참여한다기보다 구경꾼에 더 가까웠다. 그녀 역시 단골들과 함께 신령을 대접하는 진적굿을 거행하지만 이렇게 단골들과 함께 신령을 대접하는 굿은 가을에 행하는 의례에만 한정하고 있으며, 원하는 단골들로부터 과일이나 돼지 등의 제물을 '시주'받는 것도 오직 이 시기뿐이다. 하지만 봄 진적굿은 재수와 운을 받는 가정을 자신의 가정으로 한정하기에 단골로부터 '시주'도 받지 않으며 굳이 알리지도 않는다는 것이다.

또한 그녀는 2016년에 개최된 봄 진적굿의 경우에는 특별히 새로이 모시게 된 신령들이 있어서 기존에 모신 신령들과 '합의'를 위해서, 그리고 '대운(大運)'을 맞이하기 위해서 예년의 봄 진적굿보다 훨씬 많은 제물을 준비했다고 한다. 또한 진적굿을 하기 이전에도 삼산(三山)을 빠짐없이 다니며 돼지를 바치는 '시위살문'을 거행했다. 그녀가 실제로 2016년 봄 진적굿을 위해 삼산을 돌고 진적굿을 연행하는데 들어갔던 비용만 하더라도 3,000만 원 정도였다고 한다. 또한 진적굿을 포함해 일 년 동안 자신의 신령을 대접하는 비용을 함께 계산한다면 매해 수입의 절반 정도가 소요된다고 한다. 마치 "돈 벌어서 신령님 대접하는 데 다 들어간다"고 할 만큼 많은 비용이 소요되는 것이 바로 무속 의례의 한 특징이다.

2016년 진적굿이 예년과는 다른 특별한 의미와 목적을 가졌기 때문에 평소보다 많은 비용이 지출되었다고 하더라도, 일반적인 무속 의례는 가정 경제의 지출 부분에서 많은 부분을 차지한다. 1970년대 말 경기도 북부 지역의 일반 가정에서 굿을 하는데 들어가는 비용이 돌잔치나 환갑잔치를 여는데 들어가는 비용과 비슷한 수준이었다는 기록4을

---

4 켄달의 연구에 따르면, 무당을 찾는 여성들은 비록 특정한 문제로 인해서 무당집을 방문하지만 방문할 때에는 무당에 대한 양가감정을 가진다. 그 이유는 무당은 언제나 고사나 굿을 시킬 것이라는 예상을 가지고 있으며, 이러한 의례를 행하는 것이 가정경제에 큰 부담을 지운다는 점을 알고 있기 때문이다.

통해서 볼 때, 무속의례에 많은 비용이 든다는 점은 일반적인 특징으로 봐도 좋을 듯하다(Kendall [1985]2016).

이처럼 무속의례에 사용되는 과도한 비용은 현대 한국 사회가 작동하는 주된 경제 원리인 시장경제의 합리성을 위반하는 비합리적 관행이자, 자본주의 경제의 공리적 원리와 다르게 자본의 축적보다는 비생산적인 소비에 중점을 둔다는 점에서 비판된다. 아울러 일상적 차원에서 발견되는 비합리적 성격뿐만 아니라 바람직한 종교문화를 구축하는 데에도 문제가 되는 것으로 비판되기도 한다. 세속적·물질주의적 욕망을 의례적인 언어와 축원 행위를 통해서 충족시키려는 덜 진화된 형태의 주술적 종교로 무속의례를 설명해버리거나 한국 기독교나 불교의 기복신앙화를 무속신앙의 탓으로 돌리는 설명들이 이에 해당한다고 볼 수 있다. 다시 말해, 무속의례에서 이루어지는 과도한 소비 양식은 경제적인 차원에서나 종교적인 차원에서 모두 비판의 대상이 된다는 특성을 가진다. 하지만, 앞서 언급했듯이 최근에는 소비문화의 특성을 지니는 후기 자본주의와 한국무속의 변화를 관련지어서 현대적 종교문화로서 무속을 이해하려는 노력도 관찰된다.

이렇게 보면 현대 한국 사회에서 실천되는 무속의례의 소비 문화적 특성과 이에 대한 비판적 담론들이 '종교'와 '경제' 관념에 내재된 서구적 근대성의 수입에 따른 지난 100여 년 사이의 결과물로 인식될 가능성이 있다. 실제로, 한국적 자본주의의 특성으로 '불투명성', '예측 불가능성', '비합리성' 등이 지목되고 있으며 무속적 기복신앙의 주된 행위자들이 위기의 중산층이나 소규모 자영업자들이라는 연구 자료(Kendall 2009)는 ―연구의 원래 의도나 내용과는 상관없이― 무속의례의 종교성을 세속적 공리주의라는 설명틀로 취급하기 좋은 소재가

된다. 그리고 이러한 설명틀의 정당성은 노(老)만신들이 전통문화의 전승자로서 자신의 권위를 정당화하기 위해 전략적으로 사용하는 "과거에는 사람들이 조상을 잘 위했는데, 요즘은 오직 돈만 관심이 있어"라는 식의 화법과 '전통'에 대한 낭만적 향수에 심취한 일부 학자들의 동조로 강화된다.

그러나 과도한 소비를 요구하는 무속의례는 조선시대의 유학자들과 개항기 지식인의 비판적인 담론, 그리고 본격적인 서구화와 근대화 과정에 들어서게 되는 해방 후 한국 사회의 공적인 담론에서 항상 비판의 대상이 되어왔다는 점에서 최근의 현상으로 볼 수는 없다. 오히려 무속의례에서 드러나는 소비문화는 청교도적 윤리나 자본주의적 경제윤리 혹은 생산의 측면에 기반을 둔 고전 경제학적 개념으로는 설명할 수 없는 무속 특유의 종교성이 구체화되고 작용하는 방식으로 이해되어야 한다. 그럼에도 불구하고 조선시대부터 현재까지 이른바 부(富) 혹은 재화가 정당하게 사용되어야 할 곳이 아닌 무용(無用)한 곳에 소비된다는 이유를 들어 무속의례는 비판되어 왔다. 그리고 이러한 소비를 조장하는 무당은 사기꾼이자 미신업자로 낙인찍히게 된다. 하지만 이러한 비판들은 유교적 이념, 서구적 근대성, 자본주의적 윤리와 같은 특정한 이념에 근거하고 있다는 점에서 무속의례에서 보이는 소비행위의 종교적 특성을 이해하는 데 한계를 드러낸다. 무속의례에서 이루어지는 과도한 소비가 가지는 종교적 의미를 규명해보기 전에 먼저 무속의례의 비판적 담론들이 어떠한 배경을 가지고 있는지 먼저 고찰해본다.

III. 비생산적 소비로써 무속의례에 대한 부정적 담론들

1. 조선시대의 음사론

다음의 인용문은 세종 8년 국무당(國巫堂)의 폐지를 주장하는 사간원의 상소문에서 발췌한 것이다.

… 그러나 백성들이 구습에 오래 젖어서 귀신을 숭상하는 풍조가 오히려 없어지지 않고, 무당과 박수의 요망하고 허탄한 말을 혹신하여 **생사와 화복이 모두 귀신의 소치**라고 하고, 음사를 숭상해서 집에서나 들에서 하지 않는 곳이 없사오며, 노래와 춤추어 하지 못하는 일이 없어,… 산천과 성황에 사람마다 모두 제사지내며 떼지어 술 마시고 **돈을 허비**하여, 집을 결단내고 **가산을 탕진**하여 한 번 **수재**(水災)나 한재(旱災)**를 만나면 모두 굶주린 빛**이 있사오니, 이 유행의 폐단이 가히 염려됩니다. 이것은 비단 세민들만 그러할 뿐이 아니고, 경대부의 집까지도 대게 보통으로 여기지 않사와, 혹은 은혜를 빈다고도 하고, 혹은 반행(伴行)한다고도 하여, 귀신에게 아첨하는 등 하지 아니하는 바가 없습니다… (필자 고딕 강조).

위 상소문 전체의 내용은 조선사회가 이미 예(禮)와 악(樂)을 갖췄기에 문명화되었다는 자의식과 함께, 문명화의 표상으로써 위계적 의례론에 어긋나는 무속 의례의 문제점을 특히 경제적·도덕적인 차원에서 지적하는 것으로 이루어져 있다.5 정치적으로 보았을 때 무속의례가 유교적 예를 구현하고 있는 위계적 의례 실천을 벗어나 있는 것도 문제이지만, '가산을 탕진'할 정도로 '돈을 허비'하여 '수재나 한재를 만나면 굶주린 빛'을 띨 정도로 사회·경제적인 문제가 된다는 점은 이후에도 끊임없이 지적되고 있는 바이기도 하다. 인간의 삶의 영역에 귀신이나 신령들이 영향을 미칠 수 있다는 생각은 유학자들과 무당들 사이에 공유된 신념이었기에(Walraven 1991) 무속의례에 대한 신학적인 차원에서의 비판이라고 보기에는 어렵지만, 무속의례를 통해 소비되는 재화의 양은 심각한 사회문제로 생각되었던 것이다.

사대부 관료들의 지속적인 무속 통제정책에도 불구하고 무당에 의해 주관된 국행의례가 큰 규모로 거행되었다거나(최종성 2002),[6] 고종 대에까지 '진령군', '현령군', '수련'이라는 이름의 무녀가 큰 권세를 휘둘렀다(이능화 [1927]2002)는 기록은 무속의례가 공리주의적 이익이나 물질적 욕망만을 달성하기 위해 거행되었다고 보기에는 어려운 측면이 있음을 드러낸다. 그럼에도 불구하고 무속에 대한 공적인 비판은 서구문화의 유입과 함께 훨씬 더 철저한 방식으로 진행된다.

2. 개항기의 미신론

아래의 인용문은 개항기 독립신문의 기사나 논설에서 무속과 관련

---

5 본고에서 다루고자 하는 논의의 중심이 '미신' 혹은 '음사'가 구성된 과정에 있지 않기 때문에, 무속 의례에 대한 부정적인 담론들은 간략하게 소개만 한다. 이에 대한 구체적인 연구로서 김동규, 「한국의 미신담론 이해」, 『한국의 미신담론 이해: 타자(alterity)로서 무속의 창조과정)』(이화여자대학교 한국문화연구원, 2012), 283-322쪽을 참고할 것.
6 조선 전기에는 '권도의 문화론'에 의해 국행의례에 무속이 수용되었지만, 후기로 갈수록 '정도의 문화론'에 따라 공적인 문화에서 배제된다. 그럼에도 불구하고 무속이 지속되었다는 점에는 의심의 여지가 없다.

한 비판적인 담론들을 옮긴 것이다.[7]

조선 백성들이 살 수는 없다고 하면서 헛되이 **돈 내어 버리는 것을**
생각할 것 같으면 가히 우습고 탄식할 일이 많이 있는지라 서울 문안
문밖에 어리석은 여인네들을 속여 **돈 뺏는** 무당과 판수들이 천여 명
인데 매명에 평균하여 매삭에 남의 **돈 빼앗는 것이** 십오 원씩 되니
매삭에 일만 오천 원이요 일 년에 십팔만 원이라 서울 있는 인민 인구
수효가 이십만 명을 잡고 매인 전에 매년 구십 전 가량씩을 무당과
판수에게 **빼앗기는** 셈이니… (독립신문 1897년, 1월 7일 논설, 필자
고딕 강조).

무당과 판수와 서낭당과 풍수와 중과 각색 이런 무리가 백성을 속이
고 **돈을 뺏으며** 마음이 약한 여인네와 허한 것을 믿는 사나이들을 아
혹히 유인하야 **재물을 바라고** 악귀를 위하게 하며"(독립신문, 1896,
5월 7일 자 1면, 필자 고딕 강조).

판수의 경 읽고 무녀의 굿하고 기도하는 것은 곧 혹세무민하여 사람
의 **돈을 뺏는 것인** 즉 강도에 다름이 없다"(독립신문, 1897, 4월 20일
자 4면, 필자 고딕 강조).

이상의 기술에서 보이듯이, 개항기 지식인들에게 무속의례는 '돈을

---

7 여기에 소개된 독립신문의 기사들은 이용범, 「무속에 대한 근대 한국 사회의 부정적 시
각」, 『근대성의 형성과 종교지형의 변동 I』(한국학중앙연구원, 2005)에서 재인용했지
만, 현대 한국어로 변화시켜서 옮긴 것임을 밝힌다.

내어 버리는 행위', '돈을 빼앗는 행위' 혹은 '강도에 다름 없'는 행위로 인식된다. 흥미로운 점은 무속의례를 통한 소비행위가 합당한 자격의 신들에게 바쳐지지 않았다는 점이 비판의 대상이 되지는 않는다는 점이다. 대신, 무속의례 행위자인 무당과 판수가 '마음이 약한 여인네와 허한 것을 믿는 사나이들'을 '유인하고', '속이는' 행위로 묘사함으로써, 현실에 개입하는 신령의 존재 자체를 부정하는 듯한 인상을 남긴다. 사실 개항기 지식인들의 비판 담론 속에서 발견되는 현실에 개입하는 신령의 존재에 대한 부정은 이 시기 미신담론을 조선시대의 음사론과 차별화시키는 요소가 된다. 환언하자면, 무속실천의 사회적 차원에 대한 비판뿐만 아니라 본격적인 신학적 차원의 비판이 시작된 것이다.

개항에서 비롯된 서구적 근대성과 자연과학적 사고의 유입은 자연을 사물화하고 탈주술화시킴으로써 자연과 초자연 영역의 구분을 가속화하고 강화하는 계기가 되었다. 아울러 근대적인 '종교'관념의 유입과 함께, 과학이나 '종교'의 영역으로 분류되지 못한 대부분의 전통적인 관행들은 '미신'의 영역으로 배치되었다. 이런 맥락에서 무속의례에서 지출되는 돈과 재화의 소비는, 그것이 인간의 활동이라는 측면에서 경제적 손실을 이끄는 '미신'으로만 이해될 뿐이었다. 이용범은 당시의 〈독립신문〉과 〈대한매일신보〉에 무속관련 비판 기사들을 검토한 뒤, 무속과 관련해서 가장 많이 언급되는 개항기 지식인들의 비판은 무속의례로 인한 경제적 손실이라는 사고에서 기인하고 있음을 밝히고 있다. 대신, 기사에 따르면 바람직한 지출은 "그 재물을 가지고 가난한 사람을 구제한다든지 병원을 지어 병든 사람을 치료한다든지 학교를 지어 사람을 교육한다든지 그렇지 않으면 그 재물을 가지고 장사를 하여 국중에 돈이 많이 들어오게 한다든지 제조소를 배설하여 각색 물건을 조선서 만들던지 묵은 땅을 개척하여 곡식과 슬과를 기른다든지 길을 닦아 인마가 통로하기가 편리하고 사는 동리가 정하여 백성이 병이 안 나게 하는 것"[8]이라는 것이다. 이는 소비활동 역시 물리적 법칙에 지배를 받는 인간의 합리적 경제 행위로써 재생산을 위한 것이어야 한다는 논리에서 비롯된 것이며, 생산과 재생산의 순환에 소비를 포섭하는 관념으로 생각할 수 있다. 당시 지식인들에게 당면한 가장 중요한 과제 중 하나가 부강한 국가의 달성이었다는 점을 고려하면, 이와 같은 생산과 재생산의 순환에 바탕을 둔 소비활동에 대한 이해는 당면한 시대적인 요청이었으며 미신타파운동을 통해 보다 명확히 구체화되었다고 볼 수 있다.

3. 문화재 정책과 전통문화론

무속의례 내에서 발견되는 소비행위와는 직접적인 관련이 없어 보일 수도 있지만, 모든 것이 소비의 대상이 될 수 있는 후기자본주의 사회를 배경으로 무속의례가 어떻게 '문화상품화'되고, 그에 따라 무속의례의 종교성과 상품성이 서로 갈등을 일으키고 있는지 그리고 공적인 영역에서 무속의 종교성을 소외시키고 있는지의 문제 역시 고찰할 필요가 있다고 생각된다.

현대 한국 사회에서 무속은 '전통문화', '전통신앙', '토속신앙'으로 규정되는데, 특히 무당들 사이에서 최상의 의미를 가지는 정체성은 '전통문화의 담지자'인 것으로 보인다. '음사'와 '미신'이라는 분류 때문에 공적 문화에서 소외되었던 무당들이 한국문화의 전면에 화려하게 등장하

---

8 〈독립신문〉 1896년, 5월 7일자 1면, 이용범 위의 글 278-279에서 재인용

게 된 것은 1962년 제정된 〈문화재보호법〉과 다양한 무속의례가 '중요 무형문화재'로 지정되고 의례 연행자들이 무형문화재의 보유자로 지정되기 시작하면서부터라고 보아도 좋다. 무속의례와 관련된 문화재 심사위원들은 대부분 민속연구의 전문가들로서, 문화재 지정에서 이들에게 중요한 평가 요소는 눈으로 확인할 수 없는 무속의례의 종교성보다는 의례의 연행적 측면에서 얼마나 정확히 '과거의 전통' 혹은 '문서'를 가감 없이 계승하고 있는가 하는 것으로 보인다.

필자는 2015년 봄 서울시 무형문화재 중 하나로 지정된 '**산도당굿'의 이수자인 무녀 M이 '이수자발표회'와 자신의 진적굿을 겸해서 진행하는 굿을 참관할 수 있었다. 성격이 서로 다른 발표회와 진적굿을 같은 날 함께 행하는 이유를 물었더니, 두 가지 행사를 별도로 진행했을 경우에는 이중으로 의례 경비가 소요되기 때문에 '경제적인' 혜택을 주기 위해서 문화재위원들끼리 협의하여 같은 날 하게 되었다는 것이었다. 따라서 당일의 진적굿에는 무녀 M의 문화재 이수자로서의 자격을 확인하는 심사위원 2인이 함께 하게 되었다.

어쩌면, 굿이 매끄럽지 못하게 진행될 것은 예상된 것이었다. 서울 무당들의 진적굿 초반에는 '천궁맞이굿'이 연행된다. 불사굿과 혼용되는 천궁맞이굿의 천궁은 천신의 성격을 가지는 높은 신격에 해당한다. 이 굿을 하는 중에 무당은 물동이를 '타고' 공수를 주는데, 신령의 계급이 높은 만큼 엄숙하게 진행된다고 볼 수 있다. 그런데 당일 진적굿을 하였던 무녀 M이 별안간 동자신이 실렸다면서 동자를 놀면서 공수를 주었다. 예상치 못하게 벌어진 갑작스런 상황에 신어머니는 쩔쩔매며 심사위원의 눈치를 보며 빨리 내려오라고 눈짓을 주었으며, 진적굿의 당주무당이었던 무녀 M은 만족스럽지 않은 듯 "에이, 오늘은 조금만

놀구 가요"라면서 물동이에서 내려왔다.

진적굿과 발표회라는 이질적인 목적을 가진 이 의례에서 갈등이 더욱 명확하게 드러난 상황은 무녀 M이 작두거리를 하려고 준비하면서부터였다. 흥미롭게도 서울굿을 연행하는 무당의 작두거리 복장은 황해도 무당들이 착용하는 신복(神服)이었다. 마당 가운데에서 작두거리가 진행되는 동안 불만이 가득한 것으로 보이는 심사위원에게 무녀 M의 신어머니는 "쟤가 내 밑에서 잠깐 나갔었는데, 그때 저것을 배워왔나 봐요. 어떻게 해요. 이해해주세요"라고 말하면서 불편해 보이는 심기를 누그러뜨리고자 노력하고 있었다. 그 심사위원은 필자에게 다가와서 "원래 서울굿에서는 작두거리가 없어요. 작두를 타야 하는 경우라면 작두를 타는 무당을 외부에서 초청하곤 했지"라고 설명해주었다. 그러면서, "저렇게 하면 안 돼지"라고 연신 탄식을 했다.

오후가 5시가량 되어서 의례가 모두 끝나고 심사위원의 평가가 있었다. "우리 같은 학자들은 이것저것 섞이는 걸 제일 싫어해. 그런 것을 짬뽕굿이라고 한단 말이야. 여기에 남아 있으려면 뺄 것은 빼고 신어머니한테 잘 배워야 해"라고 오늘 굿에 대한 소감을 정리해주었다. 이 정리는 심사위원에게서 이해되는 굿의 의미와 무당이 경험하는 굿의 의미가 서로 다르다는 점을 명확히 하고 있었다. 어쩌면 심사위원에게서 신령이 어떻게 경험되고 그 경험이 어떤 의미를 가지는지는 중요한 문제가 아니었던 것에 반해, 무녀 M에게는 자신이 경험하는 '동자'나 '작두신'은 당연히 마음껏 놀 수 있도록 대접해야 하는 경험 가능한 존재였다. 진적굿이 끝나고 5개월 정도 후에 당시 굿이 진행되었던 굿당의 공양주 보살에게 들은 바에 따르면, 그 발표회 겸 진적굿을 한 후에 무녀 M은 '신의 문이 막혀서' 몇 달 동안이나 고생했다고 한다. 그리고 진적굿에서 대접해야 할 신령들을 제대로 모시지 못해서 받은 벌이었을 것이라고 해석해주었다. 올해 진행되었던 '**산도당굿'에서 그녀의 모습은 발견되지 않았다.

지금까지 기존의 비생산적인 소비로서 무속의례에 대한 비판적인 담론들이나 '전통문화'로서 종교성을 탈구시킨 채 규정된 '문화재로서 무속의례'가 어떻게 무속의례의 종교성을 왜곡시키고 소외시키고 있는지 살펴보았다. 다음에서는 무속의례의 소비적 특성이 가지는 종교적 의미를 '의례적 경제' 및 '호혜성의 윤리'라는 개념을 통해서 고찰해보도록 하겠다.

IV. 의례적 경제와 호혜성의 윤리를 통해 본 무속의례의 종교성

1. 신령으로부터 증여된 삶, 보답으로서 인간의 '정성'

자본주의 경제체계의 문제점과 그 대안을 원시경제에서 발견하고자 했던 마르셀 모스(Marcel Mauss)나 조르쥬 바타이유(Georges Bataille)의 논의는 무속의례가 가지는 종교적 특성을 이해하는 데 효과적인 이론적 틀을 제시한다. 사실 원시 경제를 특징짓는 모스의 호혜성의 윤리나 바타이유의 '일반 경제' 개념에서 차용되었다고 할 수 있는 '의례적 경제' 개념은 김성례가 2002년에 발표했던 논문, 「기복신앙의 윤리와 자본주의 문화」에서 무속 재수굿을 분석하는 데 효과적으로 사용된 바 있다. 또한 박일영 역시 2009년에 발표한 논문, 「샤머니즘에서 본 욕망의 맞이와 풀이」라는 논문을 통해서 김성례의 글을 재인용하면서 이 이론적 해석틀을 적용한 바 있다.

김성례는 논문에서 재수굿을 "신령의 은총으로 경제적 물질적 목적을 성취하려는 공리주의를 넘어서 신과 인간 사이의 은혜와 보답이라는 상호신뢰의 관계를 통해 서로간의 자기충족을 추구하려는 종교의례"(김성례 2002, 82)로 정의한다. 사실 신령과 인간 사이의 호혜적인 관계에 대해서는 많은 무속 연구자들이 언급한 바 있다. 그러나 호혜성의 윤리를 무속의례에 적용시켜서 이해한다고 하더라도, 최초의 증여자가 누군지는 상당히 중요한 문제이다. 만약, 인간이 최초의 증여자 혹은 행위자가 된다면 인간이 대접했기에 신령은 그 채무감 때문에 혹은 자동적으로 인간에게 재수를 당연히 내려야 한다는 주술적인 성격이 강해지기 마련이다. 그러나 김성례(2002)는 최초 증여자의 지위를 신령에게 둠으로써 무속의례의 종교적 특성을 확보한다.9 즉, 최초 신으로부터 선물로써 증여된 은덕과 재수를 시간이 지난 뒤에 의례라는 특별한 시공간에서 이루어지는 인간의 보답행위를 통해서 되갚는 호혜성의 윤리가 무속의례의 특징을 이룬다는 것이다. 여기에서 인간의 보답행위는 '정성'10으로 표현되며, '정성'이 구체화된 돈과 재화는 교환가

---

9 '주술'과 '종교'를 명확하게 구분하기는 쉽지 않다. 대체로, 초기 진화론적인 종교연구 패러다임이 현재까지도 상식의 영역에서 통용되는 듯하다. 즉, '주술'은 인간의 행위를 통해서 신적인 존재를 강제하거나 혹은 잘못된 관념연합에 의해서 자연현상에 영향을 미칠 수 있다는 믿음에 바탕을 둔 행위로 정의되며, 종교는 의례적인 행위 자체가 목적인 경우로 한정된다. 현대 인류학자 탐바이야(S. J. Tambiah)는 주술적 사고방식은 원시적 사고방식이라기보다는 인류가 가진 사고방식의 한 종류로서 현재까지 지속된다고 주장하기도 한다.

10 흔히 '정성'을 마음에 한정해서 사용하는 경우가 있는데, 무속의례에서 '정성'은 돈이나

치 및 현물가치 이상의 무엇으로써 비생산적인 소비, 즉 바타이유가 제시한 '소진(depense, 소모 혹은 소비)'을 구체화한다. 필자 역시 이러한 해석에 동의하는 바이다.

김성례(2002)와 박일영(2009) 모두 실제 재수굿의 사례를 인용하는 과정에서 재수와 복을 내려주는 신령에 대해 언급하면서 대감거리의 공수에 강조하고 있다. 사실 재수굿을 연행할 때 대감신령이 재수와 복을 몰아다 존재로 등장하며 서울굿에서는 대감거리가 대단히 중요한 거리로 인식되기도 한다. 하지만, 재수를 단지 현물가치나 교환가치 이상의 종교적 은총 혹은 구원으로 이해하기 위해서는 다른 굿거리에서 모셔지는 신령들의 역할들을 모두 고려해서 이해할 필요가 있다. 그렇게 했을 때, 무속의례의 소비가 가지는 종교적 특성이 보다 확연히 드러날 것으로 기대된다.

다시 무녀 J씨의 진적굿 사례로 돌아가 보자. 그녀는 왜 그토록 봄 진적굿을 통해서 신령에 집중하는 것일까? 그리고 왜 그토록 많은 떡시루를 앉히는 것일까? 무속신앙과 의례를 호혜성의 윤리에 근거해서 이해한다면, 그녀가 신에게 '정성'을 다하는 것은 일종의 의무감에서 비롯된 것이라 할 수 있다. 이러한 의무감은 인간의 삶이 최초 증여자인 신령으로부터 주어지는 선물이라는 인식에 근거한다. 무속의 종교적 특성은 바로 최초의 증여자로서 신령을 설정하는 것에서 비롯된다. 이런 맥락에서 현물가치나 교환가치 이상의 종교적 은덕으로 해석되는 '재

재화를 포함한다. '정성'을 마음의 문제에 한정하는 것은 정신과 육체, 영성과 물질성 등의 이원론적 구분은 자연과 초자연의 구분 및 자연의 탈주술화 혹은 대상화에 따른 결과물이라고 볼 때 근대성의 산물로 볼 수 있다. 무속에서 사용되는 '정성'은 추후에 더 보완되어서 논의될 필요가 있을 것으로 보인다.

수'를 대감신령과의 관계로 한정하기보다는 인간의 존재를 가능케 하는 무속의 신령 체계나 무속 의례의 전반을 가능하게 하는 무속적 세계관을 함께 고찰할 필요가 있다.

무속적 세계관과 그 세계관을 구체화하고 있는 신령체계나 의례를 인간의 전반적인 삶의 과정과 관련시켜서 생각할 필요가 있다. 무속적 세계관에 따르면 인간의 탄생은 삼신할머니의 점지와 보호에 의해서 이루어진다. 인간의 삶과 관련한 무속 신령의 개입은 출산에만 한정되지 않는다. 탄생 이후의 건강과 수명을 관장하는 칠성신, 살면서 닥치는 위험으로부터 보호하는 장군신과 신장, 재수와 복을 몰아다 주는 대감신령, 죽음 이후에 저승으로 망자를 인도하는 바리공주까지 무속의 신령은 인간의 탄생과 죽음까지 모든 과정에 개입되어 있다. 이런 맥락에서 온전한 인간의 삶은 이런 신령들의 '은덕'을 통해서만 가능하며, '은덕'의 무조건적인 증여자는 신령이 된다. 무당 역시 무당으로서 재탄생하기 위해서 일월성신을 모셔야 한다는 믿음이 있다. 결국 무당이든 일반인이든 모든 인간의 삶과 죽음은 신령에게서 부여받은 선물이라 할 수 있다. 그리고 인간은 호혜성의 윤리에 따라서 신령에게서 선물로 받은 은덕에 보답해야 하는 책무를 가진다. 재수굿이나 진적굿은 바로 이러한 보답의 의무를 다하기 위한 의례적 실천으로 해석될 수 있다.

보통, 인간과 신령 사이의 호혜적 관계는 일반 사람들에게서는 망각되기 쉽다. 그러나 무녀 J씨가 무업을 수행하는 양상을 본다면, 신령과의 호혜적 관계는 결코 망각될 수 없는 생생한 경험적 현실이다. 그녀는 스스로 자랑스럽게 밝히듯이, 자신이 무당임을 가리키는 '간판'도 '깃발'도 걸지 않고 오직 먼저 왔던 손님들의 입소문과 소개를 통해서 또 다른 손님을 맞는다.

무당이 무업을 전개하는 과정에서 손님의 존재는 신령의 존재를 확인할 수 있으며 또한 무당으로서 자신의 정체성을 강화할 수 있는 가장 중요한 요소이다. 내림굿이나 진적굿에서 무당들이 끝없이 반복하는 '잘 불리게 도와'달라는 이야기는 단순히 많은 손님을 통해서 경제적인 부를 축적하기 위한 소망의 표현이라기보다는 무당으로서 자신의 존재 가치를 확인할 수 있도록 도와달라는 종교적 소망인 것이다.

이런 맥락에서 무업의 성패, 혹은 보다 근본적으로는 무당으로서의 가능한 삶이 온전히 타자에 의해 달려 있는 그녀에게 손님은 신령이 보내주는 일종의 선물과도 같다. 무녀 J씨는 만약 3일에서 4일 사이에 손님으로부터 예약 전화가 없는 경우 '신의 문이 막혔다'고 판단하고 자주 찾는 굿당의 서낭당을 찾아 신의 문을 열어달라고 빌거나 자신의 신당에서 신령의 뜻이 무엇인지를 묻곤 한다. 이런 까닭에 현재 그녀가 무당으로서 성공했다고 확신하는 삶은 많은 손님을 보내주는 신령님의 은덕인 것이다. 결국, 무당으로서 자신의 운명을 받아들이고 스스로를 행복한 무당으로 생각하는 그녀에게 모든 신령들은 무당이라는 운명을 부여했을 뿐 아니라 무당으로서 현재 삶을 가능케 하는 최초이자 지속적인 증여자가 된다.

모스에 따르면, "사회적 순환 속에 들어가게 된 생산물은 그것을 가장 먼저 가지고 있던 사람, 즉 그것의 원래 출발점으로부터 절대 떨어져 나올 수 없으며, 얼마간 간격을 두고 나서 다시 어떠한 형태로든 본래의 것으로 되돌아가고자 하는 경향을 가진다"(류정아 2016, 6). 이런 맥락에서 무녀 J씨는 신령에게서 받은 무당으로서의 운명과 손님들과 이로 인해 얻게 된 현재의 삶이라는 선물을 다시 신령에게 되돌려주고자 하며, 이것이야 말로 도덕적인 의무가 된다. 이제, 그녀가 왜 일 년에 두 번 하는 진적굿을 한 번은 신령에게 집중하고, 또 한 차례는 손님들을 위해서 하는지 이해할 수 있는 단서를 찾게 되었다.[11] 그녀의 봄 진적굿은 현재의 삶을 선물로 증여한 신령에게 보답하기 위한 '정성'으로서, 이 '정성'에 사용되는 돈과 재화는 신령에게서 최초로 증여받았던 삶을 소진하는 종교적 승화로 해석되어야 한다.

2. 전물(奠物)의 부족함에 대한 질책과 탐욕스러운 신령 이미지

무속의례에서 드러나는 호혜성의 윤리와 더불어 반드시 언급할 무속의 종교적 특성이 있다. 그것은 바로 '차린 제물'의 부족함에 대한 신령의 야단과 '욕심 많고 탐심 많은 대감' 이미지에 대한 설명이다. 무녀 J씨는 진적굿을 할 때마다 자신의 떡시루는 자신의 손으로 직접 앉히려 하며, 앞서 보았던 의례 비용의 지출금액을 통해 보았듯이 최고의 과일과 고기를 사용한다. 실제로 마음과 물질을 다해서 최선을 다하는 '정성'을 드리는 것이다. 그러나 신령은 항상 "이 정도로는 양이 차지 않는다"며 불만을 드러낸다. 필자 역시 지금껏 굿을 보면서 신령이 차린 제물에 만족함을 표하는 경우를 거의 보지 못했다. 설령 어떤 특정한 신령이 만족감을 보였다고 하더라도 다른 거리에서 등장하는 신령들은 부족함을 지적하는 경우가 다반사다. 예컨대, 대감거리에서 대감을 노는 무당의 입에서 가장 많이 들을 수 있는 무가(巫歌)와 공수의 한 구절은 "욕심 많고 탐심 많은 대감 아니시랴"나 "내가 잘 놀아야 대주가 재수가

---

11 이 글에서는 무당과 신령 사이의 호혜적 관계를 중심으로 드러난 무속의 종교적 특성만을 고찰하기에 무당과 단골 사이의 관계가 부각되는 가을 진적굿에 대한 논의는 다음으로 미룬다.

있지" 등이다. 또한 차린 제물이 적다거나 혹은 자신의 복장이 낡았다고 투덜대는 모습이 바로 그것이다.

켄달(L. Kendall)의 제보자였던 용수 엄마 역시 이와 유사한 경험을 이야기를 한 적 있다.

> 어떨 때는 할아버지들이 다 미워. 할아버지들이 불쌍한 사람들은 품어 줘야 하는데, 야단을 치시는 거야. 어떤 가난한 사람이 와서 일을 해야 할 때면 나는 제물을 조금만 가지고 오라고 해. 나는 그 사람들한테 그거면 됐다고 말하거든. 그러고 나서 할아버지 방으로 들어가. 할아버지들이 공수를 줄 때 이러시지. "이게 뭐냐? 이 사람은 너무 적게 차렸구나" 하면서 호통을 치신다니깐. 그렇게 말하는 건 내 감정하고는 반대야. 그렇지만 내가 뭘 어떻게 하겠어. 할아버지들이 그렇게 말하시는데(Kendall [1985]2016, 130).

그렇다면, 왜 무속의 신령은 늘 차린 전물의 부족함을 지적할까? 이 문제와 관련하여 기존의 논의들에서는 신령(특히 대감신령)의 탐욕스러운 이미지는 물질주의적인 무속 신령의 특성과 저급함을 표현하는 것으로, 혹은 인간의 욕망의 투사된 것으로, 혹은 관료제 사회에서 권력자가 가진 힘에 대한 한국인의 역사적 경험이 반영된 것으로 해석하곤 했었다. 그러나 의례적 경제와 호혜성의 윤리라는 차원에서 본다면, 신령의 탐욕스러운 이미지와 부족한 전물에 대한 끊임없는 질책은 최초의 증여자로서 신령이 항상 더 많은 선물을 준다는 것을 인간에게 강조하고 재확인하는 논리로 해석할 수 있다. 마치 무궁한 태양의 에너지가 지구에 무조건적인 에너지원으로 기능하는 것처럼 무속 신령들 역시 삶이라는 무조건적인 선물의 증여자임을 끊임없이 상기시키는 것이다. 아무리 전물을 많게 차리건 적게 차리건 인간은 결코 신으로부터 받은 선물과 동일한 혹은 그 이상의 답례를 할 수 없다는 무속적 신앙인 것이다. 환언하면, 인간은 신령에게 빚을 지고 있는 존재이자 실존적인 한계를 가질 수밖에 없다는 한국인의 자기 고백적인 표현으로 이해될 수 있다.

아울러 기왕에 본고에서 제시했던 바타이유의 해석틀을 적용한다면, 차린 전물에 대해 질책하는 신령의 이미지는 생산과 지속적인 축적에 대한 인간의 욕망을 조절하는 의례적 장치로 기능한다고도 볼 수 있다. "일 년 벌어서 신령 대접하는 데 다 쓴다"는 무녀 J씨의 이야기는 무당들 사이에서 흔히 회자되는 "도깨비 돈은 땅에 묻어야 된다"는 말 속에 포함된 인간의 축적에 대한 욕망에 대응하면서, 생산물 혹은 자본의 축적에 대한 욕망과 그 욕망에 대한 제어 혹은 생산과 소비 모두를 고려하는 일반경제를 구체화하는 것으로 해석될 수도 있다.

V. 나가는 말

이상에서 무속의례에서 발견되는 소비의 특성이 어떻게 시장경제의 합리성의 영역을 넘어서 종교적 특성을 가지는 것으로 해석될 수 있는지 고찰해보았다. 결론에 앞서 한 가지 언급할 것은 이상에서 검토된 무속의례의 소비에 드러난 종교적 의미와 실제 무당들의 소비행위와 의도 사이에는 괴리가 있을 수 있다는 점이다. 또한 무속의례에서 이루어지는 소비와 무속의례의 영역 밖에서 이루어지는 무속 행위자의 소비 역시 구분될 필요가 있다. 본고에서 분석한 무속의례의 소비가 가지는 종교적 의미는 의례적 행위에 대한 관찰자의 분석에 기초한 것일 뿐이며, 결코 의례적 영역 밖에서 혹은 개별적인 무속 행위자들의 소비 패턴 모두를 검토한 것이 아니라는 점은 염두에 둘 필요가 있다.

비생산적이고 무가치하게 보이는 무속의례에서의 소비는 종교적인 분석틀을 적용해서 이해했을 때, 신령에게 삶과 죽음 일체를 빚지고 있는 인간이 호혜성의 윤리에 따라 보답으로서 드리는 '정성'이며, '의례적 경제'를 통해서 이루어지는 소비 혹은 소진이라는 개념으로 이해 가능하다. 이때 소비나 소진은 후기자본주의 사회에서 우리를 유혹하는 소비와 유사한 것 같지만 비생산적인 소비라는 차원에서 차별화된다. 이런 맥락에서 무속의례의 소비행위를 무용한 곳에 돈을 낭비하거나 소비를 통해서 물질적 욕구를 성취하려는 경제적 거래라기보다는, 신령에게 드리는 '정성'에 자신의 영혼과 육신을 함께 실어서 드리는 종교적 승화로 이해되어야 한다.

무속 의례에서 인간이 신령에게 드리는 '정성'을 가장 구체화하는 '돈'은, 자본주의 사회 구조에서 스스로 증식하며 축적되는 자본의 주술적 속성과는 공통점과 차이점이 있다. 무속의례에서도 돈은 인간의 '정성'을 가장 잘 표현하거나 혹은 구체화하는 사물이라는 점에서, 돈이 가지는 가치를 인정한다고 볼 수 있다. 그러나 가장 가치 있는 돈이 비생산적인 곳에 소모됨으로써 자본주의 사회에서 돈이 가진 자기증식적인 성격을 상실하게 된다. 다시 말해서, 자본주의 사회에서 '돈'이 가진 주술적 힘을 탈구시킴으로써, 돈의 지배력에서 벗어난다는 논리가 성립한다.

자본주의 경제체계 내에서 이루어진 인간 소외, 상품화, 사물화에 대한 비판적인 대안으로써 제시된 일반경제 개념 및 그 하위 개념으로서 의례적 경제 개념이나 호혜성의 윤리는 비록 원시 경제의 특징을 통해 발견된 것이라 할 수 있다. 생산과 축적을 통해서, 그리고 전쟁 같은 폭력적인 소비 형태를 통해서 전개되는 전 지구적 자본의 확장 속에서 무속의례의 소비문화가 구현하고 있는 종교성은 공적인 영역에 초점을 두는 연구자의 눈에 띄지 않을지도 모른다. 그럼에도 불구하고 많은 한국인들이 고통의 상황을 이해하는데 무속 의례가 기능하고 있다는 사실은 자본주의적인 합리성 혹은 윤리에 근거한 경제논리가 현대 한국인들의 삶의 모든 영역을 통제하고 있지 않다는 점을 드러낸다.

참고문헌

김동규. 2012. "한국의 미신담론 이해." 『한국의 미신담론 이해: 타자(alterity)로서 무속의 창조과정)』 23: 283-322.

김성례. 2002. "기복신앙의 윤리와 자본주의 문화." 『종교연구』 27: 61-86.

로렐 켄달. 2016. 『무당, 여성, 신령들: 1970년대 한국 여성의 의례적 실천』, 김성례·김동규(역). 서울: 일조각.

류정아. 2016. 『마르셀 모스, 증여론』. 서울: 커뮤니케이션북스

박일영. 2009. "샤머니즘에서 본 욕망의 맞이와 풀이." 『종교교육학연구』 31: 75-95.

이능화. [1927]2002. 『조선무속고』. 서울: 동문선

이용범. 2005. "무속에 대한 근대 한국 사회의 부정적 시각." 『근대성의 형성과 종교지형의 변동 I』. 한국학중앙연구원.

조르주 바타유. 2000. 『저주의 몫』, 조한경(역). 서울: 문학동네.

최종성. 2002. 『조선조 무속 국행의례 연구』. 서울: 일지사.

Kendall, Laurel. 2002. *Shamans, Nostalgias, and the IMF: South Korean Popular Religion in Motion.* Honolulu: University of Hawaii Press.

Walraven, Boudewijn C. A. 1991. "Confucians and Shamans." *Cahiers d'Extreme-Asie 6:* 21-44.

짐멜의 『돈의 철학』에 나타난 '돈'과 '종교'*

최 현 종

서울신학대학교

I. 들어가는 말

돈의 중요성은 동서고금을 막론하고 부정할 수 없는 사실이다. 특히, 현대 자본주의 사회에서 그 중요성은 더욱 증가하고 있으며, 이러한 영향력의 증가 속에서 돈의 영향력으로부터 비껴 있는 것으로 간주되었던, 혹은 그 저항 세력으로까지 생각할 수 있던 종교마저 돈의 영향력 아래 굴복하는 듯한 인상을 보이는 것이 현재의 상황이다. 이러한 변화 앞에서 돈에 대한 사회학적 이해의 초석을 놓았던 게오르그 짐멜(Georg Simmel)의 『돈의 철학』(*Philosophie des Geldes*)을 다시 살펴보는

---

* 본 논문은 한국사회역사학회지 「담론201」 19권 3호(2016. 08), 31-54에 실렸음.

것은 매우 의미 있는 작업이라고 할 것이다. 돈과 종교를 대립적으로 보는 일반적 견해와는 달리, 짐멜은 이 둘 사이에 상당한 유사성을 제시하기도 하였는데, 이러한 짐멜의 입장은 현대의 돈과 종교의 관계를 이해하는 데에 매우 중요한 시사점을 던져줄 수 있다고 생각한다.

본 논문은 먼저 짐멜이 설명하는 돈의 본질적 요소를 그의『돈의 철학』을 중심으로 살펴보고(2장), 이러한 입장을 또 다른 돈에 대한 고전적 분석가인 마르크스(Karl Marx)와 비교한 후에(3장), 다시 짐멜의『돈의 철학』에 나타난 종교에 대한 언급을 통해 돈과의 관련성을 생각해 보고(4장), 결론적으로 현재의 돈과 종교의 관계에 대한 시사점을 제시하고자 한다(5장).

II. 짐멜의『돈의 철학』에 나타난 '돈'의 이해

짐멜의『돈의 철학』에 나타난 '돈'의 분석은 돈이 가지는 '상징성' 및 '심리적' 기반에 중점을 두며, 후에 기술할 마르크스의 특징인 '자본으로서의 돈'의 기능에 대해서는 소홀한 면이 없지 않다. 짐멜에 의하면 '돈'은 주관적인 경제적 가치가 객관화된 것으로서, 주관적 가치의 총체성에 대한 표준화 혹은 보증으로서 존재한다(75ff).[1] 짐멜은 '문화적 과정'을 충동과 향유와 같은 주관적 상태를 대상에 대한 평가로 이전시키는 과정이라고 인식하며, 이렇게 함으로써 대상들을 매번 자아에 관련

---

[1] 본 논문은 짐멜의『돈의 철학』(1983)을 중심으로 그 논의를 진행하기에,『돈의 철학』을 참고한 부분에 대해서는 별도의 저자 표시 없이 인용된 페이지만을 ( )안에 표기하였다.

시키지 않은 채 상호 측정할 수 있게 된다고 설명한다. 그 결과 경제적 대상도 마치 그 고유한 속성인 것처럼 가치량이 부여되며, 돈은 이 가치평가의 결과를 대표하게 된다(96ff).

돈이 이와 같이 가치평가를 대표하는 과정에는 교환과정이 중요하게 작용한다. 짐멜에 의하면 교환은 한 대상의 순수하게 주관적인 가치의미를 극복하는 과정이다. 교환과정 속에서 대상들은 자신들의 가치를 상호적으로 표현하며, 다른 대상과 교환됨으로써 객관화된다. 교환만이 대상에게 경제적이라는 특별한 성격을 부여하며, 주관적인 평가를 객관적인 평가로 전환시킨다. 보통 교환과정에서 가치는, 공급의 측면에서는 희소성과, 수요의 측면에서는 효용과 연관되는데, 효용과 희소성은 교환이 전제될 때에만 비로소 가치형성의 요소로서 중요성을 획득한다. 또한 교환과정에서 가격은 객관적인 가치를 드러내 주는데, 가격이 없다면, 객관적인 가치와 주관적인 효용을 구분하는 것이 불가능하다. 가격을 통하여, 교환은 사회적으로 확정되고 보증되며, 교환의 당사자인 개인들에게 가치 평가의 실마리를 제공해 준다(101-130). 가격의 변동은 특정한 상품과 다른 상품과의 교환관계가 변화했음을 의미할 뿐이다.

경제적으로 볼 때, 교환 대상이 되는 모든 사물들은 일정한 속성, 내용을 가지고 있기 때문에 가치가 있다. 그러나, 돈은 가치가 있기 때문에 돈으로서의 속성, 내용을 갖는다. 즉, 돈은 '실체화한 가치'이며, '사물들 자체를 배제한 사물들의 가치'이다(156). 추상적 가치로서의 돈은 가치를 구성하는 사물들의 상대성을 표현할 뿐이지만, 교환의 축으로서의 돈은 대상들의 변동과 대립하여 안정적으로 존재한다. 돈이 이와 같이 안정적으로 다른 사물들로부터 독립하지 못한다면, 돈 또한 하나의 개별적 대상으로 다른 사물들 중의 하나가 될 뿐이다. 이와 같은 과정을 통해 교환의 대상들을 돈에 의하여 완전히 대체할 수 있게 된다 (159). 그러나 한편으로 돈을 직접적으로 향유할 수는 없기 때문에, 원칙적으로는 모든 주관적 욕구와 충동으로부터는 벗어나 있다(165). 결론적으로 돈은 '일반적인 존재형식의 물화'이며, 이것을 통해서 사물들은 그들의 상호적인 의미를 발견할 수 있게 된다(166).

그렇다면, 돈은 고유의 실질가치를 갖지 않더라도 기호와 상징으로서만 작용하면 충분할까? "가장 가치 있는 사물들을 인쇄된 종이조각과 교환하는 일"은, 후자가 직접적으로는 가치가 없을지라도 다른 가치를 획득하는 데 도움을 줄 것이라는 확신을 제공하기에 가능한 일이다 (183). 돈은 사회적으로 보증된 이러한 확신 위에 현실의 모든 질적인 범주를 양적인 범주로 해체시키는 데 기여한다. 그리고 이러한 양적 해체는 사물의 상징적 취급을 한층 용이하게 한다(193). 나아가 실제로 돈으로서 기능하기 위해서는, 돈으로 사용되는 유용한 대상(ex. 금이나 은)은 자신의 유용성을 거부해야 한다. 돈이 자신이 구매하는 가치들과 똑같은 방식으로 이용되면, 그것은 더 이상 돈이 아니라, 단지 하나의 상품, 귀금속이 될 뿐이다. 귀금속은 그 자체로서 가장 적합한 돈의 재료가 아니라, 그것이 돈의 공급을 적절히 제한하는 기능을 할 수 있기 때문에 돈의 재료로써 사용된 것이다(207). 짐멜은, 그 당시의 상황에서 돈의 기능을 순수한 명목화폐로 이전시키고, 모든 실질적 가치로부터 완전히 분리시키는 것은 현실적으로 불가능하며, 그 때문에 실질 가치가 일정 정도는 보존되어야 한다고 기술하지만(212ff), 현재의 경제적 상황에서는 이와 같은 돈의 순수한 상징적 성격은 더욱 강력하게 구현되고 있다. 물질적 실체로서의 돈의 중요성이 감소하면서, 수표, 어음 나아가 현대의 단순한 금융 이체는 보다 신속한 순환을 발생시킨다. 현대 사회의 거래의 증가는 한편으로는 이러한 신속한 유통속도에 힘입은 바 크다(248f). 돈의 유통속도의 촉진은 화폐량의 증가와 같은 효과를 지닌다. 이러한 상황에서 돈의 기능은, 앞에서 언급한 바처럼, 사회적 상호작용의 안정성과 신뢰성, 즉 경제적 영역의 일관성에 의존한다(220). 짐멜은 화폐경제란 결국 "이미 물질적 화폐 속에 존재하던 신용의 요소들"이 발전, 독립한 것으로 해석하며(230), 이러한 발전의 기초는 중앙 정치권력이 제공하는 보증에 있다고 주장한다(236).

목적이 그 실현을 위한 수단을 만들어 내지만, 완성된 수단은 또 다른 목적 관념을 만들어낼 수 있다. 모든 지속적인 사회조직은 특정 목적을 위해 만들어진 것이지만, 일단 만들어지고 나면 원래의 목적과는 다른 자체의 목적을 창조한다. 목적에 대한 수단의 우위는 우리의 삶에 있어 주변적이었던 것, 삶의 본질 외부에 존재했던 것들이 우리의 삶의 중심을 차지하고, 심지어 지배하게 되었다는 데에서 정점에 도달한다. 이러한 수단의 우위, 만족을 위한 수단계열의 연장은 돈에 의하여 완성된다. 돈은 그 자체가 목적으로 여겨지며, 오히려 그 자체가 목적인 사물들이 수단으로 전락하는 현상도 일어난다(539f).[2] 이러한 변화과정에서 수단은 그 사용범위가 넓을수록, 특수한 이해관계와 목적으로부터 중립적일수록 그 가치가 증가하는데, 돈이 제공하는 넓은 선택의 가

---

2 짐멜은 "문화의 위기"라는 논문에서도 도구가 목적을 은폐하는 가장 광범위한 예로서 경제영역에서 등장한 돈을 들면서, 다음과 같이 기술한다: "돈은 교환과 가치보상의 수단으로서, 이 같은 중간 매개자의 기능 외에는 아무 가치도 의미도 없는, 극단적인 무이다. 그런데 돈이 대다수 문화인간의 최고목표가 되어 버렸다. […] 현대인의 의식에서 결핍은 대상의 결핍이 아니라 그것을 살 수 있는 돈의 결핍을 의미한다"(게오르그 짐멜, 2007: 190).

능성은 돈의 가치를 증가시키는 중요한 요인으로 작용한다(272). 즉, 돈의 가치는 등가 관계에 있는 대상의 가치에다 다른 대상을 선택할 수 있는 자유의 가치를 더한 것이 된다. 특정 순간에 돈에 부여되는 가치는 그 순간의 이해관계 중 가장 중요한 것의 평가와 같다. 또한 돈의 사용에 있어서의 선택 가능성은 그 사용 시점이 보다 자유롭다는 점에 의해 더욱 확대된다(273f). 결국 돈은 그 특성 없음이 지극히 적극적인, 중요한 장점으로서 작용하며, 돈의 잠재적 이용 가능성은 심리적 계산의 대상이 되어, 그 소유자로 하여금 많은 영향력을 행사할 수 있게 해 준다(280). 하지만, 돈으로 인한 선택 자유의 폭은 부자와 가난한 사람에게서 다르게 나타난다. 가난한 사람의 경우 필수품의 소비에 구속되므로, 이러한 선택의 자유로 인한 부가적 가치는 사라지게 된다(281).

돈은 이와 같이, 수단이 목적으로 변화되는 가장 극단적인 보기이다. 내용적인 만족을 부여하는 궁극적인 생활목적이 위축될 때에도, 수단에 불과한 가치로서의 돈이 그 목적을 대신할 수 있다. 이러한 돈의 목적론적 전위에 따른 심리적인 제 결과는 금전적 탐욕과 인색, 낭비, 금욕적 가난, 냉소주의, 포만권태 등 다양한 형태로 나타날 수 있다(301-30). 돈은 (권력과 유사하게) 사용가치가 아닌 소유 자체가 중요하게 되며(탐욕과 인색), 때로는 사용가치와 상관없이 지출 자체가 중요한 쾌감의 대상이 된다(낭비자는 일단 대상을 소유하게 되면 그 대상 자체에 대해서는 무관심해진다). 또는 세상의 가치, 다양한 목적에 대한 거부를 목적으로 화폐 소유를 거부하는 것 자체를 중요한 목적으로 삼거나(금욕적 가난), 이를 냉소적으로 보기도 한다(냉소주의). 한편으로는 화폐의 획득이 일정 수준에 이름에 따라, 이것이 흥미 없게 되는 현상도 나타난다(포만권태).

돈은 또한 '경제적 의식의 역'이라고 할 수 있는 특성을 지니고 있다. 특정 양 이하의 자극은 경제적인 것으로 의식되지 않는다. 이는 한편으로는, 사물의 화폐가치가 그 단순한 증대로 인하여 그 질적인 성격, 욕구를 역전시켜 버릴 수 있음을 의미하기도 한다. 이러한 현상은 양적 변화가 질적 변화를 야기하는 예로 볼 수 있는데, 이는 현대과학 일반의 중요한 인식경향이기도 하다. 분해할 수 없었던 요소의 질을 현대과학은 그 양과 수로 인식할 수 있는 것으로 변화시킨다(354f). 소수가 다수에 복종해야 한다는 민주주의적 원칙도 개인의 절대적인 질적 가치가 양적인 의미로 전락한 것을 의미하기도 한다(555). 윤리적 행복론은 모든 윤리적 차이 및 부수적인 현상들을 질적으로 동일한 행복의 순수한 양적 차이로 평가하게 된다. 돈은 이러한 변화의 가장 선두에 서서, 이를 선도한다. 대상들이 돈의 가치의 측면에서 관찰되고 평가되는 그 순간부터 대상들의 질적 가치는 양적 가치에 종속된다(491).3 노동의 질적 차이도 화폐로 측정 가능한 양적 차이로 변화한다. 노동가치설은 구체적 노동을 동일한 근원적 노동으로 환원함에 기초한다. '모든 노동은 오직 노동일 뿐이며, 그 이상의 것은 결코 아니라는' 추상적이며, 공허한 주장이 이론의 기반이 된다(523).4 이러한 관점에는 사물들이 돈에 의해서 표현될 수 없는 측면을 갖고 있다는 사실은 무시된다(507). 짐멜에 의하면, 사회주의는 경제적인 이해관계가 다른 모든 이해관계의

---

3 한편으로는 화폐 안에서의 평등이라는 것이 인간관계의 형식적인 원리가 되면, 그것은 개인들의 불평등을 가장 첨예하게 표현하는 수단이 될 수도 있다. 돈의 계산적 본질은 삶의 요소들 간의 관계를 동일한 선상에서 평가함으로, 평등과 불평등을 명확하게 해 준다(552ff).

4 이에 반해 짐멜은 노동의 가치가 노동량이 아니라 노동결과의 유용성에 의해서 측정된다고 주장한다(532).

근원이라고 선언함으로써 경제적 영역의 모든 내용들을 하나의 단위로 환원시키는 결과를 야기하였으며, 이러한 면에서 사회주의는 합리주의 적 화폐경제 발전의 최종적인 산물이며, 사회주의의 매력은 합리주의이면서 동시에 합리주의에 대한 반작용이라는 이중적 동기에 있는 것이다(517).

한편, 화폐경제의 파생물로 발생한 현대의 분업은 모든 행위를 객관적인 기능으로 변화시키는 경향이 있다. 인식 가능한 모든 행위요소들은 계산 가능한 합리적 관계로 변화하고, 목적에 부여된 감정적 강조를 제거시켜 버린다. 이에 따라 생활양식은 무특징성과 객관성을 특징으로 하게 되며, 사람과 사물은 순수히 합리주의적으로 취급되며, 주관적인 충동은 제거된다. 무엇보다도 돈은 인간들의 행동과 관계를 주체로서의 인간 외부에 위치시킨다(546). 생산물이 객관적이고 비인격적인 것이 될수록 보다 많은 사람에게 적합한 것이 되기 때문에, 소비의 확대는 이러한 '객관적' 문화의 성장에 의존한다. 역설적으로 돈은 자체 안에 방향성도, 장애물도 포함하고 있지 않기 때문에 강력한 자체의 충동을 따르며, 이 충동은 소비영역에 있어서 이기주의적 충동으로 나타난다. 결국, 돈은 내용면에서는 초개인적이지만, 기능면에서는 개인주의적 혹은 이기적인 역할을 한다고 볼 수 있다.

그러나 한편으로, 인간관계가 과거의 안정적이고 불변적인 것으로부터 현대의 불안정하고 변경 가능한 것으로 변화됨에 따라, 역설적으로 인간의 자유는 성장하기도 한다. 돈은 이러한 인간들의 비인격적인 관계와 개인의 자유 사이의 구체적인 표현체이다(378). 현대 사회에서 자유는 대상을 통해서 자아를 표현하는 형태로 나타나며, '소유물의 총합이 마치 개인의 전체적인 개성인 것처럼' 나타난다(409). 자유가 방해받지 않고 자신의 의지를 실현하는 것을 의미하면서, 보다 많이 소유할수록 더욱 자유로워질 것이라는 사고가 팽배해진다. 이러한 과정에서 소유로 인한 획득되는 대상에 대한 상징적인 지배권에 만족하면서, 앞에서 얘기한 바와 같은 실제로는 아무 것도 즐기지 않는, 화폐 소비의 단순한 행동으로 인한 '자기확대감'에 만족하는 현상들도 나타난다(414). 이러한 만족은 구체적인 대상의 소유에 나타나는 '한계'에 부딪히지도 않는다. 재산 증식과 관리에 모든 시간과 힘을 다 쏟아부어서, 실재로 그 재산을 즐길 여유를 갖지 못하는 자산가들의 상황은 이러한 모습을 잘 드러내준다.

돈에 대한 요구는 충족을 위해 의무자의 신의를 가장 덜 필요로 하는 것이며, 돈에 대한 지불 요구는 필요한 것만을 요구하고, 다른 모든 것에 대해서는 가능한 최대의 자유를 부여한다(499f). 짐멜은, 노동계약도 인간적인 종속이 아니라, 돈의 기초 위에서 규정된 노동량만을 제공하는 것이기 때문에, 노동활동이 객관적이고 기술적인 것이 될수록 그의 인격 자체는 자유롭게 된다고 생각한다(423). 화폐임금의 최종적 가치의 불확실성으로 인하여, 노동자의 지위가 부분적으로 악화되기는 하지만, 이러한 불확실성과 불규칙성은 자유의 불가피한 부산물이다(427). 유사한 방식으로, 중세의 조합이 전 인격을 포괄하였다면, 주식회사는 오직 금전적 관심만을 공유하며, 회사가 무엇을 생산하는지조차 관심을 갖지 않는다. 화폐경제가 완성된 이후 자본은 참여한 개인을 초월하는 법인격을 획득하면서 객관화되고, 참여자는 재산의 일정 부분을 갖고 참여하지만 인격을 갖고 참여하지는 않는다. 개인들의 비인격적인 요소를 하나의 기획 속에 통일시키는 이러한 '목적결사체'(Zweck-verband)는 돈에 의해 순수한 형식으로 발전하였다(436). 그러나, 사회의 통일적 결합의 원리가 목적결사체의 성격을 갖게 될수록 사회는 더욱 비정신적으로 된다. 객관적 업적은 이제 돈으로 표시되며, 명예와 같은 덕목도 이제 상금으로 대체된다.

또한, 돈은 사유 재산적 소유형식의 가장 적합한 토대이다. 풍부한 침투력을 가진 화폐경제의 활성화는 집단주의적 생활양식을 개인주의적 생활양식으로 변화시켰다(437ff). 재산 소유의 형식이 토지에서 돈으로 바뀌면서, 개인은 경제활동 장소의 자유를 획득하고, 이로 말미암아 사회 전체에 대해 보다 독립적인 감정을 갖게 되는데, 이는 사회의 공동체적인 관심을 소멸시키고, 나아가 개인을 사회 전체에 대한 대항적 존재로 만들었다(432f). 짐멜에 의하면, 가족관계의 점진적 해체도 개별적인 가족 구성원들의 분화된 경제적 이익들 때문에 발생한 것이다. 관계들이 돈과 관련하여 규정되면서, 개인들 사이에 보이지 않는 기능적 거리가 발생하며, 이 거리는 우리 생활의 지나친 밀집과 마찰을 억제하기도 한다(596). 돈은 인간과 인간 사이뿐 아니라, 인간과 상품 사이에서도 경제적 거래의 대상들과 직접 접촉하지 않고, 돈이라는 매개체를 통해서 간접적으로 이루어지도록 만든다.[5] 돈은 소유자와 소유물을 완전히 분화시킨다.

이러한 돈에 대한 짐멜의 견해는 다음과 같이 요약할 수 있다:

1) 돈은 주관적인 경제적 가치가 객관화된 것이며, 교환과정을 통하여 그 주관적인 가치 의미가 극복되어 진다.

---

5 짐멜에 의하면 자동판매기는 근대경제의 이와 같은 성격을 가장 잘 나타내 주는 보기이다. 모든 상품은 구매자의 심사숙고, 판매자의 노력과 설명에 상관없이 오직 가격이라는 등가물에 의하여 판단되며, 개인과 상관없이 빠르게 진행된다(575).

2) 결국, 돈은 일정한 속성, 내용을 배제한 추상적 가치로서 나타나며, 이러한 돈의 사용은 사회적 신용관계에 바탕한다.

3) 돈은 가치의 질적인 성격을 양적인 것으로 환원, 표준화한다.

4) 돈이 지배하는 사회에서 자아는 그가 가진 것을 통해 표현된다. 또한, 보다 많이 소유할수록 보다 많은 자유를 지닌다.

5) 돈은 수단 계열을 연장하고, 나아가 목적을 대체한다. 돈은 그 넓은 선택의 범위와 사용 시점의 자유로 인하여 그 효용성을 증대시킨다.

6) 돈은 사유재산적 소유형식을 발전시키는 데 기여하고, 그에 따른 사회 변화를 야기한다.

III. 짐멜과 마르크스의 '돈' 개념의 비교

마르크스의 돈에 대한 저작은 『경제학-철학 초고』(*Ökonomisch-philos-ophische Manuskripte*) 제6장 '화폐', 『정치경제학 비판 요강』(*Grundrisse der Kritik der politischen Ökonomie*) 제2장 '화폐에 관한 장', 『정치경제학 비판을 위하여』(*Zur Kritik der Politischen Ökonomie*) 제2장 '화폐 또는 단순 유통', 『자본론』(*Das Kapital: Kritik der politischen Ökonomie*) 전 3권, 특히 제1권 제1편 '상품과 화폐' 등에 담겨 있다. 여기서는 가장 초기의 저작인 『경제학-철학 초고』 제6장 '화폐'와 가장 후기의 작품인 자본론 제1권 제1편 '상품과 화폐'를 중심으로 마르크스의 돈에 대한 사상을 정리하고, 이를 『돈의 철학』에 나타난 짐멜의 사상과 비교하고자 한다.

마르크스는 그의 초기의 저작인 『경제학-철학 초고』 제6장 '화폐'에서, 돈을 "모든 대상을 내 것으로 할 수 있다는 속성을 가지고 있음으로써" 그 소유의 보편성이 그 존재의 전능성으로 발전될 수 있는 성질을 가진 것으로 기술한다(마르크스 2008, 153). 돈은 욕구와 대상을 연결해주는 '뚜쟁이'의 역할을 할 뿐 아니라, 또한 타인의 존재를 매개하는 '또 다른 인간'과도 같은 존재라고 말한다(마르크스 2008, 153). 이러한 돈을 통해 살 수 있는 것은 외적인 물건뿐 아니라, 바로 자신, 그 돈의 소유자인 나이며, 결국 돈의 힘의 범위가 곧 내 힘의 범위가 된다(마르크스 2008, 155). 그런 의미에서 나의 본질, 능력은 나의 개별적 특성이 아니라 돈에 의해 결정된다는 것이 마르크스의 생각이다.

이어서 마르크스는 세익스피어(William Shakespear)의 '아테네의 티몬'(Timon of Athens)을 인용하면서, 돈의 2가지 속성을 강조하는데, 그 첫 번째는 '가시적 신성'으로, 이는 모든 본성을 반대로 바꿀 수 있는, 또한 불가능을 연결해 주는 사물의 보편적 왜곡과 혼동의 원인이라고 설명한다. 또 하나의 돈의 속성을 마르크스는 '공동의 창부, 뚜쟁이'라고 기술하는데, 모순되는 속성이나 대상까지도 교환할 수 있고, 상상을 현실로 바꾸는 참된 창조력을 지닌 것으로 돈을 정의한다. 내가 인간으로서 할 수 없는 것을 돈을 통해서 할 수 있지만, 돈의 신적 힘은 인간의 소외에 기인한 것으로, 결국 돈은 '인간성의 소외된 능력'이라고 정의할 수 있다(마르크스 2008, 156ff).

마르크스의 입장에서 볼 때, 자본주의 사회는 근본적으로 소외된 사회이며, 그 가장 구체적인 결과는 사유재산이며, 이러한 사유재산의 보편적 표현이 돈이라고 할 수 있다. 시장 경제에서 돈은 바로 이러한 소외된 노동의 산물이며, 따라서, 돈을 바라볼 때는 그 자본주의적 생산 관계를 고려하는 것이 중요하다. 어쩌면, 짐멜은 마르크스와 유사하게 돈의 배경이 되는 사회적 신뢰관계를 중요하게 생각하지만, 이 관계에 담긴 불평등, 계급성을 무시했다고 할 수 있다. 돈의 등장은 자본주의에 고유한 발전의 전제가 되며, 돈 중심의 자본주의적 발전을 촉진하는 수단이 된다. 자본주의 사회에서는 결국 돈에 대한 욕구만이 자본주의적 욕구이며, 또한 모든 욕구는 돈으로 환원이 가능해진다.

마르크스의 돈에 대한 이해는 『정치경제학 비판 요강』과 『정치경제학 비판을 위하여』를 거쳐, 『자본론』에 이르러 완성되는데, 기본적인 돈의 속성에 대한 이해는 『자본론』 제1권 제1편인 '상품과 화폐'의 편에 잘 나타나 있다. 먼저 마르크스는 짐멜과는 달리 '사용가치'와 '가치' 혹은 '교환가치'의 개념을 구분한다. 즉, 짐멜이 단순하게 돈을 '주관적 경제적 가치의 객관화'와 연결한데 비해(75), 마르크스에게 있어 주관적 가치는 '사용가치'로, '객관화된 가치'는 '가치' 혹은 '교환가치'로 구별된다. 또한 짐멜에 있어 객관화된 교환가치는 '효용'과 '희소성'을 통해 형성되지만, 마르크스는 교환가치를 그 속에 포함된 노동의 양에 의해서 정해지는 것으로 설명한다(마르크스 2016, 47f). 마르크스에 의하면, '(교환)가치'는 오직 상품과 상품 사이의 사회적 관계에서만 나타날 수 있으며, 사용가치가 아니라 교환가치를 위해 노동을 사용하는 것이야말로 상품사회, 즉 자본주의 사회의 특징이라고 주장한다(마르크스 2016, 77).

교환에 있어 상이한 물건들의 가치는 동일한 단위로 환원된 뒤에야 비로소 양적으로 비교할 수 있는데, 이것이 바로 서로 다른 사물들의 가치를 재는 척도로서의 등가형태 그 자체인 돈의 기능이다. 하지만, 이 등가형태로서의 돈에는 사회관계의 특성, 즉 그 계급적 성격이 숨어 있으며, 이것이 돈의 '신비성'이라고 마르크스는 언급한다(마르크스 2016, 74). 자본주의적 생산양식의 가장 중요한 특성인 '상품 형태'의 이 신비성은 노동의 사회적 성격을 노동생산물 자체의 물적 성격으로 보이게 한다는 사실에 있다(마르크스 2016, 93). 인간의 눈에는 물건들 사이의 관계라는 환상적인 형태로 나타나지만 그것은 사실상 인간들 사이의 특정한 사회적 관계에 지나지 않는다. 이러한 과정을 통해, 돈은 구체적인 노동을 추상적인 현상으로 만드는데, 생산에 들어간 노동이 그 물건의 '객관적' 속성, 즉 가치로 나타나는 것이 역사적으로 특수한 발전단계, 바로 자본주의 사회의 중요한 특징이라고 기술한다(마르크스 2016, 78f).

마르크스는 이와 같은 환상의 비슷한 예로 '종교세계'를 거론하는데, 그에 따르면 종교는 "인간 두뇌의 산물들이 스스로 생명을 가진 자립적 인물로 등장해 그들 상호 간 그리고 인간과의 사이에서 일정한 관계"를 맺는 것이다(마르크스 2016, 94). 이러한 종교세계는 현실세계의 반영에 지나지 않는데, 현대의 상품생산 사회에 가장 적합한 형태의 종교는 추상적 인간에게 예배하는 기독교, 특히 그것의 부르주아적 발전 형태인 프로테스탄트교나 이신론이라고 마르크스는 생각한다(마르크스 2016, 102). 또한 정치경제학이 부르주아 이전의 사회적 생산유기체의 형태들을 취급하는 태도와 기독교 성직자들이 기독교 이전의 종교를 취급하는 태도가 비슷하다고 비교하기도 한다(마르크스 2016, 106).[6]

마르크스는 한편으로, 짐멜과 같이 돈이 유통수단으로서 기능할 때에는 단순한 상징에 의해 대체될 수 있다고 생각한다(마르크스 2016,

---

[6] 종교와 돈의 관계는 다른 맥락에서 『자본론』의 '서문'에도 잠깐 나타나는데, 마르크스는 그곳에서 "영국 국교는 자기의 신앙조항 39개 중 38개를 침해하는 것은 용서할지언정 자기수입 1/39을 침해하는 것은 결코 용서하지 않을 것이다. 오늘날에는 무신론 그 자체는 기존 소유관계에 대한 비판에 비하면 작은 죄다"라고 기술하며, 이러한 시대의 대세는 종교가 감출 수 없는 것이라고 주장한다(마르크스, 2016: 7).

118). 그러나 상품과 화폐를 대조적 위치에 놓은 짐멜과 달리, 마르크스는 화폐도 일종의 상품이라는 의미에서 모든 상품이 일종의 상징이라고 주장한다(마르크스 2016, 118). 마르크스에 의하면, 상품은 화폐에 의해서 동등한 것이 되는 것이 아니라, 반대로 모든 상품이 가치로서 대상화된 인간노동이기 때문에 공통된 가치척도, 즉 화폐로 전환될 수 있는 것으로, 노동은 가치의 '내재적 척도'이고, 화폐는 이 척도의 '현상형태'라고 기술한다(마르크스 2016, 122).[7]

돈에 의한 교환관계는 국가 권위에 의해 가능하다는 점에서도 마르크스와 짐멜의 입장은 동일하다. 그러나, 마르크스는 주화 자체의 가치(물질적 존재)와 명목 가치(기능적 존재)를 구분하고, 지폐는 금의 양과 일치해야 한다는, 어느 정도는 본위 화폐적 입장을 유지한다(마르크스 2016, 167). 돈이 상품을 사기 위해서가 아니라, 자기 목적적인 축재의 수단으로 사용될 수 있다고 생각한 점에서도 짐멜과 유사한데(마르크스 2016, 169), 마르크스는 "금은 놀라운 물건이다. 그것을 가진 사람은 자기가 원하는 모든 물건을 지배할 수 있다. 금은 영혼을 천국으로 가게 할 수도 있다"는 콜럼버스(Christopher Columbus)의 편지를 인용하면서, 돈이 상품유통의 확대에 따라 언제라도 이용할 수 있는, 절대적인 권력의 수단으로서 그 힘이 증가하는 현상에 주목하며(마르크스, 2016, 170), 근대사회는 돈을 마치 기독교의 '성배'처럼 환영하고 있다고 언급한다(마르크스, 2016, 172).

하지만, 돈이 이러한 상품을 매개하거나, 유통수단으로서 기능하는데 그치지 않고, '자본'으로서 '화폐 자체의 증대', 즉 '잉여가치'를 목적

---

7 유사한 개념인 가격은 가치의 화폐형태라고 설명할 수 있다.

으로 사용된다는 점을 분석한 것은 마르크스의 독특한 기여이다(마르크스 2016, 197). 현대사회에서의 순환과정은 상품의 소비로서 종결되지 않기 때문에, '잉여가치'를 위한 '자본으로서의 돈'의 순환과정은 무한반복이 가능하며, 추상적 부를 점점 더 많이 획득하는 것이 자본의 유일한 추진 동기가 된다(마르크스 2016, 199). 이러한 '자본으로서의 돈'의 성격은 짐멜이 언급한 단순한 '돈의 목적론적 전위'와는 다르다. 짐멜이 언급한 '인색'이 돈을 유통과정으로부터 끌어냄으로써 부를 증대시키려는 노력이라면, 자본가의 활동은 돈을 '끊임없이' 유통과정에 투입함으로써 부를 증대시킨다. 마르크스에 의하면, 이 과정에서 가치는 스스로 발전하여, 스스로 운동하는 하나의 실체로서 나타나게 된다(마르크스 2016, 202).

위에서 언급한 바와 같이, 마르크스의 돈에 대한 입장을 짐멜과 비교하면, 많은 유사점에도 불구하고, 다음과 같은 점에서 중요한 차이를 지닌다고 할 수 있다:

1) 짐멜이 단순하게 돈을 '주관적 경제적 가치의 객관화'로 표현한데 비해, 마르크스는 주관적 가치는 '사용가치'로, '객관화된 가치'는 '가치' 혹은 '교환가치'로 구분하고, 후자를 그 속에 포함된 노동의 양에 의해서 정해지는 것으로 설명하였다.

2) 상품과 돈을 대립적 위치에 놓은 짐멜과 달리, 마르크스는 돈도 일종의 상품이라고, 즉 상품의 또 다른 형태로서 존재하는 것으로서 분석한다. 그리고, 이와 같이 돈 속에 숨어 있는 '상품 형태'의 신비성은 노동의 사회적 성격을 노동생산물 자체의 물적 성격으로 보이게 한다는 사실에 있다고 주장한다.

3) 돈이 지닌 다양한 잠재적 가능성, 전능성을 강조한 점에서 짐멜과 마르크스는 비슷하지만, 이러한 돈의 성격이 등장하게 된 역사적 상황, 그 사회적 관계를 구체적으로 분석한 것이 마르크스의 중요한 기여이다. 특히, 상품의 유통수단으로서의 돈의 역할에 그치지 않고, 자본으로 전환된 돈의 증식과정을 별도의 과정으로 이해한 것은 마르크스의 탁월한 점, 혹은 역으로 짐멜의 한계라고 할 수 있다.

IV. 『돈의 철학』에 나타난 돈과 종교

짐멜의 종교에 관한 저술은 『종교론』(*Die Religion*, 1912)이 대표적이며, 그 외에 상당수 종교에 관한 논문이 『종교사회학 논문집』(*Gesammelte Schriften zur Religionssoziologie*, 1989)라는 이름으로 출간되어 있다. 『돈의 철학』은 종교에 관한 저술은 아니지만, '돈'과 비교하는 과정에서 짐멜은 '종교'에 대한 자신의 견해를 나름대로 밝히고 있다. 특히, '내용'과 '형식'이라는 사회현상에 대한 짐멜의 기본적인 범주적 관찰 아래서, '돈'과 '종교'의 '형식'적 측면의 유사성을 밝히는 부분은 상당히 흥미롭다. 본고에서는 주관적 내용과 객관적 형식의 관점에서 바라본 돈과 종교, 돈과 종교의 유사성과 그로 인한 위험, 돈과 종교에 있어서의 인간의 가치문제, 돈과 종교의 그 밖의 유사성의 순서로 짐멜의 『돈의 철학』에 나타난 돈과 종교의 문제를 생각해 보고자 한다.

1. 주관적 내용과 객관적 형식의 관점에서 바라본 돈과 종교

짐멜은 먼저 '종교적 상징'을 "정신의 인식활동과 평가활동의 형이상학적 통일성이 언어로서 표현"된 것이라고 기술한다(80). 짐멜은 일반적인 신의 개념이 모든 '경험적인 것과의 대립'을 통해서만 가능하다고 주장하는데(82), 이러한 그의 입장은 '주체'와 '객체', '가치'와 '현실'이라는 대립구조 아래서의 현실 인식의 한 예이며, 이는 '주관적 가치'의 상징적 표상으로서의 '돈'의 경우에도 상응한다. 짐멜에 의하면, "우리에게 종교적인 감정을 불러일으킬 수 있는 어떤 구체적 상징의 의미, 일정한 생활상태를 변혁시키거나, 유지시키거나, 발전시키거나 혹은 지체시킬 것을 주장하는 도덕적인 요구, … 이 모든 것들은 전적으로 자아 내부에서 경험되고 실현되는 요구들이며 결코 대상들 자체 속에서 대응물이나 객관적인 출발점을 갖고 있지 않다"(87). 마찬가지로 "가치는 욕구의 상관개념이다. 마치 존재의 세계가 나의 표상이듯이, 가치의 세계는 나의 욕구이다"(88). 이와 같이 상징으로 표현된 종교적 가치이든, 돈으로 표현된 경제적 가치이든 이들이 주관적 '가치'를 객관적 '형식'으로 표현한 것이라는 데에서는 동일하다.[8]

종교에 있어 교리와 도덕의 관계에 대하여도, 많은 사람들이 "종교적 교리로부터 도덕적인 명령을 이끌어 내는 것"으로 생각하지만, 사실

---

8 이와 같은 입장은 짐멜의 1898년 발표된 "종교의 사회학을 향하여"(Zur Soziologie der Religion)라는 논문에서도 잘 나타난다. 짐멜은, 고유의 실체와 관심의 표상에 근거한 영역인 종교는 점차로 특정한 파생물에 투영되며, 사회적 관계의 여러 형식들이 하나의 종교적 표상세계로 압축 혹은 정신화되어, 구체적 감정내용들은 초월적 관념의 관계로 이양되고, 주관적인 믿음의 과정으로부터 그 대상(Objekt)이 나타나게 된다고 기술한다(Simmel 1989, 40ff).

은 "도덕적인 명령이 우리들 속에 이미 존재하기 때문에 종교적인 교리를 신봉하는 것"이라고 짐멜은 주장한다(120). 이는 '주관적 가치'가 '객관적 형식'으로 드러난 것이 '종교'라는 앞의 주장에 대한 반복적 기술로 볼 수 있다. 결국 돈이 '실체화한 가치'이며, '사물들 자체를 배제한 사물들의 가치'인 것처럼(156), 종교의 모든 신성한 대상은 인간과 신의 관계가 하나의 실체 속에서 구체적으로 표현된 것일 뿐이다(166). 그러나 짐멜은, 종교적 가치가 어느 정도 사제와 교회와 같은 것 안에 구체화되어 있는 반면, 경제적 가치는 구체적인 가치 있는 대상으로부터 거의 완전히 초연하게 존재한다고 그 차이를 언급하기도 한다(203).

하지만, 이러한 '주관적 가치'와 '객관적 형식'의 관계는 다양한 차원에서 형성될 수 있다. 종교적 욕구를 제도적인 예배와 공식에 의해서 만족시키는 사람이 있는 반면에, 신에 대한 보다 개인적인 접근을 통해 만족시키는 사람도 존재한다. 이러한 차이는 결국 종교적 생활양식의 차이를 야기한다. 마찬가지로 매매, 협정 및 계약 등을 단순히 그 내용을 공포함으로써 덜 공식적으로 행하는가, 혹은 격식을 차린 상업의 외부적 상징에 의해서 합법화되고 구속력을 갖는가에 따라 경제적 생활양식도 근본적으로 달라질 수 있다(191).

그럼에도 불구하고, '주관적 가치'가 '객관적 형식'으로 일단 표현되고 나면, '객관적 형식'은 그 자체의 고유한 관계와 법칙을 따르는 경향이 있다. 종교에서 말하는 '신의 원리'는 '세상의 요소'를 창조한 후에는 그 요소들에게 힘을 부여하고, 힘들 자체의 상호작용을 허락하면서 물러가게 되며, 이와 같이 '세계의 과정의 독립성'은 신의 권력이 세계에 대한 자신의 목적을 성취시키는 가장 적합한 수단으로서 선택된다(100). 동일한 경향이 내용적 '가치'와 형식적 '돈'의 관계에서도 적용되는데, 대상들은 교환과정을 통하여 이제 자아의 주관적 가치에 매번 관련시키지 않고서도 서로서로 측정될 수 있게 되며, 그에 따라서 경제적 대상들에는 그것의 고유한 속성인 것처럼 가치량이 부여되고, 돈은 이 가치평가의 결과를 대표하는 의미를 지니게 된다(100f). 사람들이 종교적인 혹은 사회적인 감정을 느낄 때, 이러한 감정의 대상이란 결국 '총체적 현실로부터의 추상'인 것처럼(103), 경제체계는 진실로 교환의 상호성, 희생과 수익의 균형과 같은 추상적 기초 위에 자신의 독자적인 세계를 구축하게 된다(104).

이러한 과정에서 종교를 비롯한 언어, 윤리, 법 등 집단 내부에서 출현하여 집단을 지배하는 다른 기본적 생활형식들과 마찬가지로, 돈에 의한 교환과정 및 그에 따른 경제제도도 상호작용을 통해 인간들 사이의 구조로서 발생한다(128). 일단 개인들의 상호작용으로부터 객관적인 제도가 발전하게 되면, 그 전에는 달성할 수 없었던 목적을 실현케 하는 효과적인 도구를 제공한다. 이러한 상황은 교회의 도구인 종교적 의례에 있어서도 마찬가지이며, 이 도구로서의 의례는 종교적 공동체의 전형적인 감정을 객관화하는 데 기여한다. 이러한 객관화는 종교적 감정의 궁극적 목표에 대해서는 하나의 우회로로 생각되지만, 개인이 혼자서는, 즉 직접적인 방법으로는 성취할 수 없는 목적을 위한 도구로서의 역할을 한다(268). 돈도 이와 같은 성질을 갖춘 가장 순수한 형태의 도구이다. 종교적인 의례가 그 특정한 목적에 너무 밀접히 연결되고 심지어는 동일시되어서, 그 스스로를 궁극적인 가치로 간주하고, 종종 그 도구적 성질을 망각하게 하지만, 돈의 경우에 있어서는 그 도구로서의 성격은 모호해지지 않는다(269f).

이렇게 해서 종교적 상징이 종교적 내용을 대표하듯이, 개인들의 교환활동은 구체적이고 확정된 형태의 돈에 의해서 대표된다. 여기서 짐멜은 종교의 개인적 차원뿐 아니라, 사회적 차원에 대해서도 언급하는데, 수호신이나 법궤와 같은 종교적 상징은 개인적인 종교적 내용뿐 아니라, 그 집단의 응집력을 표현한다(226). 그리고, 성직자와 사원이 공동체의 종교와 분리되면 의미를 상실하듯이, 교환관계를 벗어나면 화폐도 거의 의미를 갖지 못한다. 결국 종교와 돈의 사용은 공통적으로 (사회적인) 신뢰체계를 바탕으로 하는데, 이 둘 모두 이론적으로는 설명할 수 없는 것이다. 누군가가 신을 믿는다고 말할 때, 이것은 여러 가지 이유들에 의존할 수는 있지만, 그것들에 의해 설명되지는 않는다.9 경제적 신용도 이러한 이론으로 설명할 수 없는 신념의 요소를 포함하고 있으며, 물질적 재화들과의 교환에 있어서의 타당성을 공동체가 보장해 줄 것이라는 신념 역시 종교적인 신념의 요소를 포함하고 있는 것으로 짐멜은 보고 있다.10 그는 화폐경제 체제를 이미 물질적 화폐 속에 존재하던 신용의 요소들의 발전, 독립 및 독자성의 증가로 해석한다(230).

---

9 쉽게 믿을 수 있는 신인동형설과 감각적인 증명들과는 반대로, 신과 개별적인 인간 사이의 거리가 확대될수록 이 거리를 극복하기 위해서는 최대의 '신앙심'이 필요하다. 이와 마찬가지로, 경제적 신용거래에서도 직접적인 가치교환을 대신하여 하나의 거리가 설정되면, 이 거리는 신뢰에 의하여서만 극복될 수 있다고 짐멜은 주장한다(599).

10 이러한 경제적 신념이 과거에는 종교에 의해 뒷받침되기도 하였고, 화폐가 종교적 통일의 중요한 상징이 되기도 하였다. 그리스 문화에서 모든 화폐는 신성한 것이었으며, 이를 통해 종교적 통일을 드러내었다(240). 무게, 크기 및 시간을 지칭하는 일반적으로 타당한 다른 개념들과 마찬가지로, 화폐는 사제들로부터 나왔고, 동시에 이 사제들은 여러 지역들의 통일을 대표하였다. 최초의 사회적 결사체들은 철저하게 종교적인 토대에 기초하였으며, 신전들은 초당파적인 중앙집권적 중요성을 갖는 한편, 화폐는 공동의 신의 상징을 통해서 이러한 사실들을 표현하였다. 신전 속에 결정화된 종교적인 사회통일은 유통되고 있던 화폐를 통해서 활력을 갖게 되고, 화폐는 화폐를 구성하는 금속의 가치를 넘어서서 중요한 토대와 기능을 획득하기도 하였다.

하지만, 짐멜은 사회를 보편적인 것이지, 추상적인 것은 아니라고 생각한다(259). 종교적 감정 또한 특정의 신앙 내용과 대립하는 보편적인 것이며, 화폐의 가치도 화폐의 재료와는 별개의 독립적인 것으로, 보편적이지만 추상적이지는 않은 가치 평가가 사회 및 경제적 발전의 일반적 추세와 같이한다. 이러한 일반적 과정 속에서, 초자연적인 것들은 종교적 감정의 기능 속으로 통합됨으로써 종교가 되고, 금속도 이러한 형식을 취함으로써 돈이 된다(260).

2. 돈과 종교의 유사성, 그리고 그로 인한 위험

문화가 보다 높은 단계로 발전하기 위해서, 이전의 부분적 요소들은 새로운 정신적이고 포괄적인 종합 속으로 통일되기 위해 원래의 상호 결합과 통일성을 분해시켜야 한다. 돈은 자신의 기능의 이중성을 드러내며, 또한 통일함으로써 자신이 가장 위대하고 심오한 삶의 힘들의 형식임을 다시 한 번 증명한다. 돈은 일련의 존재물들의 '내부에서의' 하나의 동등한 구성원 혹은 으뜸가는 구성원으로, 다른 한편으로는 모든 개별적인 요소를 지원하고 침투하는 하나의 통합적 힘으로서, 존재물들을 '초월하여' 존재한다. 마찬가지로 종교도, 한편으로는 삶의 하나의 힘으로서 다른 관심들과 공존하거나 갈등을 일으키면서 전체 인생을 구성하는 요소들의 하나이지만, 다른 한편으로는 전체적 통일성의 구현체로서 존재한다. 다시 말하면, 종교는 한편으로 생활 유기체의 한 구성요소이지만, 또한 "자신의 높은 수준과 내면성의 자기만족을 통해 생활유기체를 표현함으로써 생활 유기체와 대립하여 존재한다"(605f).

심리적인 관점에서 볼 때도, 돈은 절대적인 수단이요 다양한 목적계열의 통일점이라는 점에서 신에 대한 관념과 연결된다. 짐멜에 의하면, 신 관념의 본질은 세계 내의 모든 다양성과 모순이 그 안에서 통일된다는 것이요, '대립되는 것의 일치'에 있다. 이러한 신 관념의 반향으로서 평화와 안정을 비롯한 무한히 풍부한 감정들이 솟아 나온다고 할 때, 돈이 유발하는 감정도 이것과 심리적인 유사성이 있다고 짐멜은 생각한다(303). 사실상 돈은 신과 같이 개별적인 것을 초월하는 고양된 지위를 소유하며, 그 전능한 지위에 대해 신뢰가 부여된다. 이 신뢰는 지고의 원칙(신)에 대한 신뢰와 유사한 것이다. 짐멜에 의하면, 유태인들이 화폐제도에 대해 특별한 적응성과 관심을 갖는 것은 그들의 '일신교적 훈련'과 연관되며(304), 돈이 경제생활 나아가 생활일반에 확산시키는 격렬한 감정과 종국적인 평안은 종교적 분위기의 효과와 매우 유사하다. 돈의 획득을 위한 투쟁에 있어서의 모든 흥분과 긴장은 그것을 소유한 이후에 갖게 되는 평안의 전제조건이며, 종교가 제시하는 영혼의 평안함, 존재의 통일점에 서 있다는 감정은 신에 대한 추구의 대가로서 그 지고한 의식적 가치를 획득하게 되기 때문이다.[11]

금전문제와 관련해서 성직자들이 종종 적대감을 보이는 것은 이와 같은 유사성, 고도의 경제적 통일과 고도의 우주적 통일(신)이 심리상 유사하다고 하는 점으로 소급할 수 있으며, 또한 화폐적 관심과 종교적 관심이 대립할 위험성을 인식한 때문이었다. 교회법이 이자를 배척한 것은 이와 같은 화폐 일반에 대한 일반적 거부를 반영하는 것이라고 볼 수 있다. 역사적으로 초기의 유태인들은 제물을 항상 현물로 바쳐야 했

---

[11] 일반적으로 돈은 돈과 연결된 희망과 공포, 욕망과 근심을 통해서 만들어 내는 강력한 효과들을 갖는데, 이는 기독교에서 천국과 지옥이 그러한 감정들을 발산시키는 것과 같은 힘을 갖는다고 짐멜은 생각한다(220).

다. 신전에서 멀리 떨어져 사는 사람들은, 돈을 가지고 와서 적당한 장소에서 다시 현물과 교환해야만 했다. 그리스의 델로스에서도 황소가 오랫동안 화폐가치의 표준적인 단위로서 사용되었다. 중세에는 종교적인 목적을 추구하는 장인조합들은 특정한 범죄에 대한 벌금을 (종교적인 의식에 사용할 양초를 만들기 위한) 밀랍으로 규정했던 반면에, 세속적인 조합들은 돈으로 내게 하였다. 이러한 관습들은 돈이 종교성과 양립할 수 없는 것이라는 생각에 근거한다. 중세에는 아직, 이자의 원리 그 자체는 극단적인 죄라고 여겨지지는 않았으며, 따라서 상품으로 지불하는 이자는 인정되었다. 죄악시된 것은 이자의 근원인 돈 자체로서, 돈 자체는 결실을 하지 못하는 비생산적인 것이며, 따라서 돈의 사용에 대하여 상품의 사용과 똑같이 대가를 요구한다는 것은 죄악으로 간주되었다(461). 돈은 목적계열의 최종점이었고, 생활의 특수한 것에 대한 추상적인 것의 우위성을 부여함으로 종교를 통한 그러한 만족 추구의 필요성을 감소시킨다고 생각되었는데, 이러한 의미에서 돈은 '세계의 세속적인 신'이라고 선언되기도 하였다(305).[12]

이러한 돈과 종교의 유사성으로 인한 위험 때문에, 악마와 돈에 대

---

[12] 짐멜은 "현대문화에서의 돈"이라는 논문에서도 다음과 같이 '돈'이 '신'으로 간주되는 과정에 대하여 기술한다: "심리학자는 돈이 바로 우리 시대의 신이라고 사람들이 빈번히 탄식하는 모습을 주목하지 않을 수 없다. 그는 물론 거기에서 돈에 대한 표상과 신에 대한 표상 사이에 존재하는 의미 있는 관련성들을 밝혀낼 수 있다. … 존재의 모든 낯섦과 화해 불가능성은 신에서 통일성과 화해를 발견한다는 이 이념으로부터 평화, 안전 그리고 모든 것을 포괄할 정도로 풍부한 감정이 유래하는데, 이 감정은 신에 대한 표상 및 우리가 신을 소유한다는 표상과 결부된 것이다. 의심할 여지 없이, 돈이 자극하는 감정들은 이것과 심리학적인 유사성을 지닌다. … 돈의 소유가 허락해 주는 안전과 평온의 감정, 그리고 돈에서 가치들이 교차한다는 확신은 순수하게 심리학적으로 보면 – 이른바 형식적으로 보면 – 돈이 우리 시대의 신이라는 탄식에 대해 심층적인 근거를 제시해 주는 방정식이다"(게오르그 짐멜 2005, 28).

한 유일한 안전판은 그것을 멀리하는 것이요, 아예 그 관계를 배제하는 것뿐이라고 생각했다. 이러한 태도가 일반적으로 표출된 대표적인 예는 초기 불교공동체였다. 그들에게 화폐는 통일적인 가치를 표상하는 것이어서, 그것을 거부하는 것이 곧 다양한 양상의 세상을 거부할 수 있는 길이었다(325). 또 하나의 예는 중세의 프란체스코파 수도회이다. 그들은 가난을 독립적인 가치 혹은 심원한 내적 요구의 상관개념으로 만들었고, 세계의 궁극적 목적의 완전한 표상이었던 수단, 곧 돈의 포기가 그들 삶의 태도의 최종적인 가치가 되었다(326).[13]

그러나 한편, 예술가나 교사, 학자, 그리고 종교인들의 활동은 어떤 객관적인 이상에 따라 측정되기는 하지만, 경제적인 성공의 측면 또한 그들의 활동에 상당 부분 중요하게 작용한다. 이러한 경제적 성공은 특히 저급한 성향을 가진 사람의 경우 매우 강조되며, 그 경우 본래의 객관적인 이상은 단순한 수단으로 전락할 수 있다. 이러한 경우에 돈은 상이한 질적 가치를 엄밀한 양적 규정에 의해서 동일한 기준으로 측정할 수 있게 해주기 때문에, '실현되지 못한 핵심적이고 이상적인 목표에 대한 비교적 만족스러운 대체물'로서 기능하기에 매우 적합한 수단이 된다(395).

한편으로 돈은 종교적 결사체들이 각 결사체의 독자성과 자유를 포기하지 않으면서 보다 큰 결사체의 활동에 참여할 수 있게 하는 바탕이 되었다(434). 가난한 복음단체를 후원하려 할 때, '화폐' 기부금의 특성

---

13 유사한 맥락에서 흥미로운 것은 기독교 초기의 공산주의적 생활공동체와 현대의 공산주의에 대한 짐멜의 비교이다. 짐멜에 의하면, 초기 그리스도교에서 산발적으로 나타나는 공산주의는 현대의 공산주의와는 근본적으로 상반되는 것으로, 전자가 현세적인 재화에 대한 무관심으로부터 나오는 것인 반면에, 후자는 그것을 대단히 귀중한 것으로 평가하는 데서 출발하였다고 생각한다(324).

(구체적인 것을 지니지 않는 무특성적 특성)에 의해서 기부자들의 교리상의 차이가 제거되지 않는다면, 그에 의해 구성되는 대규모 공동체는 존재할 수도 없고, 활동도 할 수 없을 것이다. 즉, 루터교, 칼뱅파 및 카톨릭 등 서로 다른 종파들이 통일된 형식의 공동체에 참여하기는 쉽지 않을 것이다. 화폐경제가 완성된 이후에야 이러한 목적결사체—종교적 결사체도 포함하여—가 순수한 형식으로 발전하는 것이 가능하였으며, 오늘날 어떠한 금전적인 이해관계를 전혀 포함하지 않는 결사체는, 비록 그것이 종교단체라 하더라도 아마 존재하지 않을 것이다(436).

좀 더 일반적인 의미에서 볼 때, 집단의 확대는 한편으로는 그 개별 구성원의 개인주의화 및 독립화와 함께 이루어졌다. 종교적 공동체의 역사도 이러한 유형을 따르게 되는데, 개성의 발전에 있어서 돈이 갖는 중요성은, 돈이 사회집단의 확대와 관련하여 갖고 있는 중요성과 매우 긴밀하게 연결되어 있다(437). 돈이 발전하는 과정에 있어서의 토지의 중요성의 감소는 교회와 같이 협동과 통일을 목표로 하는 단체들이 집단주의적 생활형식으로부터 개인주의적 생활형식으로 변화하는데 영향을 끼쳤으며, 화폐경제의 발전에 따른 토지의 분할과 동산화는 이러한 변화의 원인이면서 동시에 수단으로서 작용하였다(444). 가족연속성이라는 원칙 또한, 종교적인 지원을 받으면서 토지소유가 차지하고 있었던 중심적인 위치와 밀접한 관계를 맺고 있었기 때문에, 소유양식과 생활형식의 변화는 가족제도 전반에 중요한 영향을 미쳤다고 짐멜은 생각한다(445).

3. 돈과 종교, 인간의 가치

기독교로부터 출발한 서구 사회 인간 가치의 발전은, 인간은 '절대적인' 가치를 지닌다는 개념에 기초한다. 이것은 살인배상금이나 노예제와 같이 인간을 공리적, 객관적으로 평가하는 방식을 근본적으로 부인한다. 이러한 평가방식은 절대적인 전체 인간을 순수히 양적으로 규정된, 상대적 가치인 화폐와 동등한 것으로 취급한다. 하지만, 현실적으로 교회는 이러한 상대적 평가를 완전히 거부하지는 못했고, 역사적으로 볼 때, 노예제에 대항하여 철저하게 투쟁하지도 않았고, 살인배상금을 통한 살인죄의 속죄도 지지하였다(453). 고대 아시아에 있어서는 모든 계급의 소녀들이 지참금이나 신전에 바칠 제물을 벌기 위해서 매춘행위를 하였다. 그것은 결코 부끄러운 일도, 종교적 감정에 위배되는 일도 아니었다. 뇌물과 관련해서도, 짐멜이 인용한 중세 한 플로렌스 주교의 언급은, 성직매매와 관련하여 도덕성을 자랑하는 순수한 양심과 수뢰 행위에 대한 냉혹한 저주가 어떻게 공존할 수 있는가를 잘 보여준다. 그는 성직 매매자들을 몰아내기 위해서는 수많은 돈을 지불하여서라도 교황청을 매수하고 싶다고 말하였다(486). 그러나, 역설적으로 점증하는 무차별성과 객관성 때문에 돈은 개인적 가치의 등가물로서는 점점 부적합한 것이 되고, 돈 때문에 자신의 몸이나 양심을 파는 행위는 수치스러운 것으로 여겨지게 되었다.

인간의 가장 내면적인 관계가 문제가 되는 곳에서는 벌금이 부적절한 수단이라는 사실은 강조할 필요가 있다. 7세기 이후로 고해성사는 돈으로 대체되고, 순회 주교의 범죄자에 대한 종교적인 처벌도 화폐지불로 대체되었지만, 이러한 화폐지불은 시간이 흐름에 따라 매우 부적절하고 불충분한 처벌로 느껴졌다. 이 사실은 화폐의 중요성이 증대되었다는 것을 부정하는 것이 아니라, 역으로 그 중요성을 그대로 증명하여 준다고 짐멜은 생각한다. 인간의 독특성과 개별성을 강조하면서 인간의 영혼을 높이 평가하는 경향은, 거의 모든 대상들과 교환될 수 있다는 화폐의 발전경향과 갈등을 일으키며, 이에 따라 고해성사를 벌금으로 대체하는 것을 금지하게 만들었다. 하지만 이러한 과정 속에서도 화폐는, 더욱더 다양한 대상들의 등가물이 되어, 모든 특수한 가치들에 대한 '냉혹한 무관심'과 '완전한 추상성'의 특징을 획득하였다(459).

이와 같이 기독교가 영혼의 절대적 가치에 결부시킨 궁극적 목표의 개념, 그리고 이러한 생각과 돈의 관계는 매우 독특한 발전과정을 겪었다. 목표에 대한 열렬한 욕구와, 그런데도 그 욕구가 만족스럽게 충족되지 못하는 상황은 근대인이 궁극적 목표를 상실한 결과라고 짐멜은 말한다. 그러나 궁극적 목표의 개념이 인간영혼의 평가를 위해 기여한 부분은 사라지지 않았으며, 이는 기독교 유산의 긍정적 공헌의 하나라고 짐멜은 언급한다(455).

4. 돈과 종교의 그 밖의 유사성

돈은 그 본질과 근원적 의미에 있어서는 이해관계들의 대립을 초월하여 무차별성으로 존재하지만, 동시에 공정한 심판자의 입장을 벗어나서 어느 쪽 입장을 지지함으로써 개별적 이해관계들의 대립에 관여할 수도 있다. 이것은 종교에도 똑같이 적용된다. 인간은 자신의 욕구와 그 욕구의 충족, 그의 당위와 실천, 그의 이상적 세계관과 현실의 분열을 극복/통일시키기 위해서 종교를 필요로 한다. 그러나 일단 이렇게 성립된 종교는, 갈등하는 현실 세계 속에서 자신이 스스로 통일시킨 바 있는 존재의 이중구조에 다시 참여하고, 그중 어느 한 편을 지지하게 된다. 한편으로 종교는 우리의 삶 전체와 대립하는, 인간의 모든 상대성을 초월한 총체적 존재이지만, 다른 한편으로는 삶을 구성하는 하나의 요소로서 삶 '속에' 존재한다. 결국 종교는 하나의 완전한 유기체인 동시에 유기체의 일부분이며, 존재의 일부분이면서도 동시에 보다 고차원적인 내면화된 단계의 존재 자체이기도 하다(618f).[14]

또한 종교는 돈과 마찬가지로 어느 정도의 의식의 역을 소유한다. 동일한 현상이라 하더라도 작은 양의 경우에는 일상적인 것으로 바라보지만, 보다 양이 증대되어 강력하고 자극적인 차원에 이르게 되면 종교적인 성찰의 대상이 될 수 있다. 예수나 석가는 이러한 역치를 뚫고 나타난 인물이라고 볼 수 있다(337f). 마찬가지로 돈의 가치에 대해 반응하는 의식의 역이 존재하는데, 특정 양 이하의 자극은 경제적인 것으로 의식되지 않으며, 또한 사물의 화폐가치가 그 단순한 증대로 인하여 그 질적인 성격, 욕구를 역전시킬 수 있음은 앞에서 기술한 바와 같다.

한편, 경제적 교환은 그렇지 않았다면 유용하게 사용되었을 '재화의 희생'을 의미한다. 마찬가지로 종교적인 가치 또한 다른 가치의 희생을 통해서만 획득될 수 있다(108). '죄의 정복'이, 처음부터 정의로운 사람은 누릴 수 없는 '천상의 즐거움'을 영혼에게 부여하는 것처럼, '돈'과 '종교' 모두에서 "희생을 요구하는 방해적인 반작용은 종종 목표의 적극적인 전제조건"으로 작용한다(109).

---

14 한 영역내부에서 수립된 규칙들이 그 영역의 외부에 존재하는 집단들에게는 완전히 다르게 적용되기도 한다. 이를테면, 종교는 그 신자들에게 평화의 복음을 설교하지만, 이단자들과 그 밖의 세력들에 대해서는 호전적이며 잔인할 수 있다(543).

V. 나가는 말

본고는 짐멜의『돈의 철학』을 중심으로 현대 사회에 있어서의 돈과 종교의 관계를 살펴보고, 이에 대한 시사점을 제시하는 것을 목적으로 하였다. 이것을 위하여 먼저 짐멜이 설명하는 돈의 본질적 요소를 그의『돈의 철학』을 중심으로 살펴보고(2장), 또한 다른 고전적 분석가인 마르크스와 비교하였고(3장), 다시 짐멜의『돈의 철학』에 나타난 종교에 대한 언급을 통해 돈과의 관련성을 생각해 보았다(4장). 이 글을 마침에 있어, 필자는 이상의 논의가 현재의 돈과 종교의 관계에 대한 시사하는 바를 대립적 질문 형식으로 제시해 보고자 한다.

가장 먼저 언급되어야 중요한 질문은 "통일된 가치 척도냐? 가치의 다양성이냐?"하는 문제이다. 짐멜은 돈이 다양한 가치의 질적 차원을 양적으로 전환, 환원, 표준화시키는 기능을 수행한다고 지적한 바 있다. 하지만 이러한 돈에 의한 가치 판단의 획일화는 인간의 고유한 가치를 비롯하여 다양한 예술적, 윤리적, 종교적 가치를 파괴하는 결과를 야기하기도 한다. 이는 마르크스가 돈을 혼동과 왜곡의 원인으로 본 것과 연결되며, 하버마스(Jürgen Habermas)가 '체계에 의한 생활세계의 식민화'라고 언급한 현상이기도 하다.[15] 대개의 인문학적 접근은 이러한 돈에 의한 '통일된 가치 판단'을 부정적으로 바라보지만, 이것이 갖는 긍정적인 측면은 없는 것일까? 또는 시장이 지배하는 현대 자본주의 사회에서 불가피한 측면은 아닐까? 어쩌면 이는 '거룩함'이라는 종교적 속성이 갖는 양가성[16]과 마찬가지로 '돈'이 갖는 양가적 속성은 아닐까?

---

15 종교에 대한 이러한 '생활세계의 식민화'에 대하여는 최현종(2013) 참조.
16 이에 대하여는 더글라스(1997) 참조.

이와 관련하여 제기할 수 있는 두 번째 질문은 풍요사회로의 접근에 따른 '돈의 효용성' 문제이다. 아직 갈 길은 멀지만, (경제적인) 풍요 사회가 이루어진다고 할 때, 과연 돈은 지금과 같이 중요한 역할, 가치 판단의 척도로서 여전히 기능할 수 있을 것인가? 짐멜은 돈의 경제적 '의식역'에 대해 언급하고, 또한 부유한 자와 가난한 자가 지니는 돈에 대한 다른 의식을 얘기한다. 현대에 있어 잉글하트(Ronald Inglehart)는 사회가 풍요로워짐에 따른 이러한 가치관의 변화를 '탈물질주의'라는 개념 하에 다양하게 기술한 바 있다(Inglehart 1977; 1989; 1997).[17] 경제적 필요가 아직 충족되지 못한 사회에서 돈이 차지하는 역할은, 어느 정도 그 필요가 보편적으로 채워지는 사회에서는 달라지지 않을까? 이는 잉글하트의 이론이 기초한 매슬로우(Abraham Maslow)의 '욕구위계설'에서도 어느 정도 확인되는 바이다(매슬로 2009). 돈이 절대적으로 필요하지 않은 이상 사회는 오지 않겠지만, 그 필요성이 감소하는 사회는 올 수 있지 않을까? 그리고 그러한 사회에서는 돈이 가치판단의 통일적 도구로서 수행하는 역할도 감소되지 않을까?

풍요사회의 미래적 시점이 아닌 현재적 시점에서 바라볼 때, 제기할 수 있는 또 하나의 질문은 현재의 돈의 역할에 대한 종교의 제어기능의 문제이다. 짐멜이 기술한 바와 같이, 역사적으로 종교는 '돈'의 일방적 작용을 반대하는 역할을 천명하였음에도 불구하고, 지속적인 성공을 거두지는 못했다. 바타유(Georges Bataille)는 돈으로 대표되는 현대의 도구적 사물의 파괴, 중요한 관심의 대상을 '생산'에서 '비생산적 소

---

17 탈물질주의가 한국 사회의 종교지형 변화에 미친 영향에 대하여는 최현종(2011), 1,3,5장 참조.

비'로 돌리는 것이 종교의 중요한 기능이라고 주장하지만(바타유 2015), 이러한 주장이 이념형적 목표는 될 수 있을지언정, 현실적인 종교의 양태로 자리 잡기는 쉽지 않다. 오히려 현대의 많은 종교는 '세속적' 부와 건강을 증진하는 것을 위한 하나의 수단으로 전락하기도 하였다. 이러한 종교의 기능 문제는 앞서 제기한 '통일 척도 vs. 다양한 가치' 문제와도 연결된다. 짐멜이 언급한 대로, 돈에 대한 지나친 부정은 그 역할이 중요함에 대한 반증이기도 하다. 오히려, 본문에서 언급된 종교와 돈의 유사성은 제어가 아닌, 현대의 '신'으로서의 '돈'의 역할을 지지해 주는 것인지도 모른다.

참고문헌

더글라스, 메리. 1997.『순수와 위험』, 유제분·이훈상(역). 서울: 현대미학사.

마르크스, 카를. 2007.『정치경제학 비판 요강』1, 김호균(역). 서울: 그린비.

_____. 2008.『경제학-철학 초고/자본론/공산당선언/철학의 빈곤』, 김문현(역). 서울: 동서문화사.

_____. 2012.『정치경제학 비판을 위하여』, 김호균(역). 서울: 중원문화.

_____. 2016.『자본론: 정치경제학 비판』I (상). 2015년 개역판, 김수행(역). 서울: 비봉출판사.

매슬로, 에이브러햄. 2009.『동기와 성격』, 오혜경(역). 서울: 21세기북스

바타유, 조르주. 2015.『종교이론: 인간과 종교, 제사, 축제, 전쟁에 대한 성찰』, 조한경(역). 서울:
    문예출판사.

짐멜, 게오르크. 1983.『돈의 철학』, 안준섭·장영배·조희연(역). 서울: 한길사.

_____. 2005.『짐멜의 모더니티 읽기』, 김덕영·윤미애(역). 서울: 새물결.

_____. 2007.『게오르크 짐멜의 문화이론』, 김덕영·배정희(역). 서울: 도서출판 길.

최현종. 2011.『한국 종교인구변동에 관한 연구』. 부천: 서울신학대학교출판부.

_____. 2013. "생활세계의 식민화와 종교시장 체계."『한국기독교신학논총』85: 215-233.

Inglehart, Ronald. 1977. *The Silent Revolution: Changing Values and Political Styles among Western Publics.* Princeton: Princeton University Press, 1977.

_____. 1989. *Kultureller Umbruch: Wertwandel in der westlichen Welt.* F.a.M.: Campus.

_____. 1997. *Modernization and Postmodernization: Cultural, Economic and Political Change in 43 Societies.* Princeton: Princeton University Press.

Simmel, Georg. 1989. *Gesammelte Schriften zur Religionssoziologie.* Berlin: Duncker & Humblot.

_____. 1995(1912). *Die Religion.* F.a.M.: Suhrkamp.

저 자 소 개

권진관

성공회대학교 신학과 교수. 조직신학과 민중신학 전공. 현재 아시아의 이야기 해방신학을 정립하는 데 주력하고 있다.

대표 저서

『성령과 민중』(1993), 『우리 구원을 이야기하자』(1998), 『성령, 민중의 생명』(2000), 『예수, 민중의 상징 / 민중, 예수의 상징』(2011), *Theology of Subjects: Towards a New Minjung Theology* (Taiwan: PTCA, 2011)등이 있다.

김동규

서강대학교 강사. 종교인류학 전공. 주요 관심 분야는 민간신앙 및 샤머니즘이며, 현재는 도시를 배경으로 새롭게 구성되는 샤머니즘에 대한 연구를 진행하고 있다.

저 · 역서 및 논문

『무당, 여성, 신령들』(공역, 2016), 『고통의 시대, 자비를 생각한다: 자비에 대한 통합적 성찰』(공저, 2016), 『샤머니즘의 윤리사상과 상징』(공저, 2014), 『샤머니즘의 사상』(공저, 2013), 『우리에게 귀신은 무엇인가』(공저, 2010), "Reconfiguration of Korean Shamanic Ritual: Negotiating Practices among Shamans, Clients, and Multiple Ideologies" (논문, 2012) 등이 있다.

김명희

성공회대학교 연구교수. 종교학 전공. 주요 관심 분야는 종교 간의 대화와 종교영성이다.

저 · 역서 및 논문

『영원한 보석. 그리스도교의 세계로 읽는 법화경』(역서, 2010), 『한류로 신학하기』(공저, 2013), 『종교와 정의』(공저, 2015), 『세월호 이후의 신학』(공저, 2015), "대산 김대거 종사의 종교간 대화-원효의 체상용(體相用) 대화 원리를 중심으로-"(논문, 2014), "종교 간의 대화를 위한 원효의 화쟁영성-마태오 리치의 적응주의 및 에노미야 라쌀의 신비주의와의 비교분석을 통하여-"(논문, 2016) 외 다수가 있다.

김태완

광주 지혜학교 철학교육연구소 소장. 조선유학 전공, 동양학문의 성취를 인류의 보편적 학문으로 승화시키는 문제 및 이 문제를 위한 토대 연구가 주요 관심 분야이다.

저 · 역서

『성학집요』(원제, 聖學輯要, 저자, 李珥)(2007), 『율곡문답, 조선 최고 지식인의 17가지 질문』(2008), 『경연, 왕의 공부』(2011), 『살기 좋은 세상을 향한 꿈 맹자』(2012), 『책문-이 시대가 묻는다』(현자의 마을, 2015), 『주자평전』(2015) 등이 있다.

김혜경

대구가톨릭대학교 인성교육원 강의전담교수, 선교신학전공.

저 · 역서 및 논문

"Sciamanesimo e Chiesa in Corea"(『샤머니즘과 한국교회』, 국제학술저서, 2005), 『세상을 향한 선교』(2010), 『일곱 언덕으로 떠나는 로마 이야기』(2010), 『예수회의 적응주의 선교: 역사와 의미』(2012), 『한류로 신학하기』(공저, 2013), 『세월호 이후 신학: 우는 자들과 함께 울라』(공저, 2015), 『종교와 정의』(공저, 2015) 등이 있고, 20여 편의 역서와 수편의 논문이 있다.

류제동

성균관대학교 한국철학과 초빙교수. 불교학 전공. 특히 불교가 그리스도교와 유교를 만나서 전개되는 변화에 관심이 있다.

저 · 역서 및 논문

주요 저서로는 『하느님과 일심: 월프레드 캔트웰 스미스의 종교학과 대승기신론의 만남』(2007)이 있고, 역서에 『텅빈 충만: 공의 하느님』(2009), 『보리수 가지치기: 비판불교를 둘러싼 폭풍』(2015)이 있다. "유교와 불교의 상호이해 가능성의 기반에 관한 시론: 로저 에임스의 '인간으로 되어 감'(Human Becoming) 개념을 중심으로"(2016)와 "An Encounter between Critical Buddhism and Asian Naturalism: Can Asian Naturalism be a Tool in Overcoming Social Discrimination?" (*Biocosmology – Neo-aristotelism*, Vol. 6, No. 2, Spring 2016) 등 다수의 논문이 있다. www.kocw.net에 〈삶과 죽음의 철학〉 강의가 탑재되어 있다(2014).

신익상

성공회대학교 신학연구원. 종교철학을 전공했으며, 주 관심 분야는 종교와 과학, 종교간 대화, 민중신학, 문화신학이다.

저 · 역서 및 논문

주요 저서로는 『변선환 신학연구』(2012), 『이제 누가 용기를 낼 것인가』(2015)가 있고, 역서에 『과학으로 신학하기』(2015)가 있다. 논문으로는 "공감의 영성: 바울의 영성과 신경윤리와의 만남"(2016), "근본주의와 가난의 문제: 민중신학의 '민중'과 아감벤의 '잔여'를 연결하여"(2016) 외 다수가 있다.

이숙진

이화여자대학교 초빙교수, 여성신학 및 기독교윤리학 전공.

대표 저서

『한국기독교와 여성정체성』(2006), 『21세기 자본주의와 대안적 세계화』(공저, 2007), 『미디어와 여성신학』(공저, 2012), 『박근혜 정부의 탄생과 신학적 성찰』(공저, 2013), 『한국여성종교인의 현실과 젠더문제』(공저, 2014), 『종교와 정의』(공저, 2015) 등이 있다.

최현종

서울신학대학교 교양학부 조교수, 종교사회학 전공.

저서 및 논문

『한국 종교인구변동에 관한 연구』(2011), 『한국 정치와 기독교 공공정책』(공저, 2012), 『종교와 사회진보』(공저, 2015)와 "제도화된 영성과 한국종교지형의 변화"(논문, 2012), "생활세계의 식민화와 종교시장 체계"(논문, 2013), "신 없는 사회와 하나님 나라"(논문, 2016) 외 다수가 있다.